街道综合行政执法实务

戢浩飞 ◎ 著

中国政法大学出版社

2024·北京

声　　明　　1. 版权所有，侵权必究。

　　　　　　2. 如有缺页、倒装问题，由出版社负责退换。

图书在版编目（CIP）数据

街道综合行政执法实务/戢浩飞著. —北京：中国政法大学出版社，2024.1
ISBN 978-7-5764-1316-8

Ⅰ.①街… Ⅱ.①戢… Ⅲ.①街道办事处－行政执法－研究－中国 Ⅳ.①D922.110.4

中国国家版本馆 CIP 数据核字(2024)第 009217 号

出 版 者	中国政法大学出版社	
地　　址	北京市海淀区西土城路 25 号	
邮寄地址	北京 100088 信箱 8034 分箱　邮编 100088	
网　　址	http://www.cuplpress.com（网络实名：中国政法大学出版社）	
电　　话	010-58908586(编辑部) 58908334(邮购部)	
编辑邮箱	zhengfadch@126.com	
承　　印	固安华明印业有限公司	
开　　本	720mm×960mm　1/16	
印　　张	19.25	
字　　数	320 千字	
版　　次	2024 年 1 月第 1 版	
印　　次	2024 年 1 月第 1 次印刷	
定　　价	79.00 元	

前　言

街道办事处作为党和政府联系人民群众的关键纽带、服务人民群众的基础平台，历来受到党中央、国务院的高度重视。为了推进基层治理现代化，适应街道工作特点和便民服务需要，党中央、国务院作出重大部署，积极推进基层综合行政执法改革，推行街道综合行政执法。街道综合行政执法改革是解决多头执法、多层执法、执法扰民、基层执法力量不足等问题的有效手段，是提升行政执法效率和监管水平、加快推进国家治理体系和治理能力现代化的重要内容。街道综合行政执法作为我国法治建设的一个重要组成部分，在未来十年的法治事业中占有十分重要的地位。因此，做好街道综合行政执法工作，对于促进我国法治事业的发展，切实实现执法为民，实现新时代中国特色社会主义伟大事业具有重要的意义。

《行政处罚法》的修订，将街道综合行政执法实践提上了综合执法的重要议事日程。街道综合行政执法已经成为当前中国法治领域引起社会关注的重要工作和热门话题之一。为了充分了解、系统研究街道综合行政执法制度，笔者于2023年4月前后在武汉市选取近10个街道办事处设立"戴浩飞博士志愿指导工作点"，在执法第一线近距离研究街道综合行政执法。正是立足于志愿指导点的基层实践，在全面理解街道综合执法相关法律规范的基础之上，结合现实综合行政执法实践，最终形成了这部指导街道综合行政执法工作的专著。本书的写作力求在以下三个方面有所创新：

第一，在作用定位上，力求真正起到执法指南的作用。街道综合行政执法实务，既是帮助街道综合执法人员掌握执法规范的"说明书"，又是指导一线执法人员规范执法的"工具书"。本书不仅对涉及的百余件法律、法规、规章以及司法与行政解释之中的众多执法具体行政行为进行了全面的、系统的整理，还对每一项具体行政行为的具体操作程序等作了合乎法律规定的解释，这使本书的实用性和"指南"价值倍增。通过系统地梳理，精准地分析，旨在帮助街道综合行政执法人员熟练掌握法律法规规定，严格遵守法定程序，依法履行监管职责，切实提升执法能力和办案水平。

第二，在内容安排上，按照理论篇、实践篇的结构，构成两个部分。本书不仅对街道执法领域常用行政法律规范的基本原理和基本概念进行了阐述，还对综合行政执法中的疑点难点进行了有益的探索。首先，厘清街道综合行政执法过程中的基本理论，包括行政执法的基本原则、行政执法的基本程序、行政执法的证据认定、行政执法的司法审查等内容。其次，系统梳理街道综合行政执法的实践，按照噪声污染执法事项、油烟扰民执法事项、违法建筑执法事项、室内装饰装修执法事项、医疗美容执法事项等类别，分析相关法律规范，明确执法要点，以期精准指导街道综合执法实践。

第三，有针对性精选了部分典型司法案例，以案释法，以案明理。书中选取的案例都是人民法院裁判文书网发布的发生在全国各地的真实案例，具有典型性、代表性，以期对街道综合执法起到参考、借鉴和指导作用。

本书共分两个部分：上篇是理论篇；下篇是实践篇。上篇主要侧重街道综合行政执法的基本理论。只有系统掌握执法基本原理，才能正确开展行政执法。第一章至第六章，主要介绍了街道综合行政执法的历史发展、基本特点、基本原则、执法主体、证据规则、执法程序、司法审查等，进行了概括性的理论研究和探讨。下篇则研究综合行政执法实务，将行政执法基本原理应用于现实实践。第七章至第十三章，主要对油烟扰民事项、噪声污染执法事项、违法建筑执法事项、室内装饰装修事项、医疗美容执法事项、检察公益诉讼等常见常用的街道综合行政执法活动进行了专门介绍和深入探讨。本书兼顾了理论与实务的平衡，尤其对当前街道综合行政执法的难点疑点或尚不明确之处进行了专题探讨，因此本书是广大第一线街道综合行政执法人员必备的工具书。同时本书可作为理论界从事街道综合行政执法研究的师生工作和教学的参考书。

"没有理论指导的实践是盲目的实践，而缺乏实践的理论必然会显得苍白无力。"工作在街道综合执法一线的同志应该加强学习，认真学习行政执法知识、钻研街道执法理论，提升自己的执法水平。从事执法理论研究的理论研究者更应当深入街道执法实践，把街道执法中存在的实际问题作为研究对象，从而丰富和发展自己的理论水平，推动街道综合执法工作稳定发展。

前　言

　　本书在写作过程中得到了江汉区花楼水塔街道办、常青街道办、江岸区大智街道办、汉阳区五里墩街道办、硚口区韩家墩街道办、江夏区五里界街道办、武昌区中南街道办等街道办事处的大力支持，在此表示衷心的感谢。本书在编排过程中得到了中国政法大学出版社丁春晖老师的大力支持，他为本书的编辑定稿付出了大量心血，对此一并表示谢意。

　　本书作者有近20年从事行政实务和执法理论研究的经历，特别是近些年来陆续有行政执法方面的著作出版，先后出版了《治理视角下行政执法方式变革研究》《行政执法体制改革研究》等，先后主持了"行政执法体制改革研究""基层街道综合行政执法改革""基层行政执法体制改革研究"等重点项目，积累了比较丰富的经验。希望本书的出版能对街道综合行政执法起到一定的指导作用，从而为提升我国街道综合执法水平作出应有的贡献。同时鉴于街道综合行政执法工作刚刚起步，各方面的规范尚不完善，理论研究刚刚起步，一些问题还不够明朗，谬误和不当之处在所难免，敬请广大读者批评指正。

目 录

前　言 ·· 001

上 篇
街道综合行政执法基本理论

第一章　街道综合行政执法概论 ·· 003
　　一、街道综合行政执法的内涵界定 ·· 003
　　二、综合行政执法的发展形态 ·· 005
　　三、街道综合行政执法的历史发展 ·· 016

第二章　街道综合行政执法的基本原则 ································ 022
　　一、合法行政原则 ·· 022
　　二、合理行政原则 ·· 027
　　三、正当程序原则 ·· 034
　　四、行政效率原则 ·· 036

第三章　街道综合行政执法的相对人 ··································· 039
　　一、行政相对人概述 ··· 039
　　二、行政相对人的违法行为 ··· 047
　　三、行政相对人的合作共治 ··· 050

第四章　街道综合行政执法的证据规则 …… 056
　一、调查取证问题 …… 056
　二、证据的认定审查 …… 068
　三、证据视角下的事实 …… 071

第五章　街道综合行政执法的基本程序 …… 076
　一、行政程序概述 …… 076
　二、行政执法中主要程序 …… 078
　三、行政行为法中的程序 …… 085
　四、行政救济法中的程序 …… 091
　五、司法实践中的程序类型 …… 098

第六章　街道综合行政执法的司法审查 …… 112
　一、事实认定问题 …… 112
　二、法律适用问题 …… 115
　三、程序违法问题 …… 118
　四、不作为问题 …… 122
　五、行为明显不当问题 …… 124

下　篇
街道综合行政执法实务探讨

第七章　街道综合行政执法实践的宏观考察 …… 133
　一、取得的成效 …… 133
　二、存在的问题 …… 134
　三、发展的对策 …… 137

第八章　油烟污染执法事项及要点指引 …… 141
一、常见问题梳理 …… 141
二、法律规范分析 …… 145
三、执法办案指引 …… 147

第九章　噪声污染执法事项及要点指引 …… 152
一、常见类型梳理 …… 152
二、法律规范分析 …… 155
三、执法办案指引 …… 162

第十章　违法建筑执法事项及要点指引 …… 174
一、常见类型梳理 …… 174
二、法律规范分析 …… 180
三、执法办案指引 …… 187
四、主要法律文书 …… 211

第十一章　室内装饰装修执法要点梳理 …… 218
一、室内装饰装修法律主体分析 …… 218
二、涉及承重结构变动的规范分析 …… 228
三、涉及承重结构变动的查处 …… 231
四、工程合同价款的认定 …… 238

第十二章　医疗美容执法事项及要点指引 …… 241
一、常见问题归类 …… 241
二、法律规范分析 …… 248
三、执法办案指引 …… 254

第十三章　行政公益诉讼重点事项及履职指引 …… 264
一、不履行法定职责的认定 …… 264

二、生态环境和资源保护 ………………………………………… 270

三、食品药品安全和安全生产 …………………………………… 275

四、涉及街道办的履职事项 ……………………………………… 282

参考文献 ………………………………………………………… 288

附　录 …………………………………………………………… 294

后　记 …………………………………………………………… 297

上篇

街道综合行政执法基本理论

第一章 街道综合行政执法概论

研究街道综合行政执法制度离不开对相关基本概念与基本理论的梳理。本章通过对街道综合行政执法基本范畴的介绍与分析、对街道综合行政执法发展过程的梳理与归纳，提供全面认识和把握中国特色街道综合行政执法的演变历程，总结执法过程中共性的规律与成功经验，以期为后续研究奠定基础。

一、街道综合行政执法的内涵界定

理解街道综合行政执法，需要先对涉及的词语进行解读。街道，是街道办事处的简称。根据《地方各级人民代表大会和地方各级人民政府组织法》[1]第85条第3款的规定，市辖区、不设区的市的人民政府，经上一级人民政府批准，可以设立若干街道办事处，作为它的派出机关。街道办事处在本辖区内办理派出它的人民政府交办的公共服务、公共管理、公共安全等工作，依法履行综合管理、统筹协调、应急处置和行政执法等职责，反映居民的意见和要求。据此，街道办事处是区级政府的派出机关，并不是一级政府。综合是指将不同种类、不同性质的事物组合在一起。一般认为，所谓综合行政执法，也称综合执法，是在我国行政机关分散执法模式的基础上建立的一种行政执法制度，它是指由一个行政执法机关行使原本由多个行政执法机关行使的执法权限。综合行政执法的概念，源于相对集中行政处罚权的改革与试点，因此一般认为综合行政执法与相对集中处罚权密切相关。从法律规范分析，综合行政执法的直接法律依据是1996年《行政处罚法》第16条的规定。根据

---

[1]《地方各级人民代表大会和地方各级人民政府组织法》，即《中华人民共和国地方各级人民代表大会和地方各级人民政府组织法》。为表述方便，本书中涉及我国法律文件直接使用简称，省去"中华人民共和国"字样，全书统一，后不赘述。

该条规定，国务院或者经国务院授权的省、自治区、直辖市人民政府可以决定一个行政机关行使有关行政机关的行政处罚权。随后国务院印发了《关于贯彻实施〈中华人民共和国行政处罚法〉的通知》（国发〔1996〕13号）、《关于全面推进依法行政的决定》（国发〔1999〕23号）、《关于继续做好相对集中行政处罚权试点工作的通知》（国办发〔2000〕63号）、《关于进一步推进相对集中行政处罚权工作的决定》（国发〔2002〕17号）等，综合行政执法改革工作正式铺开。由此不难发现，此时综合行政执法具有特定的发展背景，具有鲜明的时代特征：一是综合行政执法直接来源于相对集中行政处罚权工作，两者密不可分。从最初的"合二为一"（在同一意义上使用）到后来的"正式区分"（两者的内涵有所不同），没有相对集中行政处罚权的实践，就没有综合执法的发展。[1] 二是综合行政执法主要是从处罚权的综合开始，是一种职能上的横向综合。三是综合行政执法涉及不同执法部门的职权，由一个行政机关综合行使有关行政机关的行政处罚权。

2021年，修订后的《行政处罚法》第24条确立了街道综合行政执法制度，开创了基层治理的新时代。根据《行政处罚法》第24条第1款的规定，省、自治区、直辖市根据当地实际情况，可以决定将基层管理迫切需要的县级人民政府部门的行政处罚权交由能够有效承接的乡镇人民政府、街道办事处行使，并定期组织评估。决定应当公布。根据这一规定，街道综合行政执法具有以下特点：一是主体的明确性。从执法主体上看，街道综合行政执法的主体是街道办事处。从法律上分析，街道办事处作为法定主体，担当执法事务，享有权利义务并承担责任。通俗地讲，即街道办事处能以自己的名义对外进行执法，并能独立成为行政诉讼的被告。二是职权的明确性。从职能权限分析，街道综合行政执法行使的是行政处罚权。行政处罚权是核心的权力，执法实践中必然伴随着检查权、强制权的综合。三是执法的综合性。相对于单一的部门执法而言，街道综合行政执法是集中执法权的产物，它包含执法职能的综合。这里的综合，不仅是执法权的综合，而且是执法范围的综合。执法范围打破了部门和行业的原有界限，行使了跨部门、跨领域的执法权。

从执法要素的角度分析，街道综合行政执法体现了四个方面的构成要素：

---

[1] 参见戢浩飞：《行政执法体制改革研究》，中国政法大学出版社2020年版，第90页。

一是主体与职权要素。行政执法的主体是街道办事处，职权是统一行使赋权事项。二是案件事实要素。街道综合行政执法以具体行政管理事件的发生为要素，执法的对象为具体的行政相对人的相关违法事实。三是法律规范要素。街道综合行政执法是对各类别、各位阶的法律规范的选择适用。四是结果要素。街道综合行政执法的结果表现为一定行政处理决定的作出，即执法的结果必然呈现为一个具体明确的决定或结论。[1]

从执法过程的角度分析，街道综合行政执法主要表现为以下三个重要过程：其一，查明案件情况，认定案件事实。收集证据、确定事实是行政执法的前提性、基本性问题。在这个过程中，执法人员主要查明三个方面的基本事实：一是认定案件事实的基本情况。比如案件事项是否属于职权管辖范围、案件事实是否属于法律规范规定的要件事实、案件事实是否存在特殊情节等。二是查清行政相对人的基本情况。比如相对人的基本信息、相对人是否符合主体要件、相对人是否存在特殊情况等。三是合理区分主要事实与一般事实。主要事实是认定案件事实的重要证据，也是法律规范规定的事实。其二，选择并适用法律规范。行政相对人的违法行为可能涉及几个不同的法律规范，需要选择适用最直接、最有关联的条款。特别是存在规范冲突的情况下，如何选择正确的、合理的法律规范是一个现实的问题。其三，确定并作出处理决定。行政执法的最终结果主要表现为处理决定的作出。处理决定是在事实认定的基础上，进行法律适用，进而得出推论。"行政决定内容上必须能体现法律适用的过程，其主要包括行政机关及相对方的身份及名称，最后的、明确的、唯一的处理，认定的事实，适用的法律规范，说明理由，救济途径及其受理机关、期限等。"[2]

二、综合行政执法的发展形态

行政执法实践中，综合行政执法经历了不同的时期，呈现出不同的发展状态，具有不同的模式特点。以下就几种主要的模式进行分析。

（一）部门分散执法模式

这是出现最早的一种基本执法模式。1978年改革开放后，随着经济社会

---

[1] 参见刘恒、所静：《行政行为法律适用判解》，武汉大学出版社2005年版，第69~71页。
[2] 参见刘恒、所静：《行政行为法律适用判解》，武汉大学出版社2005年版，第236页。

活动日益活跃,行政执法行为开始出现。特别是伴随着1982年《宪法》的颁布,我国逐步将行政导入法治的轨迹,随后颁布了大量的行政管理方面的法律、法规,依法组建了各种执法队伍,初步形成了分散执法的格局。长期以来,行政执法领域采用出台一部法律就建立一个执法部门、组建一支执法队伍的习惯做法。在部门分散执法模式下,由一个职能部门代表政府行使某一领域的事务管理权。一个职能部门一经设立,就被赋予行政管理和行政执法职权。1986年《治安管理处罚条例》颁布后,公安机关负责治安管理领域的行政执法。与此同时,《土地管理法》《矿产资源法》《渔业法》等重要法律纷纷出台,土地管理部门、矿产管理部门、渔业管理部门纷纷成立相应的执法队伍,部门行政执法制度日渐增多。进入20世纪90年代以后,随着国家立法特别是地方立法进入繁荣期,出现了"制定一部法规或规章,设立一支行政执法队伍"的现象。于是,多头执法、部门林立、执法扰民等问题开始存在,最终形成了部门分散执法场景。据统计,江苏省省级有36支执法队伍,市级平均有35支,县级平均有30支,区级平均有19支,整个江苏省共计2812支行政执法队伍,85 047名执法人员。[1]这是部门分散执法模式下行政执法的一个缩影。

在部门分散执法的实践中,为了加强不同执法部门的协调配合,加大执法的力度,提高执法的威慑力,各地出现了联合执法的模式。"从历史上看,针对法制不够健全、执法环境较差、执法力量薄弱等问题,联合执法能够集中各部门的力量,在短时间内迅速有效地查处和纠正违法行为,曾经起到非常明显的效果。"[2]从本质上讲,联合执法不是一种独立的执法样态,而是部门分散执法的一种特殊形式。从形式上讲,各个职能部门既可以通过单独执法履行执法职责,也可以开展联合执法,它具有自愿性。从独立性上讲,各个职能部门虽然是联合在一起,但是执法职责是相互独立的,各自依据不同的法律规定进行执法,各自以自己的名义单独作出处罚决定。因此,联合执法具有较大的局限性,只是适应形势的暂时之举,并不能满足执法实践的现实需要。

---

〔1〕 参见《坚持问题导向 突出执法惠民——江苏省综合行政执法体制改革探索》,载《中国机构改革与管理》2016年第4期。

〔2〕 吴鹏、范学臣:《"联合执法"的问题及完善路径》,载《中国行政管理》2006年第5期。

但随着时间发展，在部门分散执法模式下部门利益逐渐强化，日益暴露出一些问题。一方面，执法机构林立，执法队伍膨胀。据统计，1988年，北京市共有32个行政执法主体，45支专业执法队伍，人员达4万余人。至1996年，北京市行政执法主体增长到70个，专业执法队伍达到108支，人员超过8万人。另一方面，执法职能重叠，各自职责不清。同一执法事项，不同的执法主体都拥有管辖权限。对于有利益的执法事项，则争相执法；对于无利可图的执法事项，则互相推诿。此外，执法过程中，各执法部门和执法机构大多以本部门、本单位的利益为本位，局限于部门视角，将部门利益置于公共利益之上。

（二）相对集中执法模式

相对集中执法模式是在《行政处罚法》出台的背景下进入执法实践的，它将几个行政执法机关的执法权限集中由一个行政机关行使，实现执法权配置的相对集中。相对集中执法大致经历了两个不同的发展时期：

1996年至2002年，可被称为"行政处罚背景下的综合执法时期"。这一阶段相对集中执法主要从城市管理领域开始，相对集中的范围有限。1996年3月，全国人大制定了《行政处罚法》。根据该法的授权，国务院在北京、广州、南宁开展相对集中行政处罚权的试点工作，将分散的行政处罚权由一个独立的行政执法部门行使，实现相对集中。1997年，北京市率先组建了全国首个综合执法试点单位区城管监察大队，开展相对集中行政处罚权工作。1999年11月，国务院印发《关于全面推进依法行政的决定》，明确要求"继续积极推进相对集中行政处罚权的试点工作，并在总结试点经验的基础上，扩大试点范围"。2000年，国务院办公厅印发《关于继续做好相对集中行政处罚权试点工作的通知》，对做好相对集中行政处罚权的试点工作做了安排部署。2002年8月，国务院在总结部分地方试点经验的基础上，发布了《关于进一步推进相对集中行政处罚权工作的决定》，明确规定"依照行政处罚法的规定，国务院授权省、自治区、直辖市人民政府可以决定在本行政区域内有计划、有步骤地开展相对集中行政处罚权工作"。"截至2002年8月，按照国务院有关文件的规定，已经有23个省、自治区的79个城市3个直辖市经批准开展了相对集中行政处罚权试点工作。"[1]这一阶段的相对集中执法具有一个

---

[1] 章志远：《相对集中行政处罚权改革之评述》，载《长春市委党校学报》2006年第1期。

突出特点，执法的权限主要集中在市容环境卫生管理、规划管理、工商管理、公安交通管理和强制拆除等方面，执法领域相对单一，主要局限于城市管理领域。在此背景下，条件成熟的地方如北京、上海、广州等相继设立城市管理综合行政执法局，明确城市管理执法权限。其中北京市城市管理综合行政执法局设立最早。

从2003年开始，相对集中执法呈现出新的特点，开始在行政许可领域开展集中许可权的试点。2003年8月，全国人大常委会通过了《行政许可法》。在行政许可法实施过程中，各地创新行政许可方式，优化行政审批程序，探索相对集中行政许可权取得了一定进展。据统计，截至2006年，全国建立了2100多个综合性行政服务中心，采取"一站式办公""一门受理、简化表格、并联审核、一口收费"等方式，简化办事程序，方便人民群众。早期的行政许可权集中只是一种形式化的集中，即实现了职能部门许可办理的集中，将许可办理集中到一个统一的大厅，解决了"一站式"办公的形式问题。从2008年开始，行政许可集中由形式集中向实质集中深化。同年12月，成都市武侯区行政审批局正式挂牌成立，行政许可职权统一由行政审批局行使，原行政许可机关不再行使行政许可权。2015年3月，中央机构编制委员会办公室、国务院法制办公室下发《关于印发〈相对集中行政许可权试点工作方案〉的通知》，正式要求天津、河北、山西、江苏等8个省市开展相对集中许可权试点。在此背景下，各地通过成立行政审批局，将原有职能部门的审批权划转给行政审批后，建立"一个公章管审批"的工作机制，实现了从形式层面集中发展到全面权责集中。

相对集中行政处罚权和相对集中行政许可权都是相对集中执法权的重要组成部分，是行政执法体制改革的重要内容。相对集中行政处罚权是指将若干行政机关的行政处罚权集中起来，交由一个行政机关统一行使，行政处罚权相对集中后，有关行政机关不再行使已经统一由一个行政机关行使的行政处罚权。

(三) 部门内综合执法模式

部门内综合执法模式主要是指单个职能部门进行的内部优化执法职能的执法方式。相对集中行政处罚权试点作为一种制度创新，为行政执法的综合改革提供了一条可行的路径。部门内综合执法的发展经历了四个不同的发展阶段。

1996 年至 2001 年是部门内综合执法的试点探索时期。与相对集中执法试点同步，自 1996 年《行政处罚法》出台，农业部门率先探索部门内综合执法试点工作。1996 年，农业部印发了《关于农业系统贯彻实施〈中华人民共和国行政处罚法〉的通知》（农政发〔1996〕6 号），确定在浙江省开展农业综合执法试点工作，探索行政执法改革。1998 年，农业部开始在全国积极推广浙江省的综合执法经验。1999 年 1 月，农业部正式印发《关于进一步开展农业行政综合执法试点工作的意见》，明确开展农业行政综合执法试点的指导思想和目的、主要内容及基本安排等。此时的部门内综合执法具有如下基本特点：一是由部门主导，综合执法在农业部的统一部署下自上而下开展。二是采用内部优化方式，统一建立综合执法机构，统一行使执法权限。这是一种典型的内部优化调整策略。三是职权单一，不涉及其他部门的职权。

2002 年至 2012 年，可以被称为部门内综合执法改革时期。这一时期，部门内综合执法进入快速发展时期，部门内综合执法的范围更加广泛，集中的领域更多。2002 年 10 月，经国务院同意，国务院办公厅转发了中央机构编制委员会办公室《关于清理整顿行政执法队伍实行综合行政执法试点工作意见》（国办发〔2002〕56 号）（已失效），明确提出在开展相对集中行政处罚权的基础上，做好综合行政执法试点与相对集中行政处罚权有关工作的相互衔接，重点在城市管理、文化市场管理、资源环境管理、农业管理、交通运输管理以及其他适合综合行政执法的领域，合并组建综合行政执法机构，实行综合行政执法。同时中央编办决定在广东省、重庆市开展清理整顿行政执法队伍、实行综合行政执法试点工作，明确要求其他省、自治区、直辖市各选择 1 至 2 个具备条件的市（地）、县（市）进行试点。2003 年，中央机构编制委员会办公室和国务院原法制办公室联合印发《关于推进相对集中行政处罚权和综合行政执法试点工作有关问题的通知》，明确要求将相对集中行政处罚权工作与综合行政执法试点工作统一起来，确定在重庆市和广东省试点，将综合行政执法推广到交通运输行政管理、文化市场管理、农业管理等行政执法领域。2003 年 10 月，国家林业局印发《关于实行林业综合行政执法的试点方案的通知》，开始在全国林业领域进行大面积的综合执法试点，明确河北、山西、辽宁等 11 省、直辖市的 21 个县和县级单位为试点单位。2004 年初，交通运输部印发《开展交通综合行政执法改革试点工作的意见（征求意见稿）》，决定在公路、水路开展交通综合执法试点。2004年3月，国务院印发《全面推进依法行政实施纲要》，再次明确"继续开展相对集中行政处罚权工作，积极探索相对集中行政许可权，推进综合执法试点"。同年，中共中央办公厅、国务院办公厅转发中央宣传部、中央编办、财政部、文化部、国家广电总局、新闻出版总署、国务院法制办《关于在文化体制改革综合性试点地区建立文化市场综合执法机构的意见》，要求各文化体制改革综合性试点地区建立文化市场综合行政执法机构，并且明确直辖市、副省级城市组建文化市场行政执法总队，暂作为政府直属的行政执法机构，对同级文化市场管理工作领导小组负责，县级市和县现有的文化局、广播影视局、新闻出版局合并，设立文化广电新闻出版局，统一履行文化、广播影视、新闻出版等部门的行政管理职能，组建文化市场行政执法队，作为其直属机构，以文化广电新闻出版局的名义对属地文化市场实施综合执法。2008年5月，国务院发布《关于加强市县政府依法行政的决定》，再次要求"继续推进相对集中行政处罚权和综合行政执法试点工作"。2010年10月，国务院印发《关于加强法治政府建设的意见》（已失效），明确要求"推进综合执法，减少执法层级"。

2013年至2017年，可被称为"重点领域综合执法时期"。这一时期，部门内综合执法进入重点领域综合执法改革时期，呈现出以下特点：一是党中央、国务院统一部署重点领域综合行政执法改革。二是综合执法的内涵更加丰富，综合执法的范围更加精准。2013年，党的十八届三中全会通过《关于全面深化改革若干重大问题的决定》，明确要求整合执法主体、相对集中执法权，推进综合执法。减少行政执法层级，加强食品药品、安全生产、环境保护、劳动保障、海域海岛等重点领域基层执法力量。2014年，党的十八届四中全会通过《关于全面推进依法治国若干重大问题的决定》，再次明确要求推进综合执法，大幅减少市县两级政府执法队伍的种类，重点在食品药品安全、工商质检、公共卫生、安全生产、文化旅游、资源环境、农林水利、交通运输、城乡建设、海洋渔业等领域内推行综合执法，有条件的领域可以推行跨部门综合执法。2015年，中央编办印发《关于开展综合行政执法体制改革试点工作的意见》（中央编办发［2015］15号），确定在全国22个省（自治区、直辖市）的138个城市开展综合行政执法体制改革试点。2015年10月，党的十八届五中全会通过《关于制定国民经济和社会发展第十三个五年规划的建议》，明确规定"推行综合执法"。2015年12月，中共中央、国务院印发

《法治政府建设实施纲要（2015-2020年）》，再次强调大幅减少市县两级政府执法队伍种类，重点在食品药品安全、工商质检、公共卫生、安全生产、文化旅游、资源环境、农林水利、交通运输、城乡建设、海洋渔业、商务等领域内推行综合执法，支持有条件的领域推行跨部门综合执法。显然增列"商务"领域为推行综合执法的重点领域，进一步要求"支持有条件的领域推行跨部门综合执法"。这里提出的推行综合执法的重点领域，实际上也是相对集中行政处罚权的重点领域。因为综合执法特别是跨领域跨部门综合执法，往往是以相对集中行政处罚权为主要内容的或者实质上就是相对集中行政处罚权。2017年9月，中共中央、国务院印发《关于营造企业家健康成长环境弘扬优秀企业家精神更好发挥企业家作用的意见》，再次要求"重点在食品药品安全、工商质检、公共卫生、安全生产、文化旅游、资源环境、农林水利、交通运输、城乡建设、海洋渔业等领域推行综合执法，有条件的领域积极探索跨部门综合执法"。

从2018年开始，部门内综合执法改革进入全方位配套改革阶段，综合执法改革与党和国家机构改革、"放管服"改革、事业单位改革等有机结合起来，形成了强大的综合执法改革合力。2018年3月，中共中央印发《深化党和国家机构改革方案》，明确规定整合组建市场监管综合执法队伍、整合组建生态环境保护综合执法队伍、整合组建文化市场综合执法队伍、整合组建交通运输综合执法队伍、整合组建农业综合执法队伍等。这一时期的综合执法改革，具有两个突出特点：一方面，继续优化同一部门内的综合执法。2018年11月，中共中央办公厅、国务院办公厅印发的《关于深化交通运输综合行政执法改革的指导意见》，明确要求将交通运输系统内公路路政、道路运政、水路运政、航道行政、港口行政、地方海事行政、工程质量监督管理等执法门类的行政处罚以及与行政处罚相关的行政检查、行政强制等执法职能进行整合，组建交通运输综合行政执法队伍，以交通运输部门名义实行统一执法。另一方面，整合不同部门的同一执法职责，做大做强部门内的综合执法。2018年12月，中共中央办公厅、国务院办公厅印发《关于深化生态环境保护综合行政执法改革的指导意见》，明确要求整合环境保护和国土、农业、水利、海洋等部门相关污染防治和生态保护执法职责。根据原相关部门工作职责，具体整合范围包括：环境保护部门污染防治、生态保护、核与辐射安全等方面的执法权；海洋部门海洋、海岛污染防治和生态保护等方面的执法权；

国土部门地下水污染防治执法权，对因开发土地、矿藏等造成生态破坏的执法权；农业部门农业面源污染防治执法权；水利部门流域水生态环境保护执法权；林业部门对自然保护地内进行非法开矿、修路、筑坝、建设造成生态破坏的执法权。整合后，生态环境保护综合执法队伍以本级生态环境部门的名义，依法统一行使上述执法职能。2020年2月28日，国务院办公厅印发《关于生态环境保护综合行政执法有关事项的通知》（国办函［2020］18号）；5月20日，国务院办公厅印发《关于农业综合行政执法有关事项的通知》（国办函［2020］34号）；12月14日，国务院办公厅印发《关于交通运输综合行政执法有关事项的通知》（国办函［2020］123号）；2021年6月3日，国务院办公厅印发《关于文化市场综合行政执法有关事项的通知》（国办函［2021］62号）；2022年9月9日，国务院办公厅印发《关于市场监督管理综合行政执法有关事项的通知》（国办函［2022］94号）；2023年7月5日，国务院办公厅印发《关于应急管理综合行政执法有关事项的通知》（国办函［2023］51号）全面部署部门内综合行政执法。

综上分析，部门内综合执法是在政府的同一部门内，或伴随着党政机构改革在相近或相邻的执法领域内，通过部门内的职能优化整合实现执法权的集中统一，一般不涉及不同部门之间关系调整。因此，部门内综合执法的执法主体保持不变，只涉及内部职能的调整。

（四）跨部门综合执法模式

跨部门综合执法是综合执法的一种深层综合，它是在部门内综合的基础上发展起来的不同部门之间的综合。因此跨部门综合执法打破了条块关系的限制，在纵向上涉及不同层级、横向上涉及不同部门的执法权调整。因此，跨部门综合执法涉及范围更广，涉及部门更多。2014年，党的十八届四中全会通过《关于全面推进依法治国若干重大问题的决定》，首次规定"有条件的领域可以推行跨部门综合执法"。2015年12月，中共中央、国务院印发《法治政府建设实施纲要（2015-2020年）》，再次强调"支持有条件的领域推行跨部门综合执法"。2017年9月，中共中央、国务院印发《关于营造企业家健康成长环境弘扬优秀企业家精神更好发挥企业家作用的意见》，再次重申"有条件的领域积极探索跨部门综合执法"。2018年3月，中共中央印发《深化党和国家机构改革方案》，再次明确"继续探索实行跨领域跨部门综合执法，建立健全综合执法主管部门、相关行业管理部门、综合执法队伍间协调配合、信息共享机制和跨部门、跨区域执法协作联动机制"。2019年10月，党的十九届四中全会通过《关于坚持和完善中国特色社会主义制度 推进国家治理体系和治理能力现代化若干重大问题的决定》，明确规定"继续探索实行跨领域跨部门综合执法"。2021年1月，中共中央印发《法治中国建设规划（2020-2025年）》，明确要求"进一步整合行政执法队伍，继续探索实行跨领域跨部门综合执法"。2021年3月，第十三届全国人民代表大会第四次会议批准了《国民经济和社会发展第十四个五年规划和2035年远景目标纲要》，明确提出"深化市场监管综合行政执法改革，完善跨领域跨部门联动执法、协同监管机制"。2021年8月，中共中央、国务院印发《法治政府建设实施纲要（2021-2025年）》，规定"大力推进跨领域跨部门联合执法"。值得说明的是，这里采用了"联动执法""联合执法"的提法，表述的内容与之前的内容有所不同。

延伸阅读

——**跨领域执法协作联动**。2023年7月28日，广西壮族自治区生态环境厅联合湖南省、广东省、贵州省、云南省生态环境厅在广西南宁举行了湘粤桂黔滇生态环境保护执法合作协议签约仪式。签约仪式上，五省（区）共同签署了《湘粤桂黔滇生态环境保护执法合作协议》。协议确定了五省（区）三个重点合作领域。一是开展跨流域水环境联防共治。从流域系统性和区域生态整体性出发，以城市黑臭水体治理返黑返臭压力大、中游重金属污染风险高、水环境质量改善不平衡不协调等突出问题的解决为重点，防范化解跨流域环境污染事件及环境安全隐患。二是深化区域大气污染联防联控。聚焦交界区域大气污染防治重点难点问题，加强跨区域大气环境问题督导，突出重点区域、重要时段监管，在重污染天气预警响应与管控期间，强化环境空气质量保障科学调度，联合推动电解铝、煤化工等重点行业全流程超低排放改造。三是严密防范危险废物跨省非法转移。加强对省（区）交界区域的"拉网式"联合排查整治，实现全域"零死角"，重点对山区林地、废弃厂房、水网河道等易发区域进行摸排，并不定期开展联合检查。强化危险废物日常处置和违法问题协查方面的支援互助，建立联合专家库，为涉危险废物工作提供智力和技术支撑。据了解，近年来广西持续加强与周边省份的生态环境保护合作，先后签署了跨界河流水污染联防联治协作、危险废物跨省非法转移联防联控等合作协议，建立了珠江流域上下游水环境联防联治管理、水环境安全保障和预警、固体废物污染联防联控等合作机制，与贵州、云南共同治理万峰湖非法养殖乱象，实现流域共同保护、上下游共同治理，推动泛珠三角区域联防联控联治工作取得新成效。

——**跨部门联合执法协作**。2023年6月，为有效解决跨部门执法管辖脱节问题，提升各方执法效能，镇江市交通运输综合行政执法支队、镇江市公安局交通警察支队、镇江市生态环境综合行政执法局、镇江市文化市场综合行政执法支队、镇江市应急管理综合行政执法监管局、镇江市市场监督管理局执法稽查局六部门共同签订《联合执法框架协议》。该协议明确，六部门将在强化联勤联动、加强信息共享、开展联席会商等方面开展合作，加强春运、国庆、重大活动等重点时段联合执法，在港口、旅游包车、汽车维修、客货运输等领域开展专项联合执法。为保障该协议的顺利实施，六部门共同成立执法联勤联动工作小组，建立联络员制度和定期联席会议制度，共同组织执法实务培训。该协议的签订是镇江执法部门推动综合行政执法改革走深走实的具体举措，将实现多部门执法协作制度化、规范化、体系化和数字化，切实形成跨部门执法监管合力，打造共建共治共享的一体化治理新格局。各部门将进一步加强信息互享、政策互通、资源互助，进一步优化执法方式、提升执法效能，坚守安全底线，有效预防重特大安全、环保事故的发生，以高质量执法助推镇江经济社会高质量发展。

综合执法实践中，采取跨部门综合执法模式的典型代表有浙江的"大综合一体化"综合行政执法、"杭州经验""长沙经验""成都经验"等。浙江省在推进"大综合一体化"综合行政执法改革的过程中，2021年将23个执法领域、749项处罚事项纳入综合行政执法；2022年将12个主管部门、612项处罚事项新增纳入综合行政执法范围，全省综合行政执法事项拓展到25个执法领域、1361项处罚事项，占执法总事项的27.4%，覆盖62.5%的执法领域。改革过程中，浙江省走出跨部门、跨层级、跨区域改革新路径。早在2015年，杭州市便在城市管理相对集中执法权的基础上，将土地和矿产资源、建筑业、房地产业、安全生产等21个方面进行综合，统一由综合行政执法局行使。2022年，杭州市在执法职责体系化上再深耕，推动"一张清单"统领更清晰，制定了涵盖5170项的行政执法事项总目录，其中综合执法事项1738

项,占市级整体执法领域57.5%（共40个领域,综合了23个领域）,专业执法事项3432项。在此基础上精简队伍,夯实架构,构建起"金字塔形"执法结构。杭州市本级撤销港航、发改、民政、人社和林水专业执法队伍5支,形成"1+8"执法队伍体系,区县因地制宜进一步加大整合力度,精简形成"1+X"（X小于8）执法队伍体系。

"长沙经验"——2016年,长沙县加大改革步伐,探索实行跨部门跨领域综合执法改革,组建了湖南省首个县级综合执法局,整合城市管理、交通运输、农业农村、生态环保、文化体育、食品药品等23个领域的执法队伍,行使23个职能部门共1567项行政执法权。2019年,在原有工作基础上,长沙县继续深化执法体制改革,对原跨部门综合执法体制进行优化,撤销专业分局,构建"行政执法局机关+18个镇街执法队及1个直属执法队"的执法体制,推进行政执法权限和力量向基层延伸和下沉。

"成都经验"——2015年,中央编办批准成都市开展综合行政执法体制改革试点。成都市以部门内综合执法为基础,将城市管理、交通运输、文化管理、农业管理、水务管理、食品药品管理6个领域为重点组建综合执法总队,解决执法队伍过多、多头执法的问题。2015年9月,四川省彭州市整合城建、安监、环保国土、水务、市场监管、卫计、城管、交通等25个部门的行政处罚职能（公安除外）,组建了彭州市综合行政执法局,集中行使3000余项行政处罚权,实现"大综合、全覆盖,一支队伍管全部"。彭州市作为成都市下辖的县级市,以综合行政执法中心为载体,成立了综合行政执法局,合并政府职能部门的17支行政执法队伍。2020年,彭州市结合街道、乡镇的行政区划调整,在保留9个镇（街道）执法中队的同时,对其他11个执法中队进行整合,新组建6个执法大队,以派驻形式在镇（街道）、产业功能区开展行政执法工作。

（五）街道综合行政执法模式

街道综合行政执法模式产生的时间较晚。它在本质上属于跨部门综合执法的一种形态。从国家层面的规范分析,直到2019年中共中央办公厅、国务院办公厅印发《关于推进基层整合审批服务执法力量的实施意见》,才正式出现街道综合行政执法的称谓。街道综合行政执法的发展过程将在以下部分重点展开,这里就不作详述。

三、街道综合行政执法的历史发展

街道综合行政执法是在推进国家治理现代化、行政执法权重心下移的背景下进入大众视野的。近些年来，党中央、国务院出台了大量的有关基层行政执法（包括街道综合行政执法）改革的文件。梳理这些文件，可以看到基层行政执法呈现出其特有的规律性。通过规范梳理，基层行政执法大致可以划分为如下发展阶段。

（一）县、乡行政执法引起重视阶段（1978年至1999年）

这一时期，由于依法行政推行时间不长，基层执法人员整体素质不高，普遍存在暴力执法、枉法执法等问题。因此，基层行政执法领域存在的突出问题引起了国务院的重视，国务院明确要求各地方、各部门要对县、乡两级行政机关依法行政给予高度重视，切实加强领导和监督。县、乡中的乡，其级别、地位类似街道办事处，这是基层行政执法层级中的最底层、最末端。需要指出的是，20世纪90年代前后的乡镇执法，主要是指乡镇的"七站八所"，是市县政府部门设置在乡镇的各种机构的总称。比如农业型乡镇一般设有派出所、法庭、土管所、财政所、统计站、税务所、工商所、经管站、保险站、农机站、农技站、林业站、畜牧站、水管站、电管站、供销社、信用社、农行营业所、食品站、粮管站、文化站、广播站、邮电所、卫生院等。城郊型乡镇和城关镇通常还设有市管所、环卫所、园林站等机构。这些"七站八所"的业务、权力和地位及其人、财、事的管理权限不尽相同。其实所谓的"七站八所"并不是由乡镇政府所设立，而是由县级以上职能部门所设立。故而严格来说，文件中所规定的"县、乡两级行政执法人员"只能是隶属于县级职能部门的行政执法人员，而不是真正的乡镇层级执法人员。故而基层行政执法在当时引起重视的只能是县级行政执法。

1999年7月，全国依法行政工作会议在北京召开。同年11月，国务院印发《关于全面推进依法行政的决定》（国发［1999］23号），其中涉及基层行政执法的内容如下：一是首次明确要求"要对县、乡两级行政机关依法行政给予高度重视"。县、乡两级行政机关承担着大量的具体行政执法任务，与广大人民群众切身利益密切相关。二是明确提出"要进一步整顿行政执法队伍……对行政执法人员尤其是直接面对群众的县、乡两级行政执法人员要严肃纪律、严格管理、强化监督"。这是国务院文件中较早涉及基层执法的规定。

(二) 市、县行政执法受到重点关注阶段(2004年至2018年)

这一时期,市、县两级行政执法成为重点关注对象,一系列文件对市、县两级行政执法提出了明确要求。因此,在基层行政执法发展过程中,市、县行政执法是这一时期的关键重点。市、县行政执法机关处在行政执法的第一线,是国家法律法规的重要执行者。在执法实践中,直接涉及人民群众利益的执法行为大多数是由市、县行政执法机关作出的。

2004年3月,国务院发布《全面推进依法行政实施纲要》(国发〔2004〕10号),涉及基层综合行政执法的内容如下:要减少行政执法的层次,适当下移执法重心。对与人民群众日常生活、生产直接相关的行政执法活动,主要由市、县两级行政执法机关实施。

2008年5月,国务院发布《关于加强市县政府依法行政的决定》(国发〔2008〕17号),明确要求"适当下移行政执法重心,减少行政执法层次。对与人民群众日常生活、生产直接相关的行政执法活动,主要由市、县两级行政执法机关实施"。

2010年10月,国务院发布《关于加强法治政府建设的意见》(国发〔2010〕33号)(已失效),明确规定"推进综合执法,减少执法层级,提高基层执法能力,切实解决多头执法、多层执法和不执法、乱执法问题"。

2013年11月,党的十八届三中全会通过《关于全面深化改革若干重大问题的决定》,涉及基层行政执法的内容如下:减少行政执法层级,加强食品药品、安全生产、环境保护、劳动保障、海域海岛等重点领域基层执法力量。

2014年10月,党的十八届四中全会通过《关于全面推进依法治国若干重大问题的决定》,涉及基层行政执法的内容如下:按照减少层次、整合队伍、提高效率的原则,合理配置执法力量。推进综合执法,大幅减少市、县两级政府执法队伍种类,重点在食品药品安全、工商质检、公共卫生、安全生产、文化旅游、资源环境、农林水利、交通运输、城乡建设、海洋渔业等领域内推行综合执法,有条件的领域可以推行跨部门综合执法。完善市、县两级政府行政执法管理,加强统一领导与协调。

2015年12月,中共中央、国务院印发了《法治政府建设实施纲要(2015-2020年)》,涉及基层行政执法的内容有:一是推进执法重心向市、县两级政府下移,充实基层执法力量;二是要求大幅减少市、县两级政府执法队伍种类，重点在食品药品安全、工商质检、公共卫生、安全生产、文化旅游、资源环境、农林水利、交通运输、城乡建设、海洋渔业、商务等领域内推行综合执法，支持有条件的领域推行跨部门综合执法。

(三) 街道行政执法引发治理变革阶段（2019年至今）

随着国家治理体系和治理能力现代化的推进，街道办事处作为我国基层治理的重要场域，面临条块分割、职责不清、权责不匹配等困境，街道综合执法改革问题引起了党中央、国务院的高度重视。基层治理是国家治理的基石，统筹推进街道和城乡社区治理，是实现国家治理体系和治理能力现代化的基础工程。街道办事处是城市管理体制的末梢，同时处于国家与社会的节点，面对的是市民日常生活的各类小事，这种独特性决定了街道基层社会秩序是由种类繁多、不太引人关注、鸡毛蒜皮的"小事"组成。反观之下，与之对应的自上而下设立的各种行政机构、职能部门，均是围绕"办大事"而设立的、而非为"小事"而设。为了解决基层治理中"看得见的管不着""管得着的看不见"的现实困境，真正实现"横向到边、纵向到底、不留盲区、不留死角"的基层治理功效，党中央、国务院统一部署了街道行政执法改革，把更多资源下沉到基层，推动执法重心下移，更好提供精准化、精细化服务。

延伸阅读

——"街乡吹哨、部门报到"，激活街道基层治理。"街道吹哨，部门报到"这种机制起源于北京市平谷区，后经市委的宣传和推广被北京市各街区结合自身实际情况进行完善。2016年5月14日，平谷区金海湖镇发生重大金矿盗采案件，造成严重安全事故。然而，由于"联合执法难""调查取证难""固定证据难"，案件久拖未结。金海湖案件发生后，平谷区深入分析这一事件背后的执法问题，2017年初成立"双安双打指挥部"，由金海湖镇牵头，区公安分局、国土、水务、环保等共计16个执法部门作为"报到部门"前来报到，要求共同查处砂石盗采、运输、堆放、加工、经营等违法环节。历时117天，肆虐平谷区十余年的盗采盗挖黑恶势力被根除。这一史无前例、打破常规的联合执法改革，吹响了本市"街乡吹哨、部门报到"的第一哨。

作为2018年全市"1号改革课题"，"街乡吹哨、部门报到"在16个区169个街乡开展试点，占总数的51%。目前，北京市9175个法人单位党组织、

71.73万名机关企事业单位在职党员全部回属地居住地街乡、社区村"报到"。

2018年初，北京市委、市政府印发《关于党建引领街乡管理体制机制创新实现"街乡吹哨、部门报到"的实施方案》，着力破解城市基层治理"最后一公里"的难题。随后在北京市16个区的街道（乡镇）同步推进"街乡吹哨、部门报到"工作。通过"街乡吹哨、部门报到"制度，解决了基层"执法难"的问题，建立了执法机关间的协作机制，强化了行政执法力量向基层下沉，实现了行政执法的全覆盖。2019年2月，北京市正式印发《关于加强新时代街道工作的意见》，明确定位街道是代表区委区政府的派出机关，对辖区党的建设、公共服务、城市管理、社会治理4个方面行使综合管理职能，对辖区内地区性、社会性、群众性工作负总责。为实现这一职能定位，将向街道赋予"六权"，包括辖区设施规划编制、建设和验收参与权，全市性、全区性涉及本街道辖区范围的重大事项和重大决策的建议权，职能部门综合执法指挥调度权，职能部门派出机构工作情况考核评价和人事任免建议权，多部门协同解决的综合性事项统筹协调和考核督办权，下沉资金、人员的统筹管理和自主支配权，确保基层有充分的权力和更多的资源为群众办事、解决问题。2019年11月，北京市人大常委会通过《北京市街道办事处条例》，第38条明确规定："市、区人民政府综合考虑街道功能定位、区域面积、人口规模等因素，优化资源配置，整合基层的审批、服务、执法等方面力量，推动治理重心下移，推动人员力量向街道办事处倾斜。"

2019年1月，中共中央办公厅、国务院办公厅印发《关于推进基层整合审批服务执法力量的实施意见》，明确提出"积极推进基层综合行政执法改革"，重点进行了以下部署：一是强化乡镇和街道统一指挥和统筹协调职责。推进执法权限和力量向基层延伸和下沉，县直部门设在乡镇和街道的机构原则上实行属地管理。按中央要求实行派驻体制的，要纳入乡镇和街道统一指挥协调。工作考核和主要负责同志任免要听取所在乡镇和街道党（工）委意见。二是组建统一的综合行政执法机构。整合现有站所、分局执法力量和资源，相对集中行使行政处罚权，以乡镇和街道名义开展执法工作，逐步实现基层一支队伍管执法。三是加强对乡镇和街道综合行政执法机构、执法人员的业务指导和培训。四是建立健全行政执法制度。建立执法全过程记录制度、推行行政执法公示制度、完善行政执法责任追究制度、建立执法案件移送协调协作机制等。2019年10月，党的十九届四中全会通过《关于坚持和完善中国特色社会主义制度 推进国家治理体系和治理能力现代化若干重大问题的决定》，明确要求"推动执法重心下移"。

2021年1月，《行政处罚法》正式修订，第24条第1款明确规定"省、自治区、直辖市根据当地实际情况，可以决定将基层管理迫切需要的县级人民政府部门的行政处罚权交由能够有效承接的乡镇人民政府、街道办事处行使"。这一规定从法律层面解决了街道办事处的主体资格问题，保障了街道综合行政执法制度生根落地。需要说明的是，这一规定的雏形早在经济发达镇行政管理体制改革试点工作中便得以明确。2016年12月，中共中央办公厅、国务院办公厅印发《关于深入推进经济发达镇行政管理体制改革的指导意见》，明确要求"省（自治区、直辖市）政府可以将基层管理迫切需要且能够有效承接的一些县级管理权限包括行政审批、行政处罚及相关行政强制和监督检查权等赋予经济发达镇，制定目录向社会公布，明确镇政府为权力实施主体"。经过5年多的改革推进，这一改革举措得到法律确认。

2021年4月，中共中央、国务院印发《关于加强基层治理体系和治理能力现代化建设的意见》，再次强调"增强乡镇（街道）行政执行能力……根据本地实际情况，依法赋予乡镇（街道）行政执法权，整合现有执法力量和资源"。根据上述规定，各地积极推进街道"一支队伍管执法"，将基层治理迫切需要的县级政府部门的行政处罚权依法交由能够有效承接的街道（乡镇）行使。统筹现有派驻街道（乡镇）的市场监管所、自然资源所、林业站、城管执法中队等执法力量，形成执法合力，不断健全完善基层治理机制。

2021年8月，中共中央、国务院印发《法治政府建设实施纲要（2021-2025年）》，明确要求"继续深化综合行政执法体制改革，坚持……乡镇（街道）逐步实现'一支队伍管执法'的改革原则和要求……稳步将基层管理迫切需要且能有效承接的行政执法事项下放给基层"。

2022年10月，党的二十大报告明确要求"完善基层综合执法体制机制"。街道综合行政执法改革是完善基层综合执法体制机制的重要内容，也是推进国家治理体系和治理能力现代化的基础性工作。各地、各部门深入贯彻落实党的二十大精神，积极推进街道综合行政执法体制改革，着力构建权责明晰、简约高效、运转协调、执法有力的基层综合行政执法体制。

梳理上述文件可以发现，街道综合行政执法具有如下特点：一是执法权限更加综合。街道综合行政执法，不仅是行政处罚权的综合，而且是相关的检查权、强制权的综合。二是执法主体更加明确。街道综合行政执法，实现了"一支队伍管执法"，原有的职能部门不再行使执法权。三是执法资源更加优化。原有职能部门赋权执法事项的同时，相应的人、财、物资源一并下沉。

第二章 街道综合行政执法的基本原则

街道综合行政执法的基本原则，是指导和规范整个执法过程的基本精神和基本准则，它是对行政执法的精神实质的概括，体现了综合行政执法的价值和目的。行政法治的发展充分表明，行政执法活动不仅需要严格依照法律规定进行，而且还要接受法律原则的制约。法律原则涵盖面广，抽象性较强，它不像法律规则，构成要件和法律后果都较为明确。只有当法律规则存在缺漏时，才能适用法律原则。法律原则是法律规则的生命，体现了法律规则所蕴含的价值，具有正当化的根据。[1]街道综合行政执法主要有合法行政、合理行政、程序正当、比例原则等原则。

一、合法行政原则

合法行政原则又称依法行政原则。依法行政原则是街道综合行政执法所要遵循的首要原则，也称行政法治原则。依法行政原则是法治国家、法治政府的基本要求。"行政合法性原则是行政法治的核心内容，它是指行政权力的设立、行使必须依据法律，符合法律要求，不得与宪法和法律相抵触。"[2]依法行政原则要求综合行政执法机关在执法过程中，应当依照法律的规定进行，在法律范围内活动，行政执法符合法律规定和法律原则。需要强调的是，这里的"法"，主要是指法律、法规和规章。从世界范围来看，凡是奉行法治的国家都重视依法行政。在英国，法治原则一般包括三个方面的要求：一是政府的一切活动必须遵守法律；二是所遵守的法律必须符合正义的标准；三是

---

[1] 姜明安主编：《行政执法研究》，北京大学出版社2004年版，第74~75页。
[2] 莫于川：《民主行政法要论——中国行政法的民主化发展趋势及其制度创新研究》，法律出版社2015年版，第56页。

在政府和公民之间实行平等保护。[1]法国由长期的行政判例所确立的行政法治原则包含三项基本内容:一是行政行为必须有法律依据;二是行政行为必须符合法律规定;三是行政机关必须以自己的行为来保证法律的实施。[2]因此,"无法律即无行政",行政执法机关必须严格、忠诚地执行法律。如果没有法律的规定作为前提,行政执法机关就不能积极作为,法无规定即禁止。当然需要指出的是,"依法不仅是依静态的法,而且要恪守活的法、法的理念(人权、自由、平等、公平、正义等法的精神)"。[3]"随着法治理念从形式法治向实质法治的发展,虽然合法性的内涵发生了深刻变革,但是形式合法仍然是行政行为合法性的底线和司法审查的标杆。作为合法性的最低要求,形式合法是指行政行为的作出严格依照了法律特别是制定法规范而实现的合法性。"[4]在执法实践中,如果需要处理的事项缺乏明确的法律依据,此时执法机关应当秉承"原则支配与规则优先",[5]在遵守法律基本原则的前提下,本着执法为民的理念进行处理。

在司法实践中,这一原则突出表现在以下方面:

第一,主体法定。主体要素主要解决行政事项由谁主管的问题。行政执法的主体必须是享有相应职权的组织,不享有行政职权的组织作出的处理行为不能被认定为有效的行政执法行为。因此,不具有相应行政主体资格的任何国家机关、社会团体、社会组织、企事业单位都无权进行行政执法。行政执法主体法定是指执法主体资格的取得有明确的法律规定,执法主体对该执法事项具有明确的管辖权限。执法实践中,构成主体违法的情形有:行政主体内部机构以自己名义对外行使职权、无正当组织之行政主体的职权行为、未经法定机关同意或批准的行政主体的职权行为等。在人民法院审理过程中,一般会根据具体的法律条款查明行政主体合法。比如依据《工伤保险条例》第5条的规定,国务院社会保险行政部门负责全国的工伤保险工作。县级以

---

[1] 参见王名扬:《英国行政法》,中国政法大学出版社1987年版,第126~127页。

[2] 参见王名扬:《法国行政法》,中国政法大学出版社1988年版,第196~198页。

[3] 郭道晖:《法治行政与行政权的发展》,载《现代法学》1999年第1期。

[4] 钱卿:《交通限行措施的行政法解读——以单双号限行为样本》,载《行政法学研究》2011年第4期。

[5] 参见宋功德:《行政法哲学》,法律出版社2000年版,第460页。原则支配是行政执法的底线,执法应当坚守法治原则;规则优先是行政执法的保障,执法应当遵守相关规则。

上地方各级人民政府社会保险行政部门负责本行政区域内的工伤保险工作。社会保险行政部门按照国务院有关规定设立的社会保险经办机构具体承办工伤保险事务。被告是县级人民政府社会保险行政部门，有作出工伤认定的行政职权，被告的行政主体合法。

延伸阅读

——**行政主体是否适格的查明**。2019年5月30日，诸暨市执法局对曹某清作出《行政处罚事先告知书》，告知其存在违法加层建筑行为，拟进行处罚。6月1日，曹某清提交了书面的陈述和申辩意见。6月3日，诸暨市执法局作出《行政处罚决定书》，认定被处罚人（曹某清）于2000年7月至2001年12月间，在诸暨市××村进行房屋建设未取得建设工程规划许可，擅自在原住宅楼顶增加一层，该层建筑面积为204.72平方米"；该行为违反《城乡规划法》第40条第1款的规定，属违法建设；责令曹某清于2019年6月5日前自行拆除擅自建设的第三层建筑，面积为204.72平方米，并告知了行政复议和行政诉讼的权利和期限。曹某清不服该处罚决定，向法院提起行政诉讼。

法院认为，诸暨市执法局具有行政处罚权，行政主体适格。《行政处罚法》第16条规定："国务院或者经国务院授权的省、自治区、直辖市人民政府可以决定一个行政机关行使有关行政机关的行政处罚权，但限制人身自由的行政处罚权只能由公安机关行使。"国务院于2002年8月22日作出《关于进一步推进相对集中行政处罚权工作的决定》（国发〔2002〕17号），授权省、自治区、直辖市人民政府可以决定在本行政区域内有计划、有步骤地开展相对集中行政处罚权工作。浙江省人民政府根据上述法律、规范性文件的规定、授权，作出《关于诸暨市开展城市管理相对集中行政处罚权工作的批复》（浙政函〔2011〕285号），同意诸暨市人民政府上报的《诸暨市开展城市管理相对集中行政处罚权工作实施方案》，由诸暨市原城市管理行政执法局行使"依照城乡规划管理方面法律、法规、规章的规定，对违反规划管理规定的行为实施行政处罚（法律、法规、规章规定由乡镇人民政府行使的行政处罚权除外）"的行政处罚权。诸暨市执法局作为诸暨市原城市管理行政执法局更名后的行政主体，其作出本案被诉行政处罚决定权源有据，主体适格。[1]

---

[1] 参见浙江省绍兴市中级人民法院〔2020〕浙06行终153号行政判决书。

第二，职权法定。职权要素主要解决怎样管的问题。行政执法行为必须是运用行政权力所作出的行为，无职权的存在和运用就没有行政执法行为。运用行政职权是以享有行政职权为前提的，凡是享有行政职权并实际上运用权力所作的执法行为都是行政行为。行政执法必须依据法律，以法律指导执法，执法行为不得违反法律规定。任何超越权限的执法行为，均会导致无效行政。

延伸阅读

——**行政执法必须遵循职权法定原则**。2021年8月8日，佛山市南海区里水镇人民政府的内设机构佛山市南海区里水镇环境保护委员会对辖区内的一个电表箱张贴了封条，并加盖了里水镇环保委的公章。某通信技术有限公司、吴某认为里水镇环保委对其电表实施查封的行为违法，遂提起本案行政诉讼，请求确认被诉查封行为无效。佛山市顺德区人民法院一审认为，里水镇环保委属于里水镇政府的内设机构，在没有法律、法规、规章授权其行使环境违法查处职权的情况下，不具有以自己名义作出行政行为以及承担行政责任的主体资格，其作出的查封行为应为无效，遂判决确认里水镇环保委实施的涉案查封行为无效。里水镇政府不服，提出上诉。佛山市中级人民法院二审认为，里水镇环保委作为里水镇政府的内设机构，不具有相应的行政主体资格，其以自己的名义实施的行政强制措施无效。据此判决：驳回上诉，维持原判。

职权法定是依法行政的重要原则之一。法无授权不可为，不具有行政主体资格的内设机构、派出机构等以自己名义作出的行政行为，抑或实施机关虽具有行政主体资格但明显缺乏职权依据作出的行政行为，均违反职权法定原则，属于《行政诉讼法》第75条规定的重大且明显违法情形。本案判决严格遵循职权法定原则，确认无法律授权的行政机关内设机构以自己名义作出的行政强制行为无效，有助于推动行政机关加强对内设机构、派出机构的管理，规范行政执法行为，助力法治政府建设。[1]

---

[1] 参见广东省高级人民法院2022年度行政诉讼十大典型案例之五"某通信技术有限公司诉佛山市南海区里水镇人民政府查封设施案"。

第三，违法行政应追究。没有法律责任就没有依法行政。依法行政必然意味着违法必究。行政行为一旦违法，则必然面临被撤销或宣布无效的后果。违法行政的法律责任既包括外部责任，也包括内部责任。一方面，它不仅包括行政机关或法律、法规授权的组织对行政相对人所应负的责任。另一方面，还应包括行政执法人员对其所在的组织、受托组织对委托机关所负的责任，比如行政执法人员、受委托组织因在行政违法中有故意或重大过失，要受到行政处分或通过追偿承担全部或部分赔偿费用。结合综合执法实践，行政执法机关承担违法行政法律责任的具体方式主要有：对事实不清、无法律依据、适用法律错误、违反法定程序、超越职权、滥用职权的行政违法行为，依法予以撤销；对不履行或迟延履行法定职责的不行为，应于法定期限内履行职责；违法行为导致相对人财物被剥夺或改变的，应当返还权益或恢复原状；违法行为给他人的名誉造成了一定影响的，应当赔礼道歉、恢复名誉、消除影响等。

延伸阅读

——**违法行政造成损失的须依法赔偿**。2012年，罗某经人介绍与许某、韩某相识。同年2月，许某、韩某为偿还债务，通过他人伪造房屋所有权人为韩某的盐城市盐都区盐渎名城某幢别墅的房屋所有权证、国有土地使用权证，合谋抵押给他人以骗取借款。2月25日，韩某与罗某在杭州签订以上述房产作为抵押物的贷款金额为400万元的抵押贷款协议。27日，罗某提议到盐城市房产交易中心查验产权证真伪，工作人员告知罗某证书看上去像假的，可到盐都区房产中心查证。罗某遂至该中心查证真伪。在罗某到达前，许某电话联系时任盐都区行政服务中心住建局窗口负责人（兼房产交易登记中心副主任）沈某，请沈某告知来查询的罗某证件均真实有效。沈某一开始拒绝，后转口答应。罗某等人到盐都区住建局窗口向房产交易登记中心工作人员刘某要求查询产权证真伪时，沈某主动要求帮其查询，并称档案室查询结果最权威。罗某到档案室后，韩某将事先准备好的假查询单拿给罗某。28日上午，罗某持委托书、公证书以及假房产证、土地使用权证至盐都区行政服务中心住建局窗口查询证书是否真实、有效，沈某查看后明知系伪造，仍答复证书真实、有效。随后罗某与许某、韩某签订了房屋抵押贷款合同和借款合同。28日，许某、韩某至档案室，乘乱将提前放置于柜台上的假信息查询单取出后交给王某,王某拿给楼下等候的罗某。当日,罗某向韩某的卡里转入400万元。至提起本案诉讼时,罗某尚有242.36万元损失未追回。罗某认为,沈某因滥用职权罪虽已被判处有期徒刑2年6个月,但其利用职务的违法犯罪行为导致罗某242.36万元的损失无法追回,遂于2015年7月9日向盐都区住建局提出行政赔偿请求。该局于2015年9月1日作出不予行政赔偿决定,罗某认为该决定违反了《国家赔偿法》的相关规定,故提起行政诉讼,要求法院撤销上述不予行政赔偿决定书,判决盐都区住建局赔偿其经济损失242.36万元。

法院经审理依法作出判决:撤销盐都区住建局于2015年9月1日作出的不予行政赔偿决定书;许某、韩某未退的赃款,经人民法院合理期限的追缴程序以后,由被告盐都区住建局在30日内就原告罗某最终实际损失承担60%的赔偿责任。

房地产登记机关对其工作人员故意不履行查询和收缴假证的行为应承担行政赔偿责任。行政赔偿的法律依据是《国家赔偿法》。根据《国家赔偿法》的规定,国家赔偿责任的构成必须具备如下三个要件:一是公民、法人和其他组织的合法权益遭到损害的事实客观存在;二是国家机关和国家机关工作人员违法行使职权;三是违法行为与损害结果之间存在因果关系。三要件缺一不可。本案中的情况满足以上三个要件。行政赔偿中的损害,必须是已经发生的、确实存在的现实损害,尚未发生的、不确定的损害或人身和财产权以外的其他权益,不产生国家赔偿责任。本案中,罗某于2012年2月28日共向韩某的卡里转入400万元,至案件终结前,罗某仍有242.36万元没有追回。该损失为罗某受法律保护的财产权的现实损害,属于《国家赔偿法》的赔偿范围。[1]

二、合理行政原则

合理行政要求行政执法应当客观、公正、合乎理性。"合理性原则是一种范围或者标准,超出这一范围或标准,相对人有权质疑,有权通过行政救济途径使其变更、撤销,法院也有权审理裁判;反之,没有超出这一范围或标

---

[1] 参见苏州市中级人民法院[2017]苏09行赔终2号行政判决书。

准,相对人和法院只能尊重行政机关的选择。"[1]一般而言,行政合理性的原则主要适用于自由裁量领域。合理行政原则是基于自由裁量权而产生的。司法实践中,对"不合理"的分析进行了细化归类,比如把"滥用职权"的概念分析为10种:不正当的目的、不善良的动机、不相关的考虑、不应有的疏忽、不正确的认定、不适当的迟延、不寻常的背离、不一致的解释、不合理的决定、不得体的方式。[2]

第一,合目的性。一般而言,立法机关制定具体法律都有其目的。故而任何法律在授予行政机关职权时都具有目的指向。基于公共利益的考量,法律授予行政机关职权的目的,根本上是更好地维护公共利益和社会秩序,更好地实现服务为民。因此,行政执法机关在行使职权时不能背离公共利益目的,而寻求部门利益或不正当目的。实现个人利益或小集团利益的目的,都是法外目的,都是有悖于法律目的的行为。

延伸阅读

——行政行为目的不正当被撤销。

案例1:2018年8月,某小区27号楼二单元丁某等业主向甲市审批局申请办理老小区增设电梯施工许可手续。同年12月,甲市审批局向该单元业主核发了《建设工程规划许可证》和《既有住宅增设电梯施工许可》。2019年4月12日,甲市审批局作出《撤销登记决定书》,以案涉小区存在违章建筑,不符合《某市既有多层住宅增设电梯指导意见(试行)》(本案以下简称《指导意见》)第5条的规定,以申请人提供的"无违章建筑"的证明内容虚假为由撤销了前述许可证。丁某等业主不服,向乙市审批局申请行政复议,乙市审批局复议维持了《撤销登记决定书》。丁某仍不服,诉至法院,要求撤销《撤销登记决定书》。

· 经审理,法院认为:甲市审批局作出《撤销登记决定书》所依据的《指导意见》将有关"无违章建筑"证明或承诺书作为许可条件,增设了法外的其他许可条件,依法不应当作为撤销涉案许可行为的规范性依据。是否存在违章建筑以及对违章建筑的查处,属于甲市综合行政执法局的职责范围,甲

---

[1] 应松年主编:《当代中国行政法》(上卷),中国方正出版社2005年版,第93页。
[2] 江必新:《行政诉讼问题研究》,中国人民公安大学出版社1989年版,第270~276页。

市审批局将小区无违章建筑作为实施许可的条件之一，属于行政行为的不当牵连，有综合执法部门借行政许可"搭便车"，以增设许可条件的方式实施城市综合行政执法管理，目的不正当。法院判决撤销甲市审批局2019年4月12日作出的《撤销登记决定书》；撤销乙市审批局2019年9月11日作出的《行政复议决定书》。[1]

案例2：原告吴某凤原房屋位于信阳市浉河区北京路1××号锦山花园。2020年1月20日，信阳市浉河区人民政府发布《关于对浉河区城市有机更新五里墩片区一期（棚户区改造）国有土地上房屋实施征收决定的公告》，决定对包括原告房屋在内的浉河区城市有机更新五里墩片区一期（棚户区改造）房屋依法实施征收。征收人为信阳市浉河区人民政府，征收部门为浉河区房屋征收管理办公室，征收实施单位为浉河区五里墩办事处，房屋征收期限为2020年2月24日至2020年4月23日，并发布房屋征收补偿安置方案。2020年11月2日，被告信阳市浉河区住房和城乡建设局依据《危房拆除决定书》《危房拆除强制执行决定书》（已另案处理）将原告房屋拆除。原告吴某凤起诉请求确认被告信阳市浉河区住房和城乡建设局强制拆除其房屋的具体行政行为违法。案件历经一审、二审。

二审法院认为：根据国务院《国有土地上房屋征收与补偿条例》第27条第1款的规定，实施房屋征收应当先补偿，后搬迁。本案中，被上诉人吴某凤的房屋位于信阳市浉河区北京路1××号锦山花园综合楼，属于被征收范围的房屋，上诉人信阳市浉河区住房和城乡建设局未能与被上诉人签订安置补偿协议，亦未及时作出安置补偿决定，上诉人在与锦山花园综合楼部分被征收人签订安置补偿协议后，对该综合楼部分已签订安置协议的被征收人的房屋进行了拆除，后又以该部分已签订了安置协议的被征收人的名义对被上诉人所在的综合楼进行危房鉴定，并以案涉房屋属于危房为由组织强制拆除，有借"危房"之名促征收之嫌，目的不正当，强制拆除行为应确认为违法。上诉人虽先后向被上诉人下达了《危险房屋告知书》《危房限期搬离通知书》《危房拆除决定书》《催告书》及《危房拆除强制执行决定书》等文书，但上述文书送达程序并不符合《行政强制法》规定的程序，程序违法。上诉人的

---

[1] 参见江苏省南通市中级人民法院［2020］苏06行终496号行政裁定书。

上诉理由不能成立，本院不予支持。[1]

第二，行政行为应当建立在正当考虑的基础上，不能不正当考虑。正当考虑是指依照正常人的经验、知识和理解水平所应当考虑或不考虑的情形。不正当的考虑分为两种情况：考虑了不应当考虑的因素和没有考虑应当考虑的因素。[2]考虑相关因素是指行政主体在作出行政裁量行为时，不得仅凭自己的主观意图，要考虑相关因素，并且不得将不相关因素纳入考虑的范围内。如果行政主体在作出行政行为时没有考虑应当考虑的相关因素，或者考虑了不应当考虑的因素，都可能构成明显不当行政行为。

延伸阅读

——未考虑应当考虑的因素被撤销。

案例1：应当考虑的法定因素而不予考虑，比如行政机关对当事人的违法行为进行查处时，明知当事人有减免情形却不予考虑等。辽宁省凌源市东城街道辛杖子村辛南村民组、辛北村民组与辛杖子村民委员会因土地争议发生纠纷，争议土地面积211.48亩。2008年，辛南村民组提出土地确权申请。2009年1月18日，凌源市国土资源局对该土地权属争议进行调解，未达成调解意见。3月26日，辛北村民组以同一理由向被告凌源市人民政府提出土地确权申请。5月25日，市政府针对二村民组的申请作出土地确权决定，该确权决定认定：1961年以前，二原告属于一个集体经济组织，后分为两个小队。争议的土地包括林地、耕地和河滩，其中的耕地由二原告经营，因该地块靠近河边，洪水泛滥时没有收成，后无法耕种。对于林地的权属，没有经过确认。1968年实行大队统一核算后，大队从各小队抽调劳动力并投资对争议地块进行统一治理，建设防洪大坝，经过多年治理后形成200多亩耕地，并由第三人经营管理至今。基于此，争议的211.48亩耕地应属现使用者村委会所有。二原告辛南村民组、辛北村民组不服，向朝阳市人民政府申请行政复议，朝阳市人民政府于2009年9月16日作出维持被诉的土地确权决定。二原告仍不服，向人民法院提起诉讼。

---

[1] 参见河南省信阳市中级人民法院［2021］豫15行终73号行政判决书。
[2] 王连昌主编：《行政法学》（修订版），中国政法大学出版社1997年版，第24页。

经审理法院认为，二村民组主张大队解体后至2000年，村委会分4次将抽调的土地退还给原小队，只有涉案的土地一直未归还给二村民组，而市政府仅以"除争议地以外的3宗土地是否退还给原小队与本案没有直接和必然的因果关系"为由，作出被诉土地确权决定，明显不当，法院依法撤销了土地确权决定。

本案中，被上诉人凌源市人民政府存在对规定解释不当的问题，认为既然法律规范授权县级以上人民政府在特定情况下可以行使行政裁量权确定土地所有权，那么其依据该条作出的土地确权决定就是合法的，对"具体情况"的把握完全是政府的权力。这种对法律规范的理解和解释显然是不适当的。土地确属争议多数历时长久、纷繁复杂，这就要求政府在确权过程中必须遵循"尊重历史、面对现实、有利生产、有利生活"的原则，充分全面地把握"具体情况"，公平公正地作出裁决。凌源市人民政府在作出土地确权决定时只是考虑了村委会治理、改造、经营争议土地多年的事实，但是却忽略了辛南村民组、辛北村民组主张的大队解体后至2000年，村委会分4次将抽调的土地退还给原小队，只有涉案的土地一直未归还给二上诉人的事实，仅以"除争议地以外的3宗土地是否退还给原小队与本案没有直接和必然的因果关系"为由，将争议土地的所有权确定给村委会显然是未考虑应当考虑的因素。由于被诉的土地确权决定对法律规范的理解和解释不当，未考虑应当考虑的因素，因此，该行政裁量行为不符合合理性原则。[1]

案例2：2017年8月30日，原告孟某因资金困难将位于哈尔滨市南岗区某小区某单元的房屋出售给案外人王某。收到定金后，王某与孟某的委托代理人去南岗区房产交易中心办理过户，被告知不能交易。9月25日，孟某到经纬街产权交易中心查询，并要求解除限制办理过户，均得不到解决。根据孟某与王某签订的《房屋买卖合同》约定，原告违约需要赔偿王某10万元违约金，孟某无奈与王某达成和解，赔偿其8万元违约金并返还定金5万元，于2017年9月26日赔偿完毕。因孟某急需用钱，9月27日到端街产权信访处要求解除限制，并提交信访申诉书，至今未得到被告任何答复。故孟某诉至法院，请求确认被告限制原告房屋交易行为违法并要求被告解除房屋限

---

[1] 参见李蕊：《土地确权程序中的行政裁量及司法审查——辽宁高院判决凌源市东城街道辛杖子村辛南村民组、辛北村民组诉凌源人民政府土地确权决定案》，载《人民法院报》2011年1月20日。

制等。

经审查法院认为，本案涉案行政行为系哈尔滨市原住房保障和房产管理局对原告名下案涉房屋作出暂缓登记的行政限制行为，结合案涉房屋被限制的原因系哈尔滨市原住房保障和房产管理局以原告在涉及道里区买卖街××号房屋纠纷中存在申请登记时隐瞒真实情况，用欺骗手段获取房屋登记的行为为由，为维护公共利益通过暂缓登记的行政限制行为对原告名下案涉房屋物权登记施加直接约束。本案中，哈尔滨市原住房保障和房产管理局虽基于保护另案中所涉及公共利益对原告案涉房屋作出暂缓登记的行政限制行为，但其在作出行政限制时应当考虑行政限制的适当性、必要性、比例性原则，现该行政限制行为，并未有明确的法律规定和法律授权，亦没有明确行政限制的范围、目的、内容，以及没有在限制行为作出后向原告履行告知义务，行政限制行为的作出缺乏法律依据、主要证据不足。行政机关没有考虑应当考虑的因素，或者相反，考虑了不应当考虑的因素，都可能导致行政处理结果明显不当。本案行政限制行为与原告在另案中所实施的行为、情节、社会危害程度并不相称，另案利害关系人的权利如何保护与原告案涉房屋享有的物权之间，存在于不同的法律关系中，本案行政限制行为已超出另案涉案房屋事项涉及的范畴，属于行政行为明显不当。综上，原告主张撤销对涉案车库行政限制的诉讼请求。[1]

第三，符合比例原则。比例原则是合理行政的重要内容，解决的是行政手段与行政目的的关系。比例原则源于19世纪德国的警察法学，它主张警察权的行使只有在必要时才可以限制人们的基本权利，其本质是要求行政的方法与目的应当保持平衡。比例原则要求行政执法机关实施行为所要达到的目的和所采取的手段必须具有平衡性；禁止执法机关采取过度的措施；在实现执法目的的前提下，执法行为对相对人的侵害应当减少到最低限度。比如德国的谚语"不用大炮打麻雀"，英国的"不拿汽锤打铁钉"，我国的"杀鸡不用宰牛刀"，都是表达比例原则的意思。按照通俗的理解，比例原则至少包含三个方面：一是妥当性，就是行政手段能够实现执法目的。二是必要性，就是在有若干种可供选择的行政执法手段之中，应当选择对相对人损害最小的

---

[1] 参见黑龙江省哈尔滨市南岗区人民法院［2019］黑0103行初156号行政判决书。

那一种。三是法益相称性，对于执法者来讲，实施一种行政管理，必须是"捡了西瓜""丢了芝麻"，"西瓜"就是执法所获得的公共利益，"芝麻"就是相对人受到的损失。

延伸阅读

——**行政机关在道路上高速追赶违法车辆，明显违反比例原则**。2017年3月20日22时30分许，嘉峪关市运管局的两名执法人员在嘉峪关市火车南站进行巡逻检查过程中，发现吴某楠驾驶的出租车在非指定乘车点停车搭载3名乘客，便要求其停车接受检查，吴某楠并未停车，反而快速驾车驶离，执法人员遂紧跟其后展开追逐。22时36分，吴某楠驾车沿X301线由西向东行驶至21公里+330米弯道处，车辆失控向右驶出路外后翻车，造成吴某楠及车内3名乘客受伤、其所驾驶的出租车受损的交通事故。吴某楠不服行政机关的上述行为依法向人民法院提起行政诉讼，法院依法确认被告嘉峪关市运管局于2017年3月20日对原告吴某楠实施的道路运输行政管理行为违法。

行政机关实施行政行为时应兼顾行政目标的实现和相对人权益的保护，如果行政目标的实现可能对相对人权益造成损害，则这种损害应被尽可能地限制在最小的范围和限度之内，二者应有适当的平衡和比例，即被告嘉峪关市运管局对原告所采用的行政手段应当与其发现的可能存在的违法行为的事实、性质、情节以及社会危害程度相当。本案中，采取追赶疑似违法车辆并不当然产生交通事故发生的后果，但是行政机关在制止相对人的疑似违章行为时应考虑比例原则，采取附加伤害最小的方式。被告执法人员在执法活动中，发现原告高速驾车驶入限速公路躲避行政执法时，尾随原告车辆驶入X301线公路，经过原告车辆侧翻地点时，经鉴定执法车辆的行驶速度在每小时100千米至112千米之间，远超过该公路每小时40千米的限速。因此被告在当时情况下未充分考虑所采用的高速追赶车辆迫使停车的执法方式可能给违法车辆造成更大损失，其潜在的受损对象是更多道路上不特定的人员，故被告以危害较大的行为制止相对较轻的疑似违章行为，对行政相对人造成的损害结果明显大于行政机关欲以保护的公共安全利益。需要注意的是，本案中，高速追赶疑似违法车辆并非实现行政管理目的的唯一执法手段。被告本可以采取记下违法车辆车牌号、调取监控视频资料等其他方式对原告涉嫌违规营运的行为调查取证,也能达到维护正常出租车营运秩序的行政目的,但被告嘉峪关市运管局在限速公路上以高速尾随原告车辆的方式继续实施行政执法,未作出适当处理,也未将可能带来的副作用降到最低,超过实施行政执法行为的必要限度,对行政相对人权益造成了过度侵害,其行政行为存在不当之处,明显违反了行政行为应遵循的比例原则。因此被告在此阶段对原告实施的道路运输行政管理行为应确认违法。[1]

三、正当程序原则

正当程序原则的基本含义是行政机关作出影响行政相对人权益的行政行为时,必须遵循正当法律程序,包括事先告知、说明行为的根据与理由、听取相对人陈述与申辩、事后救济等。[2]正当程序原则要求行政执法机关必须按照法定的方式、步骤、顺序等进行执法。程序正义观念发轫于英国,英国1354年的《自由律》明确规定:"任何人,不论其财产或身份如何,不得未经正当法律程序,加以逮捕、禁锢、剥夺继承权或处以死刑。"自此,程序正当便作为一项法治原则得以确立。在英国它被称为"自然公正"(nature justice),作为普通法的一项重要原则,除非制定法另有规定,否则任何行政行为均应遵守。自然公正有两项主要原则:一是任何人不得作自己案件的法官,又称反对偏私原则;二是任何人的合法权益受到不利影响时,必须允许其陈述自己的意见,这些意见必须被公平地听取。[3]自然公正原则为美国法所继承,并因美国宪法第5修正案、第14修正案中被冠以"正当程序"条款而发扬光大。《美国宪法修正案》第5条规定:"未经正当法律程序不得剥夺任何人的生命、自由或财产。"第14条规定:"无论何州,不得制定或施行剥夺合众国公民之特权的法律;也不得非经正当法律程序,使任何人丧失生命、自由或财产。"根据美国最高法院的解释,宪法规定的正当程序条款有两个方面的意义:一是实质性正当法律程序。这种理解要求国会制定的法律必须符合公平正义。如果法律剥夺个人的生命、自由或财产,不符合公平正义标准,

---

[1] 参见甘肃省酒泉市中级人民法院[2017]甘09行初20号行政判决书。

[2] 参见姜明安:《行政法》,北京大学出版社2017年版,第126页。

[3] 参见应松年主编:《当代中国行政法》(上卷),中国方正出版社2005年版,第108~109页。

法院将宣告其无效。二是程序性正当法律程序。这种理解要求政府对个人采取具有严重后果的行动,必须遵循公正的程序,如得到充分通知的权利和作出裁决前有异议的听证权利。[1]联邦最高法院在 Earle V. Mevrighg 一案中认为:"正当程序是政府的一般责任。"循此原则意味着以下基本推论:一是当事人必须知道案件决定的理由;二是当事人必须有获知任何资料或建议的机会。[2]20 世纪中期以后,随着各国行政程序立法的推进,正当程序原则在世界许多国家得到确立和广泛适用。"许多欧洲大陆法系国家(如德国、葡萄牙、西班牙、荷兰等)以及亚洲国家(如日本、韩国等)都纷纷进行行政程序立法,通过立法确立正当程序原则为行政法的基本原则。"[3]

正当程序原则在综合行政执法中主要体现四个方面的内容:一是任何人不能成为审理自己案件的法官。执行这一原则的制度是执法回避制度。二是行政机关在作出处理时不能偏听偏信,应当听取当事人意见,给予当事人同等的辩论机会。三是行政机关执法的依据、作出的相关决定应当公开。四是行政执法中行政决定必须说明理由。

延伸阅读

——**行政处罚应当听取当事人意见**。2019 年 9 月 4 日,西安市新城区住建局向日鑫置业公司作出《责令整改通知书》,内容为"经查,你单位在金茂紫庭小区地下车库实施了私自拆除部分地下车库挡土墙的行为,违反了《西安市城市房屋使用安全管理条例》第 17 条规定。现根据《西安市城市房屋使用安全管理条例》第 17 条'禁止……未经原设计单位或者具有相应资质等级的设计单位提出设计方案,擅自拆除、破坏墙体、梁、板、墩、柱等主体和承重结构'责令你单位立即停止施工,并进行整改"。该公司不服,依法向人民法院提起行政诉讼。

经审理法院认为,《西安市城市房屋使用安全管理条例》并未规定行政机关作出责令整改行政行为的程序,但根据程序正当原则,应当保障当事人的陈述申辩权利。虽然本案原审被告新城区住建局主张其在作出被诉《责令整

---

[1] 参见应松年主编:《当代中国行政法》(上卷),中国方正出版社 2005 年版,第 110~111 页。
[2] 参见关保英主编:《行政程序法思想宝库》,山东人民出版社 2019 年版,第 305~306 页。
[3] 姜明安:《行政法》,北京大学出版社 2017 年版,第 126 页。

改通知书》之前已经询问过被上诉人日鑫置业公司，但未提供相应证据。故新城区住建局在作出涉及当事人重大利益的行政行为时，未事先告知当事人并充分听取当事人意见，剥夺了当事人陈述、申辩的权利，程序违法。

四、行政效率原则

"效率是行政管理价值尺度中的头号公理"，[1]效率也是行政执法的生命。虽然效率不是行政法的终极目标，但效率是现代法律的基本价值追求之一，行政法也不例外。[2]行政效率原则是指在行政执法过程中，要力争以尽可能快的时间、尽可能少的人员、尽可能低的成本，办好执法事项，取得尽可能大的社会、经济效益。[3]街道综合行政执法要符合效率原则，体现高效便民的精神。"提高行政效率也是为了保障当事人的权利，行政效率的低下是对当事人权益的损害。"[4]显然，行政执法的高效对公民来说本身就是一种利益，能够为公民提供更多、更优的服务，与行政法的目的是一致的。因此，如何结合街道综合行政执法的实际，按照基层行政执法的规律，以尽可能有限的人、财、物等现有资源，去解决现实中的执法困难与问题，去获取尽可能好的社会效果，成为基层执法实践中的现实课题。行政执法机关适用法律，开展行政执法活动，都要分析成本效益，提高执法效率，避免资源的浪费。

街道综合行政执法作为一种以公共利益为本位的行政活动，执法机关及其执法人员必须注重效率的因素，提高行政效率。"行政执法要实现其既定目标，完成其管理组织社会的职能，促进社会经济文化的发展，追求行政效率自是其题中应有之义，无须论证。"[5]在综合行政执法中，行政效率原则突出地体现在以下方面：一是行政执法机关必须遵守法定时限，积极处理执法事

---

[1] 陈振明：《从公共行政学、新公共行政学到公共管理学——西方政府管理研究领域的"范式"变化》，载《政治学研究》1999年第1期。

[2] 马怀德主编：《行政法学》（第2版），中国政法大学出版社2009年版，第62页。

[3] 参见胡建淼主编：《公权力研究——立法权·行政权·司法权》，浙江大学出版社2005年版，第277页。

[4] 应松年主编：《行政法学新论》，中国方正出版社2004年版，第337页。

[5] 王光龙、黄金华、张洪明：《行政执法中效率与公平的对立统一》，载《云南法学》1994年第3期。

项，及时有效完成执法。二是行政执法机关应当提高办事效率，方便行政相对人。三是行政执法机关应当积极履行法定职责，提供优质服务。

> **延伸阅读**
>
> ——**行政执法应当注重效率**。2014年12月24日，骆某某通过12365热线举报其在"1号店"网站购买网店"楼兰蜜语"的200克/袋包装红枣短斤缺两，要求上海自贸区质监分局进行调查并作出行政处罚。2015年1月20日，上海自贸区质监分局将该投诉移送"楼兰蜜语"网店开设者即涉案商品销售者武汉金绿果公司所在地的武汉市质量技术监督局处理，并于同年2月9日向骆某某告知了相关移送情况。骆某某不服该告知，提起行政诉讼，请求判决确认上海自贸区质监分局未履行法定职责行为违法和上海市政府复议决定违法，并附带提出行政赔偿。
>
> 经审理法院认为，骆某某的举报投诉涉及商品销售者违反计量法律法规，涉案定量包装商品非网络销售平台提供者的自营商品，系入驻商家金绿果公司直接从武汉发货配送并开具发票，故涉嫌实施计量违法行为的主体为金绿果公司且该行为发生地在武汉。上海自贸区质检分局据此将金绿果公司涉嫌计量违法行为通报武汉市质监部门管辖处理，已履行了法定职责，上海市政府所作复议决定具有合法性，判决驳回骆某某的诉讼请求。该案基于方便管辖、行政效率及执法有效性原则，对网络销售平台提供者与销售者不一致且住所地不在同一行政监管机关辖区时如何确定"违法行为发生地"及执法主体进行明确，为网络购物方式下依法科学确定行政机关监管职责及促进消费者有效维权提供了指引。[1]
>
> ——**行政行为不能片面追求效率**。2011年，华仁公司流转集体土地76余亩修建圈舍进行野生动物养殖，并按规定就用地进行了审批备案。2020年11月，华仁公司被垫江县人民政府纳入集体土地征收范围，双方未能达成拆迁安置补偿协议。2021年4月，垫江县规资局作出限期拆除行政处罚决定。华仁公司对此不服提起了行政诉讼。5月，华仁公司的圈舍被强制拆除，遂诉至法院。重庆市涪陵区人民法院经审理认为，集体土地征收及违法占地查处均

---

[1] 参见上海市浦东新区人民法院涉自贸试验区典型案例之十"骆某某诉上海市质量技术监督局自由贸易试验区分局不履行法定职责及不服上海市人民政府行政复议决定案"。

系行政权的行使过程,县规资局在实施强拆行为前虽作出行政处罚决定和行政强制执行决定,但其在华仁公司救济期间实施强拆行为,违反法定程序。人民法院依法对片面追求行政效率而牺牲正当程序所实施行政行为作出否定裁判,有助于引导行政机关依法行政,推动责任政府、诚信政府、法治政府的构建。现因拆除行为已实施完毕,不具有可撤销内容,确认强拆行为违法。

街道综合行政执法的相对人

在法治发达国家，行政相对人不需要专题研究，这是因为：行政相对人的权利受到宪法保护；行政相对人在行政事务上的义务由行政主体依法确定；行政法则是规制行政主体以防止其肆意侵害公民权利的法。[1]如此一来，行政法只需要重点关注控制行政权、重视司法审查即可。在我国，长期以来将行政相对人作为单纯的管理对象看待，以致过多强调承担义务而忽视了应有的权利。随着行政民主化的推进，行政执法过程中必须重视行政相对人，行政法理论必须以人民为核心来架构，重新认识行政相对人在行政执法中的地位和作用，凸显执法为民的本质。因此，本部分专章研究综合行政执法的相对人问题。

一、行政相对人概述

（一）行政相对人的定义

行政相对人是指行政执法中与执法主体相对应的一方当事人，主要包括公民、法人和其他组织。首先，行政相对人是指处在行政管理关系中的个人或组织。尽管与行政执法机关一样属于行政法律关系的主体，但执法机关处于管理地位，而相对人处于被管理者地位。相对而言，管理者拥有行政管理职权，而被管理者则没有。当然，不能就此而说行政相对人在行政法律关系中仅是义务人而不是权利人。行政相对人在行政执法中依然享有法定权利。其次，行政相对人是指行政管理法律关系中与行政主体相对应的一方当事人。行政相对人的法律地位表明其是人身权、财产权等权利义务主体而非行政职权主体，并接受行政主体的行政执法管理。[2]最后，行政相对人是指在行政

---

[1] 参见邢鸿飞等：《行政法专论》，法律出版社2016年版，第101页。
[2] 参见王连昌主编：《行政法学》（修订版），中国政法大学出版社1997年版，第79页。

执法关系中,其权益受到行政主体行为影响的个人、组织。[1]

(二) 行政相对人的基本类型

行政相对人主要分为以下基本类型:

第一,个人相对人与组织相对人。个人相对人主要是指公民,这是较为普遍的一种现象。在大多数执法领域,执法机关面对的大多是个人相对人。当然非中国公民的外国人和无国籍人士在中国境内时,也可能成为行政执法中的相对人。组织相对人主要是指各种具有法人地位的企业组织、非企业组织、事业组织和社会团体等。其他组织的类型主要有:经国家主管部门批准或认可的从事一定生产或经营活动的经济实体,如个人合伙组织、合伙型联营组织、企业法人的分支机构等;经主管机关批准或认可的正处于筹备阶段的企业、事业单位和社会团体。组织作为相对人,一般由其法定代表人或授权的代理人参与行政执法活动,没有相应授权的个人不能以组织的名义与行政机关发生法律关系。

延伸阅读

——个人相对人。

案例1:2013年5月1日21时许,卢某酒后无证驾驶无号牌两轮摩托车碰撞路边行人吴某珍,致其轻微伤。经鉴定,卢某的血液酒精浓度为每100毫升255毫克,已达醉酒驾驶标准。经某市公安局交通警察支队(本案以下简称"市交警支队")某大队交通事故认定,卢某负事故全部责任。市交警支队某大队根据《道路交通安全法》第99条的规定,对卢某无证驾驶无号牌摩托车的行为作出罚款300元的处罚。该市某区人民法院以危险驾驶罪判处卢某拘役3个月,并处罚金人民币3000元(判决已生效,300元罚款已折抵)。此后,市交警支队根据《道路交通安全法》第91条第2款的规定,对卢某作出吊销机动车驾驶证的行政处罚决定,卢某不服该处罚决定,以其持有的小型汽车驾驶证与涉案交通事故无关为由向某区人民法院提起行政诉讼。

案例2:陈某系个体工商户龙泉驿区大面街道办德龙加工厂业主,自2011年3月开始加工生产钢化玻璃。2012年11月2日,成都市成华区环境保护局在德龙加工厂位于成都市成华区保和街道办事处天鹅社区的厂房检查时,

---

[1] 参见姜明安:《行政法》,北京大学出版社2017年版,第221~222页。

发现该厂涉嫌私自设置暗管偷排污水。成华区环保局经立案调查后，依照相关法定程序，于2012年12月11日作出成华环保罚字［2012］1130-01号行政处罚决定，认定陈某的行为违反《水污染防治法》第22条第2款的规定，遂根据《水污染防治法》第75条第2款的规定，作出责令立即拆除暗管，并处罚款10万元的处罚决定。陈某不服，遂诉至法院，请求撤销该处罚决定。

——**组织相对人**。2023年5月19日，厦门银保监局挂出多份行政处罚信息公开表。其中"2023-15"号显示，因涉及向会计师事务所出具不实回函、违规向房地产项目发放流动资金贷款、贷款挪用于股权投资等多项问题，厦门国际银行被没收违法所得15.74万元，处以罚款1381.49万元，合计罚没1397.23万元。自2023年以来，厦门国际银行多地分支机构先后接到大额罚单。其中，厦门国际银行北京分行于今年2月被北京银保监局罚款810万元，13名相关责任人合计被罚款60万元。厦门国际银行龙岩分行、漳州分行、龙海支行等分支机构也分别被处罚295万元、100万元、50万元，相关责任人被给予警告。

6月28日，国家金融监督管理总局披露了一批行政罚单。其中，上海银保监局行政处罚信息公开表（沪银保监罚决字［2023］100号）显示，上海农村商业银行因委托贷款资金违规用于禁止性领域等19项违法违规行为，被责令改正，并处以1160万元罚款。相关责任人受到警告及罚款。陆某等多名相关责任人被给予警告或被处以罚款。其中，陆某、严某、曹某辰、乔某林因对上述违规提供政府性融资及并购贷款未严格落实房住不炒的监管要求等行为负有直接管理责任，被给予警告并处罚款5万元。林某辉、戴某、汤某桢等分支机构直接相关责任人因对应违规行为受到警告。刘某贵因在上海农商银行工作期间，涉嫌对该行向资本金比例不到位的房地产项目发放贷款负有直接管理责任，收到行政处罚事先告知书。

多家银行因违规行为收到大额罚单，显示了金融监管力度和势头不减。此前，6月21日，国家金融监督管理总局网站公布了75张罚单，其中民生银行重庆分行、北京银行和招商银行上海分行均被开出千万元以上的罚单。从罚单信息来看，银行贷款业务仍是业务违规主要领域，票据业务违规也是监管关注的重点领域。

第二，直接相对人与间接相对人。直接相对人是指行政执法行为的直接对象，其权益受到行政行为的直接影响。间接相对人是行政执法行为的间接对象，其权益受到行政行为的间接影响。"直接相对人和间接相对人都是行政相对人，其权益受到行政行为侵害后可以依法申请行政救济，但法律规定的救济途径、方式可能会有所区别。"[1]在具体执法实践中，特别是投诉举报事项的处理过程中，当事人利害关系的确定成为难点问题之一，在生态环保领域尤为突出。如公民以生态环保部门未履行空气污染治理工作为由提起行政不作为之诉，通常以没有原告主体资格为由裁定驳回起诉，并告知其属于公益诉讼范围。一般认为，具有利害关系的投诉举报人，应当符合以下条件：投诉事项应当限于对投诉人合法权益产生影响的事项，且这种影响是直接的、特定的；这种影响由投诉事项造成，且在投诉时仍客观存在。以环境污染案件为例，若一家化工厂企业投诉另一家化工厂企业存在污染，但其投诉的理由并非污染造成其企业产生损失，而是以排除具有竞争关系的化工厂为目的，此时的化工厂污染并未对投诉人的合法权益直接产生影响，投诉人不具有利害关系。若居住地点与化工厂相距较远的公民，以化工厂排污影响其饮用水质量为由，向属地环保部门投诉要求查处的，投诉人应当证明排污行为确实对其饮用水造成了影响。同时，由于地下水的使用主体并不确定，不宜认可该投诉人单独的原告主体资格，而应将此类事项交由公益诉讼。从形式上，要求投诉举报的当事人具有直接利害关系，比如在化工厂附近承包了鱼塘，且出现鱼因水质问题而死亡的现象，因而可以推定化工厂的排污直接对其合法权益产生了影响，化工厂周边特定的权利主体都属于受影响的对象。

> **延伸阅读**
>
> ——直接影响与间接影响的界限。
>
> **案例1**：2018年8月22日，李某林通过网络向南宁高新技术产业开发区管理委员会提交《关于庄家铺子公司生产的生产日期分别为2016年9月17日、2016年9月20日的"开心果"及生产日期为2016年9月10日的"庄家铺子腰果"脂肪含量虚假标注的投诉举报信》，举报请求为：依法受理举报，是否受理请书面回函告知，并在案件办结后书面邮寄告知处理结果；依法对

---

[1] 姜明安：《行政法》，北京大学出版社2017年版，第224页。

被举报人行政处罚及奖励举报人；依据《企业信息公示暂行条例》《工商行政管理处罚信息公示暂行规定》等法律法规将被举报人的违法行为在"全国企业信用信息公示系统"进行公示。事实与理由为：李某林购买生产厂家庄家铺子公司生产的开心果及腰果，其产品的营养成分表标注的脂肪含量与实际检测结果严重不符。上述产品的营养成分表明显没有经过检测，虚假标注，不符合《预包装标签通则》基本要求——预包装食品营养标签标示的任何营养信息，应真实、客观，不得标示虚假信息，不得夸大产品的营养作用或其他作用。收到李某林的投诉举报后，南宁高新管委会经过现场检查及调查，于2019年10月25日作出《行政处罚决定》，内容为对庄家铺子公司给予以下行政处罚：没收违法所得932.80元；罚款6000元，该处罚决定于同日送达庄家铺子公司。李某林不服该处罚决定，向人民法院提起诉讼。

一审法院认为，原告主体资格的获得应以原告与被诉行政行为具有法律上的利害关系为前提。本案中，李某林起诉要求撤销5号处罚决定，而该处罚决定的相对人是庄家铺子公司，李某林不是行政处罚相对人，且行政处罚行为的处理结果与李某林并无直接的利害关系，故依照《行政诉讼法》第25条第1款、第49条第1项及最高人民法院《关于适用〈中华人民共和国行政诉讼法〉的解释》第69条第1款第1项之规定，裁定驳回原告李某林的起诉。

二审法院认为，本案二审争议焦点为李某林与该处罚决定是否具有利害关系，李某林是否具有本案原告主体资格。根据最高人民法院《关于适用〈中华人民共和国行政诉讼法〉的解释》第12条第5项的规定，为维护自身合法权益向行政机关投诉，具有处理投诉职责的行政机关作出或者未作出处理的，可认定为属于行政诉讼法第25条第1款规定的"与行政行为有利害关系"。本案中，李某林既是消费者，亦是投诉人，其以消费者身份进行投诉，要求南宁市监局查处，南宁市监局对第三人庄家铺子公司的处理结果，对李某林能否获得举报奖励有直接影响，因此李某林与5号处罚决定具有利害关系，故李某林对5号处罚决定不服提起诉讼，具有行政诉讼原告资格。一审裁定以李某林不是行政处罚相对人，且行政处罚行为的处理结果与其并无直接的利害关系为由裁定驳回其起诉不当，应予纠正。关于李某林主张应参照适用最高人民法院发布的指导性案例77号"罗某荣诉吉安市物价局物价行政处理案"认定其具有原告诉讼主体资格的上诉意见，本院予以采纳。关于南宁市监局认为李某林起诉超过起诉期限的意见,根据最高人民法院《关于适用〈中华人民共和国行政诉讼法〉的解释》第46条第1款的规定,行政机关作出行政行为时,未告知公民、法人或者其他组织起诉期限的,起诉期限从公民、法人或者其他组织知道或者应当知道起诉期限之日起计算,但从知道或者应当知道行政行为内容之日起最长不得超过1年。李某林并非5号处罚决定的行政相对人,亦非该处罚决定的受送达人。南宁市监局主张应从2019年10月25日5号处罚决定送达之日或2019年11月4日在高新管委会官方网站公布5号处罚决定之日起计算李某林提起诉讼的起诉期限,无法律依据。李某林2020年4月27日通过政府信息公开告知得知5号处罚决定已作出并进行查询故而知道5号处罚决定的内容,至2020年6月4日提起诉讼,未超过起诉期限。对南宁市监局此项主张,本院不予支持。综上所述,李某林提起本案诉讼符合行政诉讼起诉条件,一审法院裁定驳回起诉不当,应予纠正;李某林的上诉请求有事实和法律依据,应予支持。依照《行政诉讼法》第89条第1款第2项、最高人民法院《关于适用〈中华人民共和国行政诉讼法〉的解释》第109条第1款之规定,裁定如下:撤销南宁铁路运输法院[2020]桂7102行初342号行政裁定;本案指令南宁铁路运输法院继续审理。[1]

案例2:薛某于2016年12月23日通过挂号信向北京市海淀区食品药品监督管理局(本案以下简称"海淀食药局")投诉举报,其在北京京海竟成商贸中心(本案以下简称"京海竟成中心")购买的冬虫夏草超过保质期仍在销售。海淀食药局于同年12月26日予以签收。经审查,海淀食药局对京海竟成中心作出(京海)食药监药罚字[2017]120310号行政处罚决定,于2017年6月1日对薛某作出[(海)信]S2016120077《处理结果告知书》(本案以下简称"被诉告知书"),告知其行政处罚决定的内容,并将对其的举报申请举报奖励。薛某于同年6月6日收到被诉告知书,对其内容不予认可,向一审法院提起诉讼,请求依法撤销海淀食药局作出的被诉告知书,并限期重新作出答复。

一审法院认为,本案中,薛某虽通过购买涉案商品成为消费者,但是,海淀食药局依法履行查处职责的目的,在于保证食品安全,保障公众身体健康和生命安全,保护的是不特定消费者的普遍利益,而并非薛某个人的合法

---

[1] 参见南宁铁路运输中级人民法院[2021]桂71行终28号行政裁定书。

权益。海淀食药局对薛某作出的被诉告知书,也仅是就行政处罚结果作出的客观陈述,并未影响薛某个人的合法权益。因此,薛某提起的诉讼不符合起诉条件,法院应当裁定驳回其起诉。

二审法院认为,最高人民法院《关于适用〈中华人民共和国行政诉讼法〉的解释》第69条第1款第8项规定,对于行政行为对当事人的合法权益明显不产生实际影响而提起的诉讼,应当裁定驳回起诉。本案中,薛某起诉所针对的被诉告知书,系海淀食药局将对京海竟成中心进行处罚的事实及结果进行告知的行为,由于薛某并非行政处罚的相对人,其与海淀食药局的处罚行为不存在行政法上的利害关系,故被诉告知书并未对其合法权益产生实际影响,薛某提起本案诉讼不符合起诉条件,一审法院据此裁定驳回薛某的起诉正确,本院予以维持。[1]

(三) 行政相对人的权利

相比于义务,行政相对人的权利更需要执法机关予以关注。权利是人类文明发展到一定历史阶段的产物,也是人类文明不可或缺的组成要素。从某种意义上讲,一部人类文明史也就是一部权利进化史。客观而言,任何国家,在不同的行政法律关系中,行政相对人权利不尽相同。因此,针对行政相对人的权利研究,很难进行详尽列举,只能开展类型化研究。结合我国行政法现行规定,行政相对人的权利可以概括以下四个方面:

第一,财产和自由不受侵害,依法享有给付与保护的权利。相对人的财产和自由,除法律有明确规定的,不受任何侵害,并且,享受应有的给付与保护。财产是具有一定物质内容的、直接体现为经济利益的动产和不动产等。自由是免予公权力的随意干涉,其经典表述为"风可进,雨可进,国王不能进"。比如《土地管理法》第48条明确规定,征收土地应当给予公平、合理的补偿,保障被征地农民原有生活水平不降低、长远生计有保障;征收农用地以外的其他土地、地上附着物和青苗等的补偿标准,由省、自治区、直辖市制定。对其中的农村村民住宅,应当按照先补偿后搬迁、居住条件有改善的原则,尊重农村村民意愿,采取重新安排宅基地建房、提供安置房或者货币补偿等方式给予公平、合理的补偿,并对因征收造成的搬迁、临时安置等

---

[1] 参见北京市第一中级人民法院[2018]京01行终396号行政裁定书。

费用予以补偿，保障农村村民居住的权利和合法的住房财产权益。

延伸阅读

——**西方法谚的展开**。西方有谚云："风可进，雨可进，国王不能进。"即使是穷人的寒舍，风能进，雨能进，国王不能进，这是法治的标志，所以西方国家特别强调对公民私权的保护，一个人的家，就是一个人的城堡。有一张二战时期的照片流传甚广：英国国王幸临伦敦贫民区，他站在一个东倒西歪的房子门口，问里面的贫妇："请问，我可以进来吗？"

——**国王与磨坊主的故事**。相传当年普鲁士国王（就是后来德意志第二帝国的皇帝威廉一世）在距柏林不远的郊区波茨坦有一座行宫。有一次国王去那里度假，登高远眺，可视线却被紧挨宫殿的一座旧磨坊挡住。国王就下令拆了它。但一打听这是属于私人的财产不能随便拆。于是国王就派人去与磨坊主洽商，表示愿出高价买下它再拆除。不料该磨坊主竟以"它是祖上传下来的"为由，说什么都不同意卖。用现在的话说，是碰上了一个"软硬不吃的钉子户"。几次协商不成，国王发怒了，干脆命人将它拆了。磨坊主一纸诉状将国王告上了法庭。最后法庭判决国王败诉，必须"恢复原状"并赔偿造成的损失。国王拿到判决书后，只好遵照执行，在原址重新建了一座磨坊。后来国王和磨坊主都过世了。小磨坊主因经济困难要进城去谋生，想把它卖了。他给威廉二世皇帝写了一封信，表达了这个意思。皇帝很快就给他回了信，内容大意是："我亲爱的邻居，得知你要卖掉磨坊，我以为万万不可。因为毕竟这个磨坊已经成了我们德国司法独立的象征，理应世世代代保留在你的名下。另附上3000马克，以帮助你解决目前的经济困难。"署名是"你的邻居威廉"。100多年过去了，至今这个带风车的磨坊，仍像一座纪念碑一样屹立在那里，它代表着德意志这个民族对法律的坚定信念。[1]

第二，排除违法或者不当行政的请求权。"有权利必有救济，无救济则无权利"，当相对人因行政主体的违法或者不当行为而受到侵害时，依法享有对违法或者不当行为排除请求权、救济权。比如《行政处罚法》第7条第1款

---

[1] 参见蔡玳燕：《走近德国——当代德国社会文化面面观》，文化艺术出版社2007年版，第167页。

明确规定，公民、法人或者其他组织对行政机关所给予的行政处罚，享有陈述权、申辩权；对行政处罚不服的，有权依法申请行政复议或者提起行政诉讼。《行政许可法》第7条规定，公民、法人或者其他组织对行政机关实施行政许可，享有陈述权、申辩权；有权依法申请行政复议或者提起行政诉讼；其合法权益因行政机关违法实施行政许可受到损害的，有权依法要求赔偿。

第三，行政执法的参与权。保障公民参与权是政府的基本职责和义务。通过法定形式和途径参与执法管理，构建和完善以参与权为核心的公民参与制度，有助于形成执法机关与社会的良性互动，有助于形成政府与公民的合作共治格局。比如《野生动物保护法》第5条第2款规定，国家鼓励公民、法人和其他组织依法通过捐赠、资助、志愿服务等方式参与野生动物保护活动，支持野生动物保护公益事业。《噪声污染防治法》第9条规定，任何单位和个人都有保护声环境的义务，同时依法享有获取声环境信息、参与和监督噪声污染防治的权利。排放噪声的单位和个人应当采取有效措施，防止、减轻噪声污染。

第四，行政事务的监督权。批评、建议、控告、检举、申诉都是公民行使监督权的具体形式。《宪法》第41条第1款明确规定，中华人民共和国公民对于任何国家机关和国家工作人员，有提出批评和建议的权利；对于任何国家机关和国家工作人员的违法失职行为，有向有关国家机关提出申诉、控告或者检举的权利，但是不得捏造或者歪曲事实进行诬告陷害。这是宪法赋予公民对国家机关和国家工作人员的一种监督权，同时也是对公民合法权益的一种保护。为确保公民的监督权利，各级国家机关都设立了专门的监察机关、检察机关和审判机关，还设立了专门的申诉控告机构。

（四）行政相对人的义务

行政相对人的义务主要表现在遵守行政法律规范、服务行政管理、接受监督和调查等方面，这里就不再论述。

二、行政相对人的违法行为

（一）相对人违法的概念分析

相对人违法是指行政相对人实施的违反行政法律规范的行为。相对人违法在性质上违反的是行政法律规范，而不是违反刑事法律规范、民事法律规范等。行政违法行为与民事违法行为的一个主要区别就是本质上的不同，民事违法行为只是针对特定的个人或组织造成私害，行政违法行为则还有可能侵害特定的个人或组织的合法权益，而且直接侵害了社会公益和国家利益。因此，行政违法行为的公害性，是行政违法行为最具有决定意义、最本质的特征。[1]

（二）相对人违法的构成要件

行政违法行为的构成要件是指行政法律规范所规定的，构成行政违法所必须具备的主客观条件的总和。[2]"任何违法行为都必须由违法行为主体、违法行为客体、违法行为的客观方面、违法行为的主观方面四个要件构成。行政违法行为构成要件的确定同样也离不开这四方面，否则就不可能构成行政违法。"[3]具体而言，行政相对人的违法行为的构成要件有以下方面：一是主体要件，违法主体是行政相对人。这里的相对人是指具有一定行政责任能力的公民、法人或者其他组织。一般而言，凡依法成立的法人和其他组织都具有相应的责任能力。公民的责任能力则比较复杂，通常将年龄和精神状态作为评判标准。因此，不能理解自己行为意义和不能控制自己行为的精神病人不能成为违法行为主体。此外有些生理缺陷也会导致理解能力或控制能力降低，进而影响责任的承担。比如《治安管理处罚法》第14条规定："盲人或者又聋又哑的人违反治安管理的，可以从轻、减轻或者不予以处罚。"二是客观要件，行政相对人实施了违反行政法律规范的行为。一般而言，客观构成主要违法行为的外在表现，比如违法的时间、地点、方法、违法行为、危害后果等。一方面，行政相对人客观上已经实施了或正在实施违法行为，即违法行为是客观存在的行为。如果只有内心意图而无客观的行为是不构成违法的。另一方面，行政违法行为是违反行政法律规范的行为。只有违反行政法律规范明确禁止的行为，才构成违反行政法律规范的行为。需要说明的是，违法行为可能或者已经造成了一定的危害后果，但行政法律规范不一定要求发生特定的危害后果。只要实施了法律规定的行为，就构成了违法行为。只有在法律有特别规定的情况下，违法行为才要求有一定的危害后果。三是在

---

[1] 吴雷、赵娟、杨解君：《行政违法行为判解》，武汉大学出版社2000年版，第48页。
[2] 罗豪才主编：《行政法学》（新编本），北京大学出版社1996年版，第313页。
[3] 杨解君：《论行政违法的主客体构成》，载《东南大学学报（哲学社会科学版）》2002年第3期。

客体上，违法行为侵害了法律保护的行政关系和公共秩序。无论何种形式的违法行为，不论它是否存在特定的侵害对象，它总是侵害到一定的客体。"任何违法行为都必须有侵害的客体，不侵犯任何客体的行为不是违法行为。"[1]违法行为一般都具有社会危害性，即对社会关系、社会秩序的破坏。任何违法行为都具有一种社会"公害性"，必然会侵害合法的行政关系或者正常的行政管理秩序。我们不能将违法行为看作对每个个体或组织的侵害，而应看到它对整个国家、社会及公共利益的侵害和破坏。[2]四是主观方面，行政相对人具有过错。行为总是一定主观意志的表达，是人有意识活动的结果，是人内在的主观与外在的客观表现的统一体。因此，相对人违法行为必然需要分析其主观方面。过错分为故意和过失两种，在相同的违法行为之下，故意所表现出来的主观恶意对社会危害程度更大，而过失所表现出来的主观恶性则相对较小。鉴于行政违法属于一般违法且需要注重行政效率，因此只要行为人实施了违法行为就推定其具有主观过错，除非法律另有规定。"过错推定表面上将推定行为是否有过错的责任转移给违法主体，加重了相对人的举证责任，但是事实上并非如此……采用过错推定的方式，由违法行为主体对自己的行为是否存在过错承担举证责任，不仅有利于辨明真相，正确适用行政处罚，而且还可以提高行政效率，切实维护行政管理秩序。"[3]《行政处罚法》第33条第2款明确规定，当事人有证据足以证明没有主观过错的，不予行政处罚。从综合执法实践来看，由行政相对人举证自己确无过错，比较容易实现，也易于操作。当事人主观上是否有过错，当事人自己最清楚，无论举证能力，还是举证可得性都优于执法机关举证。如果由执法机关单方面来证明相对人是否有过错则比较困难。因此，这种规定较为科学可行。"足以证明是指当事人提供的证据完全可以达到证明自己没有过错的程度，这样的证据既可以是一个单独的但具有关键性的证据，也可以是多个但相互关联、能够形成证据链的一组证据。"[4]

（三）相对人违法的法律责任

根据责任性质的不同，行政相对人的法律责任主要有惩罚性责任、补救

---

[1] 谢邦宇等：《行为法学》，法律出版社1993年版，第282页。
[2] 参见吴雷、赵娟、杨解君：《行政违法行为判解》，武汉大学出版社2000年版，第114页。
[3] 应松年主编：《行政处罚法教程》，法律出版社2012年版，第18～19页。
[4] 陈璇：《注意义务的规范本质与判断标准》，载《法学研究》2019年第1期。

性责任两种。惩罚性责任是通过对违法者给予精神上、行为上、经济上造成限制或者损害的后果，以示制裁。补救性责任则要求违法者以消除违法状态或者继续履行法定义务的方式，达弥补效果。比如限期改正、责令停止违法行为、恢复原状等。

三、行政相对人的合作共治

（一）单方意志到双方合意

早期的执法奉行执法者的单方意志可以决定一切，执法以强制力作为后盾。"毫无疑问的是，在任何现代国家中都有一种实际的必要，把使用武力作为实施大部分法律的最后一种手段……但强力不是唯一的甚至不是最重要的。因为，归根到底，并非赤裸裸的武力，而是说服力才能确保在最大程度上对法律的遵守。"[1]现代社会越来越注重合作，基于利益的一致性，执法机关与相对人通过沟通、对话、谈判和共治，实现执法的合作共治。体现单方意志的执法模式是以"命令—服从"的方式运行，管制型、命令型、秩序型是行政执法常见方式。而双方合意的执法模式是以"协商—合作"的方式运行。

延伸阅读

——承诺制服务型执法。2023年4月25日，江西省市场监管局召开规范电信行业价格收费行为行政指导会，将电信行业作为探索新型执法模式的第一个领域。省移动、电信、联通、广电等电信运营商企业相关负责人参加会议，并向省市场监管局递交承诺书。据了解，"承诺制"服务型执法，分为事前、事中、事后三个阶段。事前对监管对象加强行政指导、政策宣传，通过解读政策、实地调研、提醒告诫，明确政策口径和监管预期，组织开展合规承诺；事中组织监管对象开展自查自纠，督促落实收费单位主体责任，对照法律法规、政策规定和有关承诺，全面开展自查，对于查摆发现的问题及时整改，让企业和群众充分享受监管红利；事后强化监督抽查，根据自查自纠情况开展随机抽查，对于抽查中新发现的有关违法违规行为，依法从重处罚，性质恶劣的公开曝光，形成有效震慑。以"把脉问诊"为出发点，以"规范发展"为落脚点，坚持摸排在前、服务在前，引导市场主体自觉增强合规意

---

[1] [英]P.S.阿蒂亚：《法律与现代社会》，范悦等译，辽宁教育出版社1998年版，第88~92页。

识，使市场环境更加规范，市场主体更加活跃，广大群众更加满意。在行政指导会上，省市场监管局向各企业介绍了电信行业价格和收费行为监管政策，各企业签订提交了《关于规范价格和收费行为的承诺书》，承诺将严格遵守法律法规政策，全面公示资费方案，切实规范价格行为，落实涉企收费政策，并认真开展自查自纠，努力维护良好营商和消费环境。

下一步，省市场监管局将结合各企业自查自纠、退费整改的情况，派出检查组对各电信企业开展现场检查，对价格违法行为依法严肃查处，并进一步引导各企业加强价格自律，自觉维护电信行业市场价格秩序，为全省数字经济高质量跨越式发展提供有力支撑。[1]

（二）双方关系到多边关系

传统意义上的行政法关系是"行政主体—行政相对人"，这种关系提升了行政相对人的法律地位，赋予了行政相对人更多的权利，体现了时代的民主进步。现代行政法要求深化行政法律关系，向"行政主体—行政相对人+行政相关人"转变。行政相关人是一个需要理论与实践逐步接受的新概念，赋予行政相关人在行政法律关系中地位和作用，将更加有利于保护行政相关人的权益，促进行政法律关系升级换代。"行政相关人观念和制度的兴起，使得执法者面对更多的利益要求和更为复杂的利益关系，执法者必须平衡利益要求和驾驭利益关系，这必然对政府执法能力提出更高的要求。"[2]

延伸阅读

——行政处罚案件群众公议制度。近年来，安徽省安庆市创新公众参与法治实践方式，通过建立行政处罚案件群众公议制度，搭建行政执法机关与人民群众沟通交流的平台，强化公众有序参与权力运行监督，从制度上规范行政处罚自由裁量权，保障群众对行政执法工作的知情权、监督权和参与权，进一步优化依法行政工作环境，确保行政执法权力运行阳光透明、民主高效，进一步提升行政执法工作的民主化、制度化、规范化水平。行政处罚案件群众公议，是指行政机关将作出行政处罚的事实、理由、依据提交群众公议员

---

[1] 参见《探索"承诺制"服务型执法 省市场监管局在电信行业启动新型执法模式》，载http://www.jiangxi.gov.cn/art/2023/4/26/art_ 398_ 4445177.html，访问日期：2023年8月6日。

[2] 肖金明：《法治行政的逻辑》，中国政法大学出版社2004年版，第327页。

进行评议并形成公议意见的活动,目的是通过加强群众对行政执法的监督与参与,实现行政裁量权的民主化,即通过民主协调和交流的机制,在行政决策过程中以公众的民主参与来限制裁量滥用。2014年8月,安庆市在全省率先出台《安庆市行政处罚案件群众公议办法》,对符合规定条件的适用一般程序的行政处罚案件,必须经群众公议团进行公开评议,将行政处罚全过程公开透明地"晒"在"阳光"下。截至目前,共招募群众公议员552人次,开展群众公议活动416场次,群众评议案件1259件,92.7%的公议意见被采纳。在公议过程中,公议员还向执法机关提出合理化建议700余条,为规范行政处罚行为发挥了重要作用。经过群众公议的行政处罚案件,没有一起因复议或者诉讼被依法撤销、变更或者确认违法。经过8年的运行,安庆市行政处罚群众公议制度已经成为规范行政执法行为的"度量衡"、有效预防廉政风险的"制动仪"、提升执法人员素质的"助推器"和沟通群众与行政机关的"润滑剂"。行政处罚群众公议工作得到了社会各界广泛关注和普遍好评。

(三) 合作共治到治理现代化

合作行政、共同治理是20世纪80年代世界行政的基本潮流。由政府和公众共同治理,建设利益共同体、命运共同体日益成为社会的普遍共识。许多执法和服务不能被单纯视为行政机关的职能、职权和再现,而应当作为一定区域内所有成员的共同责任,这是行政民主化的表现和要求。[1]只有合作共治,实行民主化行政,才能最大限度地保障公众的利益,才能最符合公众的需求,才能获得公众的认同。公共管理权力能否分享、社会管理责任能否分担、公共治理风险能否共承、行政改革成果能否共享,是衡量一项经济政治社会改革的方向是否正确、成功水平如何的判断标准。[2]行政执法机关更应当具有合作精神,追求治理能力的提升,实现治理现代化。国家治理现代化是党的十八届三中全会首次提出的,它是当前全面深化改革的总目标。国家治理现代化具有丰富的内涵,具有鲜明的特征:其一,国家治理主体的多元化。传统的国家治理,主体一般限于国家机关,公民和其他社会组织等社会主体只是治理的对象。国家治理现代化则需要多元共治,需要形成国家机

---

[1] 莫于川等:《行政执法新思维》,中国政法大学出版社2017年版,第23页。
[2] 莫于川等:《行政执法新思维》,中国政法大学出版社2017年版,第13页。

关、社会团体、行业协会、社会自治组织等治理主体的分工协作，充分发挥国家治理的整体效用。其二，国家治理目标的人本性。传统的国家治理或以追求稳定的治理秩序为主要目标或以追求经济发展为主要目标，而国家治理现代化在追求前述目标的同时，将以人为本作为主要的目标诉求，将人的权利、自由和幸福作为国家治理的根本归宿。其三，国家治理方式的法治化。传统国家治理方式具有人治色彩，国家治理现代化则要求治理方式的透明化、规范化和程序化，不仅考量治理方式的有效性，还要考量治理方式的文明性和正当性。其四，国家治理过程的合作性。传统国家治理强调自上而下的权力运行，治理过程强制性、服从性色彩浓厚，而国家治理现代化强调上下互动的过程，既要重视制度实施的严格性，又要重视治理过程的合作与协商，通过引导、沟通、协商、签订协议等手段完成治理任务。[1]

> **延伸阅读**
>
> ——"你点我查"，协同共治。近期，四川成都市场监管局发布的"你点我查"系列短视频在网上热传，引发公众强烈关注。相关视频中，市场监管局的工作人员化身"督哥"，"突袭"餐厅后厨、奶茶店、咖啡店、农贸市场等场所。"督哥"去何处巡查，则由网民说了算，并且执法过程还会制作成短视频上传网络，和网民进行互动。在"你点"环节中，巡查餐饮业的呼声最高，"督哥"深入众多餐厅后厨检查，执法效果极为显著。比如，执法人员进入当地销量很高的一家餐厅现场调查时发现，该餐厅后厨脏乱不堪、污水横流，甚至冰箱都没有启动电源。因此，迅速责令该商户停止营业，并立案调查。"你点我查"式的执法模式，促使执法者走向前台，有利于执法摆脱单纯说教的刻板印象，拉近和民众的距离，进而大大提高执法的透明度。近年来，各地都在大力推进"双随机、一公开"制度，即"在监管过程中随机抽取检查对象，随机选派执法检查人员，抽查情况及查处结果及时向社会公开"，以此推动监管检查的透明化、制度化和标准化。在此背景下，成都市场监管局的创新举措，值得各地借鉴。"你点我查"式执法的最大价值还在于，其独特的互动方式和接地气的风格，唤起了公众的参与热情，激活了公众参与，进

---

[1] 参见徐钝：《国家治理语境下司法能力嵌入与生成原理》，武汉大学出版社2017年版，第162页。

而使公众的参与权和监督权真正落地。须知，行政执法并非行政部门的单方行为，作为社会治理的重要环节，"民有所呼、我有所应"乃是行政执法的应有之义。在社会治理中，何种事项应置于优先的位置，何种问题属于民众的痛点，实际上都来自民众的切身体会。因而，行政执法不应是闭门造车，而是应当充分倾听民众的呼声，回应社会的关切。

现实中的诸多事实证明，行政执法要真正取得效果，赢得民众的认同和支持，一大关键是强化公众参与。比如，近年来环境执法成效显著，日益赢得民心，一大原因就是畅通了投诉举报渠道，鼓励公众参与环保。在不少地方，环保热线12369十分红火，投诉量骤增，极大促进了环保部门的精准执法、高效执法，即为明证。相反，倘若行政执法忽视公众参与，很可能导致执法与现实的脱节。比如有调研就指出，一些地区虽然早已颁布了各种"控烟令"，但机场、火车站等公共区域的控烟效果并不理想，其中的重要原因就是缺乏公众的广泛参与，以致屡屡陷入"执法难"的窘境。行政执法如何才能激活、强化公众参与？这就需要彻底克服"政府本位主义"的传统思维。现代社会治理的复杂性，意味着大包大揽、替民作主的执法方式已越来越不合时宜。毕竟，行政部门和执法人员的视野是有限的，所能发现的往往只是社会现实问题的一小部分，有时甚至只是次要的部分。要想通过行政执法真正改善社会治理，就必须打开思路、广开言路，如此才能精准切中时弊，让民众对执法有感。更应看到，公众参与不仅能为行政执法提供有价值的线索，同时对于行政执法本身也是一种有效的监督和促进。以成都市场监管局的"你点我查"执法模式为例，执法部门的一举一动都在公众视野下进行，公众通过手机短视频以及网络留言，就可以实现高效的监督和互动，进而促进行政执法的公开化、透明化和规范化，倒逼基层执法部门和人员积极作为，提高自身的法治水平。[1]

——**构建共治共管城市治理新格局**。城市是全体市民共同生活的家园，实施城市管理，营造优美宜居环境，需要社会各界共同参与。近年来，兰州市城管委以打造"市民城管"为抓手，以"为市民服务、请市民参与、让市民满意"为核心，重点优化智能平台，畅通市民投诉渠道。邀请市民作为志愿者，开展垃圾分类、城市管理等宣传活动，邀请市民及服务对象代表参与

---

[1] 参见于平：《"你点我查"式执法激活公众参与》，载《民主与法制》2023年第13期。

政策制定，听取采纳合理意见建议，市民参与管理意识进一步增强。"在这之前我们建立空竹园的时候，就是一群热爱空竹运动的市民为我们提供的思路，我们一起设计，让它更好地服务于市民，现在它成了黄河风情线上一个靓丽的景点。"兰州黄河风情线大景区管委会相关负责人说道。大家的事需要大家办。政府、社会、市民多方发力，才能形成合力、促进发展。近年来，兰州市城管委始终坚持"以人民为中心"的发展理念，紧密结合"全国文明城市"创建、"精致兰州"建设安排，持续加强和改进城市管理、服务，着力推动构建共治共管城市管理新格局，城市管理基础更加坚实，城市管理水平稳步提升，市民群众获得感、幸福感和安全感不断增强。在南河道一处临时瓜果摊点前，市民王先生用手机扫描瓜果摊点证上的二维码，随后进入瓜果摊点监管小程序，通过兰州市城管委民情通系统反映了该处摊点存在的环境卫生问题。"老板，你这摊点可要注意卫生呀，好政策就要落实好呀！"接到反映，执法人员实时督促摊主。市城管委推出的信息化监管小程序，通过邀请市民监督，共同营造良好的市容环境。同时，微信"随手拍"平台也打通了市民投诉渠道，今年以来市城管委办理微信"随手拍"反映问题6000余个，这代表着兰州市民已经参与到城市共同治理中，市民的每一个呼声都不再被忽视，都变身成了助力兰州变得更美更好的"监督者"。

近年来，兰州市印发了《兰州市数字化城市管理指挥手册（试行）》，规范了12大类、116小类城市管理事、部件标准，明确由市数字化城管监督指挥中心1家单位受理全市38个市区级责任单位的城市管理问题。"《指挥手册》的启用，在数字化城市管理领域初步构建了'大城管'网格，对于推进全市城市治理体系和治理能力现代化具有重要意义。"兰州市城市管理数字化监督指挥中心负责人说道。[1]

---

〔1〕 参见王潇旋：《政府主导 部门协同 公众参与 我市构建共治共管城市管理新格局》，载 https://baijiahao.baidu.com/s?id=1770237764275266225&wfr=spider&for=pc，访问日期：2023年8月6日。

第四章 街道综合行政执法的证据规则

以事实为根据，以法律为准绳。这是三大诉讼法确立的基本原则，也是行政执法应当遵循的原则。事实与法律是依法执法不可或缺的两个方面，只有准确认定事实，才谈得上正确适用法律。如果事实认定存在错误，则正确适用法律无从谈起。事实存在与否以及事实是否清楚，是依靠证据来支撑和证明的。[1]证据是查明事实、分清是非的根据，是综合行政执法的核心与基础。综合行政执法就是以证据为核心，进而查明案件事实。证据问题向来是法学理论研究的重点问题，也是行政执法实践中的难点所在。故证据在行政执法活动中的地位和作用至关重要，它是综合行政执法机关赖以作出行政决定的基础，也是执法机关依法行政的前提所在。

一、调查取证问题

"证据一词，在日常生活中是指用来说明或者支持某一主张，某一观点的一切材料，它在人们的生活、工作、科研中被广泛运用。"[2]在综合行政执法过程中，调查取证是行政执法的基础工作。调查取证是行政执法的重要环节，是作出行政决定的前提条件，"只有在调查取证、弄清事实的基础上，才能确定违法行为的性质并依法对违反行政法规范的行政相对人实施行政处罚。重视调查取证工作，对于制裁违法行为，提高行政执法水平和行政处罚质量，减少行政争议和行政纠纷，具有十分重要的意义"。[3]调查取证是指行政执法人员为了查明案情、收集证据进行的专门活动。在综合行政执法过程中，执法人员有权力也有责任通过调查取证等来查明事实，作出行政处理。调查取

---

〔1〕 何家弘主编：《证据法学研究》，中国人民大学出版社2007年版，第84页。
〔2〕 王麟主编：《行政诉讼法学》，中国政法大学出版社2008年版，第121页。
〔3〕 肖金明：《行政处罚制度研究》，山东大学出版社2004年版，第217页。

证包括调查和取证两个部分,调查是指执法人员依照法定程序询问案件当事人、证人、相关人了解案情的活动;取证则是指进行检查、现场调查,收集案件事实材料的活动。此处的证据特指行政执法证据,是行政执法机关为实施执法行为而收集、调查和运用的证据。因此,证据产生于案件事实的发生发展过程或者案件事实结束之后,它以一定的物质形式为载体,能够反映案件事实,可以证明案件事实存在与否。

调查取证必须按照法律的规定,遵循一定的原则要求。首先,由符合条件的执法人员按照法定的程序进行。证据收集的主体是法定的,非法定主体收集的证据不能在行政执法中作为证据使用。尽管前述证据材料本身可能具有客观性和关联性,甚至可能对证明案件主要事实有重大意义。但由于证据的收集主体不合法,进而影响证据的合法使用。根据《行政处罚法》的规定,执法人员在调查或者进行检查时,应当主动向当事人出示执法证件。在收集证据时,可以采取抽样取证的方法。其次,证据的收集应当全面客观。执法人员应当围绕案件事实全面收集证据,本着尊重客观事实的原则,既要收集当事人违法的证据,也要收集有利于当事人的证据。凡是与当事人和执法行为有关的情况都应当进行调查、了解,避免粗枝大叶、马虎大意。最后,借助现代科技手段,完善执法全过程记录制度。

根据《行政处罚法》《行政诉讼法》规定的证据种类,证据主要有书证、物证、视听资料、电子数据、证人证言、当事人的陈述、鉴定意见、勘验笔录、现场笔录等。证据本身是一种客观事实,它为什么具有证明其他事实的真实性呢?实际上,证据具有三个基本特性:一是客观真实性。只有客观、真实存在的材料,才能客观地反映案件事实的真相。客观真实性是证据的本质要求。二是合法性。合法性要求执法机关收集、取得证据的手段、方式以及形式等必须合法,包括证据的来源、获取方法、呈现形式等应当符合法律的规定。如以非法手段取得的证据,不得作为认定案件事实的根据。证据合法性的理论基础在于:一切非法手段获取的证据,必然违背提供证据人的意愿。被迫提交的证据,足以引起人们对证据内容真实性的怀疑。因此,以非法手段获取证据的价值,均为现代各国法律所否认。[1]三是关联性。证据必须与待证事实之间有内在的联系,能够表明的事实必须是与案件相关的事实。证

---

[1] 参见章剑生:《行政程序法学原理》,中国政法大学出版社1994年版,第187页。

据的关联性要求证据与案件的待证事实具有一定的联系，才能起到证明案件事实的作用。比如《美国联邦证据规则》对"关联性"的理解为"关联性的证据意指，就足以影响诉讼决定的任何事实的存在与否的认定，如果有某一证据存在，则该事实存在与否的可能性，比没有此证据存在为高时，任何具有这种可能存在或更没有可能存在的倾向的证据"。[1]因此，关联性不但要求证据材料与适用于案件的法律要件有逻辑上的相关性，还要求这种逻辑对于要件性事实的影响是有可能存在的，从而与单纯建立在假设前提基础上的形式思维逻辑相区别。[2]

(一) 书证

书证是指以其记载的思想、内容、含义等证明案件事实的文字、符号、图形等物品或材料。书证是执法实践中适用频率最高、最重要的证据之一。比如专利证书、营业执照、会计账本等都属于书证。书证的形态有文字书证、图形书证和符号书证。文字书证有信函、罚款单等，图形书证有设计图、施工图等，符号书证则由特殊符号所组成。书证的制作方法多种多样，可以是书写、雕刻、印刷等，书证的载体可以是纸张、木石、金属等。故书证以其表达的内容或思想证明案件事实，其外在表现形式不只是文字记载的材料。[3]书证一经收集并查证属实，就能够直观地证明案件基本情况。执法实践中，有些物品和文书兼有书证和物证的特点，需要进行合理区分。

结合行政诉讼实践，书证的收集与提供应当做到以下方面：其一，一般收集、提供书证的原件，特殊情况下可以提供其他形式的书证。执法机关除可以通知或要求当事人提供外，也可以在行政检查过程中收集书证。其二，提供涉及专业技术问题的书证，比如报表、图纸、专业技术资料等，应当附有说明材料。其三，收集、提供询问笔录、陈述、谈话笔录等材料时，应当有执法人员、被询问人、陈述人、谈话人的签名或者盖章。

结合综合执法实践，收集书证的程序应当如下：首先，调查或接纳，这是获取书证的基本方法。其次，认真筛选，对调查或接纳的书证材料进行认

---

[1] 参见《美国联邦刑事诉讼规则和证据规则》，卞建林译，中国政法大学出版社1996年版，第215页。

[2] 参见阎巍：《行政诉讼证据规则：原理与规范》，法律出版社2019年版，第118页。

[3] 参见张德瑞编著：《依法行政操作规范与案例》，法律出版社2009年版，第82页。

真取舍。再次，仔细提取，对可以作为书证的材料进行复印、摘抄、附录等。最后，整理入卷，作为证据材料归档使用。

（二）物证

物证是指以其外部特征、物质属性、存在状态等来证明案件真实情况的一切物品、痕迹等。物证是以其存在、形状、特征、质量等反映案件的事实。随着现代科技的发展，某些以特殊形态表现的物质，如电流、磁场等也有可能成为证明案件事实的证据。物证比较容易收集、查实，也相对客观真实。物证具有较高的证明价值，在综合执法中应当正确运用。在执法实践中，物证一般需要与其他证据相结合才能证明案件的主要事实，分析其与其他证据之间是否相吻合，单一的物证一般不能直接证明案件的事实。

物证与书证有着明显的区别：其一，物证是以其存在、形状、特征、质量等证明案件的事实，其本身不具有任何思想内容；书证则具有一定的思想内容，并以其中的文字、符号、图形等证明案件的事实。其二，物证不具有任何主观的意志，以其客观存在证明案件的事实；而书证则一般反映了当事人的主观意志，体现了当事人的主观意志。其三，法律对物证没有特别的要求，而有的书证在法律上有特殊的要求，只有具备特定的形式才能作为证据使用。[1]

结合行政诉讼实践，物证的收集与提供应当做到以下方面：其一，收集、提供物证应当以提供原物为原则；当事人提供原物确有困难的，可以提供与原物相核对无误的复制件。其二，原物证为数量较多的种类物时，当事人可以提供一部分作为物证。其三，保存、登记或查封、扣押物品应开具物证清单，依法进行。

结合综合执法实践，收集物证的程序应当如下：首先，调查或接纳，这是获取物证的基本方法。其次，认真勘查，对物证进行勘查处理。再次，仔细提取，对物证进行移位、复制等。最后，整理入卷，作为证据材料归档使用。

（三）视听资料、电子数据

视听资料是指利用现代科技手段，以录音、录像、微型胶卷等形式记录下来的有关案件真实情况的事实和材料。视听资料具有书证、物证不具有的

---

[1] 参见蔡小雪：《行政诉讼证据规则及运用》，人民法院出版社2006年版，第65页。

特点，它能全方位、生动、直观地展现案件过程。"视听资料直接来源于案件事实，以科学技术客观记载一定的案件事实，是案件事实的真实反映，可以作为证明案件主要事实的直接证据使用。"[1]比如用录音机录制的谈话、用录像机录取的人物形象及其活动资料等。电子数据是指能够证明案件真实情况的，以物理方式存储于计算机系统内部及其各个层面（计算机网络的应用层、表示层、会话层、传输层、网络层、数据链路层与物理层等）或存储介质（内存、光盘、硬盘、软盘及辅助介质）当中的指令和资料，包括计算机程序和程序运行过程中所处理的信息资料，包括文本资料、运算资料、图形表格等。[2]通俗地讲，就是以数字化形式存储、处理、传输的数据。电子数据的范围较广，它是以电子形式存在的、能够证明案件真实情况的、具有证据价值的一切材料及其派生物。

需要说明的是，执法实践中关于执法记录仪的证据问题。执法记录仪是集拍摄视频、照片、音频等于一身的证据记录仪器。推动执法记录仪在综合行政执法中的运用，对于规范执法人员行为、固定执法相关证据、保障相对人合法权益具有重要意义。根据相关规定，综合行政执法必须实行全过程记录。这就要求执法人员在执法过程中，充分利用执法记录设备、视频监控设施等手段，对执法程序启动、调查取证、送达执行等重要过程进行跟踪记录。在这一过程中，同步录音录像的音视频、照片、文字等执法记录资料大量产生。如何全面收集保管、规范实施归档成为执法机关需要研究的重要问题。执法实践中，各地各部门已经制定了相关的规范。比如公安部制定了《公安机关现场执法视音频记录工作规定》、山东省政府出台了《山东省行政执法全过程记录办法》。这些规范对开展现场执法提出了明确要求，明确应当对执法过程进行全程不间断记录，自到达现场开展执法活动时开始至执法活动结束时停止等。

结合行政诉讼实践，视听资料、电子数据的收集与提供应当做到以下方面：其一，一般情况下应当提供原始载体；提供原始载体确有困难的，可以提供复制件，注明制作方法、制作时间、制作人和证明对象等。其二，声音

---

[1] 张德瑞编著：《依法行政操作规范与案例》，法律出版社2009年版，第85页。

[2] 应松年主编：《〈中华人民共和国行政诉讼法〉修改条文释义与点评》，人民法院出版社2015年版，第99页。

资料应当附有该声音内容的文字记录或说明。其三，严格依法进行电子数据的提取收集。电子数据应当提交提取电子数据过程的书面说明材料，注明存储介质上文件的存储位置、文件名、文件后缀等。电子数据应当真实、完整、无修改、删除、增加。

结合综合执法实践，收集此类证据的程序应当如下：首先，调查或接纳，这是获取书证的基本方法。其次，认真鉴别，对调查或接纳的材料进行真伪取舍。最后，整理入卷，作为证据材料归档使用。

> **延伸阅读**
>
> ——**网络环境下电子证据的审查与认定**。2014年5月30日，玉汕公司向专利复审委员会提出宣告涉案专利权无效的请求，理由是涉案专利不符合《专利法》第23条第2款的规定。在无效宣告请求审查程序中，玉汕公司提交的证据中包括：证据1，上海市闸北公证处出具的［2013］沪闸证经字第2180号公证书。该公证书详细记录了相关网页的获取过程为：登录互联网，输入 http:// www.taobao.com 网址进入淘宝网，输入用户名"沪玉汕贸易"的账户名及密码，进入卖家的交易记录，显示出多条交易记录。其中，订单编号为×××的交易记录，成交时间为"2009年12月1日"，商品名称为"商家认证三光云彩玻璃乐扣保鲜盒 GlassLock 饭盒/GL38 包五件套"。点击该记录链接，打开交易快照页面，可以浏览该产品的放大照片。该图公开了一幅立体图（即对比设计），其所示的包由包体和包带组成，包体整体形状为近似长方体，包体的正面标注有英文字母；包体的正面有一长方形口袋，口袋上方设有一横向拉链，包体的顶面分别与正面、右面和左面相交的三条边上也设有一横向拉链；包体的右面有一网袋；包带固定在包体的右面。2014年9月17日，专利复审委员会就玉汕公司针对涉案专利提出的无效宣告请求进行了口头审理。12月18日，专利复审委员会作出第24653号无效宣告请求审查决定。部某不服该决定，向北京知识产权法院提起诉讼。部某认为案涉公司提交的信息属于网络信息，具有不稳定性、可修改性等特征。故该证据不具有真实性和合法性，不应作为涉案专利的对比设计。经审理，法院判决驳回部某的诉讼请求。
>
> 网络证据属于电子证据的一种，是指以数字形式存在并以信息网络作为传播媒介，借助一定的计算机系统予以展现，并使公众能够从不特定网络终

端获取的证据材料,包括但不限于电子邮件、网站网页、网络聊天记录等。在外观设计专利权无效行政案件中,对于网络证据的审查判断,应当遵循行政诉讼法及其司法解释的相关规定。虽然行政诉讼法将电子证据作为一种独立的证据类型加以规定,但并未专门规定该类证据的审查判断规则。对于网络证据的审查判断,应遵循行政诉讼证据审查判断的一般规则。《行政诉讼法》第43条第2款规定,人民法院应当按照法定程序,全面、客观地审查核实证据。关于证据审查判断的一般规则,最高人民法院《关于行政诉讼证据若干问题的规定》第54条规定,法庭应当对经过庭审质证的证据和无须质证的证据进行逐一审查并对全部证据综合审查,遵循法官职业道德,运用逻辑推理和生活经验,进行全面、客观和公正的分析判断,确定证据材料与案件事实之间的证明关系,排除不具有关联性的证据材料,准确认定案件事实。

对于网络证据的审查判断,难点在于对其真实性的判断。最高人民法院《关于行政诉讼证据若干问题的规定》第56条规定,法庭应当根据案件的具体情况,从以下方面审查证据的真实性:①证据形成的原因;②发现证据时的客观环境;③证据是否为原件、原物,复制件、复制品与原件、原物是否相符;④提供证据的人或者证人与当事人是否具有利害关系;⑤影响证据真实性的其他因素。该规定是人民法院在审理行政案件中审查判断的基本规则,同样适用于网络证据真实性的审查判断。从司法实践的情况来看,网络证据真实性的审查判断一般包括两方面:一是证据形式真实性的审查,包括证据的形成、取得过程、取得主体、收集过程等;二是证据内容真实性的审查,即运用逻辑推理和经验法则,结合证据之间的关系对证据内容的实质真实性作出评价。在外观设计专利权无效行政案件中,同样应当从上述两方面进行审查,但由于专利案件自身的特点,在具体适用中,应当结合涉案证据情况,在综合相关因素的基础上作出评判。就本案而言,无效请求人玉汕公司用于证明对比设计的证据1是上海市闸北公证处出具的公证书。该证据系公证机关针对淘宝网上保存的网络卖家交易记录及相应的交易快照页面所进行的公证。一方面,公证过程系使用公证机关的电脑对相关网页信息进行公证和保存,该证据满足形式上真实性的要求。另一方面,公证保全的网页内容系网络交易平台淘宝网的交易快照。按照淘宝网官方的权威解释,交易快照是拍下宝贝时淘宝网后台自动抓取的交易客体的图像记录,客观记录了交易当时宝贝的主图状态和交易形成时间。交易快照作为买卖双方发生交易的凭证,通常作为淘宝网处理交易纠纷时的一项基础证据进行使用,交易快照只向交易双方公开,双方无权修改、编辑和删除。按照上述解释,虽然淘宝网属于交互式网站,但是用户对交易快照无权进行编辑、修改,按照淘宝网的交易快照生成、存储机制,该网站上公开的交易快照信息是在网络卖家和买家交易完成后由系统自动形成,数据信息的保存和维护均由淘宝网负责,淘宝网经营者以外的其他人无权更改已经生成的交易信息。因此,在无相反证据的情况下,可以确认来源于淘宝网的交易快照网页的真实性。本案中,虽然专利人部某提出网络信息具有不稳定、可修改等特征,但其未能提交足以否定涉案淘宝网交易快照真实性的相反证据,也未提出能够使法院确信上述证据存在较大篡改可能性的具体理由,故其上述主张未获采信。由于证据1中对比设计商品在淘宝网上公开销售的时间为2009年12月1日,早于涉案专利的申请日,在确定证据1内容实质真实性的情况下,法院认定对比设计属于现有设计,可以用来评价涉案专利是否符合《专利法》第23条第2款的规定。[1]

(四) 证人证言、当事人的陈述

证人证言是指证人就其了解的案件情况向执法机关所作的口头或书面陈述。执法实践中,由于证人害怕遭到打击报复,往往不愿或不敢作证。当事人的陈述是指当事人就有关案件情况向执法机关所作的陈述。当事人的陈述一般包括自认的事实、辩解的言辞、当事人的要求等。对于当事人的陈述应当辩证分析,去伪存真后才能作为认定案件事实的根据。证人证言、当事人的陈述都属于言词证据,具有较强的主观性,容易失真。因此询问证人或当事人时,可以根据需要进行录音或者录像,应当制作书面的笔录。询问笔录应当填写完整,重要事项必须清晰。比如被询问人的姓名、性别、年龄、职业、住址、联系方式等应当详细。询问笔录应当由被询问人进行核对,核对无误后由其逐页签名或者按指印。拒绝签名或者按指印的,执法人员应当在询问笔录上如实注明。一般情况下,被询问人应当具有普通常人的感知和表达能力,无行为能力人或限制行为能力人不能成为询问对象。

结合综合执法实践,收集言词证据的程序应当如下:其一,核查身份,这是应当获取的基本信息。其二,告知相关义务,调查之前保障知情权。其

---

[1] 苏志甫:《网络环境下现有设计证据的审查与认定》,载《人民司法》2017年第2期。

三、陈述与笔录。其四、核对与签字。其五、整理入卷，作为证据材料归档使用。

(五) 鉴定意见

鉴定意见是专门的鉴定机构对某些专业性或专门性问题进行分析、检验、鉴别和判断，从而得出的用以证明案件事实的书面意见。科学鉴定不仅是一种普遍的调查取证方法，也是一种权威的法定证据种类。因此，鉴定意见是解决行政执法中的专门问题、查明案件中的特定问题、认定案件事实的重要证据。一份完整的鉴定意见包括委托人及其委托鉴定事项、鉴定所依据的事实基础及其鉴定方法、鉴定人及鉴定机构的资格说明、经过专业鉴别得出的结论等。如《公安机关办理行政案件程序规定》明确规定，鉴定意见应当载明委托人、委托鉴定的事项、提交鉴定的相关材料、鉴定的时间、依据和结论性意见等内容，并由鉴定人签名或者盖章。

延伸阅读

——**鉴定意见的审查与认定**。锡州房地产公司于2001年8月31日经锡山工商局核准登记成立，法定代表人许某，注册资本2050万元。2013年1月23日，锡州房地产公司以股东会决议解散为由委托王某寅向锡山工商局申请注销登记，并提供了《公司注销登记申请书》《指定代表或者共同委托代理人的证明》《股东大会决议》《锡州房地产公司清算报告》《注销公告》等材料，锡山工商局于同年1月25日受理审查，并于同日核准注销登记。2014年12月17日，王某、王某元在向锡山工商局查询锡州房地产公司企业登记材料时，发现该公司已被注销，二人遂以股东大会决议及清算报告上签字并非本人签字，系他人冒签为由，于同年12月19日向锡山工商局举报，锡山工商局于同年12月28日以锡州房地产公司在办理公司注销登记过程中涉嫌提供虚假材料为由正式立案调查，后王某、王某元向法院提起本案行政诉讼，请求法院判决撤销锡山工商局作出的准许锡州公司注销登记。经一审、二审程序，法院最终撤销无锡市锡山区市场监督管理局于2013年1月25日出具的(02830211-3)公司注销[2013]第01250003号《公司准予注销登记通知书》。

在案件审理过程中，根据王某、王某元的申请，一审法院委托南京师范大学司法鉴定中心对锡州房地产公司向锡山工商局提交的《股东大会决议》

《锡州房地产公司清算报告》上"王某""王某元"签名的真伪进行鉴定,该司法鉴定中心于2015年6月8日作出《鉴定意见书》,认定《股东大会决议》《锡州房地产公司清算报告》上"王某""王某元"签名与王某、王某元本人提供并经合议庭评议认为可以作为样本用于鉴定的字迹样本上"王某""王某元"签名不是同一人书写形成,王某、王某元、锡山工商局、许某对该份《鉴定意见书》均表示无异议。

值得注意的是,南京师范大学司法鉴定中心出具的《司法鉴定意见书》,鉴定意见为锡州房地产公司向锡山工商局提交的《股东大会决议》《锡州房地产公司清算报告》上"王某""王某元"签名与王某、王某元本人提供用于字迹样本的签名不是同一人书写形成。上诉人、被上诉人和原审第三人在一审中均认可这一事实,因此可以认定,锡州房地产公司在办理涉案注销登记时向原登记机关锡山工商局提供了虚假材料,骗取了锡山工商局的核准注销登记。《公司登记管理条例》第2条第2款规定,申请办理公司登记,申请人应当对申请文件、材料的真实性负责。第65条规定,提交虚假材料或者采取其他欺诈手段隐瞒重要事实,取得公司登记的,由公司登记机关责令改正,处以5万元以上50万元以下的罚款;情节严重的,撤销公司登记或者吊销营业执照。因此虽然申请文件、材料的真实性由申请人负责,但对于提交虚假材料取得公司登记的,公司登记机关应当采取责令改正、罚款、撤销公司登记或者吊销营业执照等措施进行纠正或处罚。本案中由于申请人提供虚假材料取得注销登记,从而导致公司主体资格被不当终结,因此被诉注销登记行为应当予以撤销。[1]

(六) 勘验笔录、现场笔录

勘验笔录是指具有勘验、检查权的行政执法人员对与案件事实有关的客体,如现场、物证等进行勘验、检测、测量、摄像、绘图等的活动,并将整个情况如实记录所形成的笔录。它是对勘验活动的客观记载,应当通知当事人或者其家属到场,还可以邀请当地基层组织或者有关单位派员参加。当事人或其家属拒不到场的,不影响勘验的进行。勘验笔录应当记载勘验时间、勘验地点、勘验人、勘验经过和结果等,由勘验人、当事人、在场人等签名。

---

[1] 参见无锡市中级人民法院[2015]锡行终字第00214号行政判决书。

勘验现场时绘制的现场图，应当标明绘制时间、方位、绘制人等基本信息。现场笔录是综合行政执法中常见的材料，它是行政执法人员对相关现场所作的书面记录。现场笔录要求完整，需要有制作单位印章、制作人员和当事人签字、明确的记录时间与地点等。当事人拒绝签字的，应当如实注明原因。有其他人在场的，可由其他人签名。

勘验笔录与现场笔录存在如下区别：一是制作主体不同。勘验笔录的制作主体较多，既可以是行政机关工作人员，也可以是法院的法官。现场笔录只能由行政机关的工作人员制作。二是制作内容不同。勘验笔录是对专门的物品勘测后所作的记录，反映的多为静态的客观情况。现场笔录则是对事发现场当时的情况的记录，多为动态的事实，且具有即时性，当场作出。三是证明效力不同。勘验笔录是间接证据，不能直接证明案件事实，需要与其他证据印证。现场笔录是直接证据，可以直接证明案件事实。

勘验笔录、现场笔录是认定案件事实的重要证据，应当进行审查。既要对勘验、检查是否认真细致、有无遗漏进行审查，还要审查现场、物证、痕迹是否被破坏或伪造过，同时要审查勘验、检查工作是否符合法定程序等。审查无误后才能作为执法办案的事实根据。[1]

延伸阅读

——**现场笔录的制作与运用**。2012年6月15日，某市运管处行政执法人员齐某和肖某在执法检查时发现辽B×××××货车车厢样板与同类型货车相比，明显超高，存在改装车辆嫌疑。执法人员依法示意辽B×××××车辆停车检查。经出示执法证件并对车主王某询问，王某承认自己为多装载货物，在未经有关部门批准的情况下，将原来的车厢栏板加高了50厘米。执法人员当场依法制作了《询问笔录》和《现场笔录》，对车辆存在改装嫌疑部位进行了摄像，复印了该车的《道路运输证》和《车辆行驶证》和车主王某的身份证明。同时，执法人员经领导同意后，当场制作了《证据登记保存清单》，对该车辆进行了证据登记保存，告知王某不得销毁或转移车辆。2012年6月18日，向王某下达了《违法行为通知书》，告知王某享有陈述、申辩以及申请听证的权

---

[1] 参见关保英主编：《行政法与行政诉讼法》（第2版），中国政法大学出版社2015年版，第320页。

利。6月22日，当事人王某未提出陈述申辩和组织听证的申请，该市运管处召开了重大案件集体讨论会议，制作了《重大案件集体讨论记录》，认定王某将辽B×××××车辆原有栏板加高50厘米属于"擅自改变车辆外廓尺寸或者承载限值"行为，且事实清楚、证据确凿。

本案中，《现场笔录》《询问笔录》、登记保存的车辆及相关音像资料等证据材料形成了一个完整证据链条，证明了辽B×××××车辆原有栏板加高50厘米的这一事实。《询问笔录》《道路运输证》和《车辆行驶证》证明了违法行为的具体责任人，事实清楚，证据准确。[1]

——"钓鱼执法"中证据的合法性。2009年10月11日，18岁的孙某界从河南柘城老家坐了十几个小时的汽车，来到上海，"来的前一天刚在家里干完农活"。他的目的地是上海庞源建筑机械工程有限公司，在那里，哥哥孙某记为他找了一份司机的工作。10月14日，刚到上海三天的孙某界驾驶一辆金杯面包车免费搭乘一名身材瘦弱的年轻人，受到了原南汇区交通行政执法大队的检查，被认定为"黑车"而扣车且面临1万元的行政罚款。情急之下，孙某界选择伤指以示清白。而哥哥孙某记向媒体投诉，10月16日，上海两家都市报对此事件进行了报道，经互联网转载，引起轩然大波——"一天来五六拨媒体"。10月17日，浦东新区城市管理行政执法局回应，称"10·14"涉嫌非法营运一事（指孙某界黑车事件）不存在"倒钩"问题。舆论再一次哗然。其中，焦点问题是招乘的年轻人被广泛怀疑为执法部门"钓鱼式"执法的"钩头"。10月20日，浦东新区城市管理行政执法局公布"调查报告"，称"孙某界涉嫌非法营运行为情况属实""并不存在所谓的'倒钩'执法问题"。10月21日，上海市浦东新区政府重新组建调查组进行全面调查。浦东新区区长在10月26日的新闻发布会上表示，"现已查明，原南汇区交通行政执法大队在执法过程中使用了不正当取证手段……为此，浦东新区人民政府向社会公众作出公开道歉，并启动相应的问责程序……"，此即为2009年的"钓鱼式"执法第一案。[2]

---

[1] 参见辽宁省人民政府法制办公室发布的辽宁省2012年行政执法指导案例之三"擅自改装道路运输车辆行政处罚案"。

[2] 参见陈磊、伏昕：《你是倒钩我是鱼》，载https://www.infzm.com/contents/36748?source=202&source_1=36747，访问日期：2023年8月6日。

只有经合法的证据证明的事实才能够成为行政执法中行政行为依据的事实。离开证据的合法性，就无从论及适用法律和执行程序的正确性。在此意义上，严格执法、依法行政也就沦为一句空话。

执法实践中，极个别行政执法机关及其执法人员采取不正当手段收集证据的现象还在一定程度上存在。比如上述案例中执法人员用"钓鱼执法""放倒钩"（即引诱违法）的方式，引诱行政相对人上钩，从而获取所谓的违法证据，进而作出处罚。以这种非法方法取得的所谓证据，显然是一种以违法手段获取的证据，依法不能作为行政处罚的事实根据。

行政执法机关不得滥用行政权力采取非法手段收集并取得证据。根据最高人民法院《关于行政诉讼证据若干问题的规定》，除了严重违反法定程序收集的证据材料属于非法证据，其他如以偷拍、偷录、窃听等手段获取侵害他人合法权益的证据材料和以利诱、欺诈、胁迫、暴力等不正当手段获取的证据材料，以及以违反法律禁止性规定或者侵犯他人合法权益的方法取得的证据，都属于非法证据，不得作为定案依据。通过非法手段获取的证据，虽然客观上有可能证明案件真实情况，但由于其手段或方法的非法性，损害了国家利益、社会公共利益和行政相对人的合法权益，损害了行政执法机关的形象，严重违背了法律的规定，因而不能作为执法机关作出行政行为的事实依据。实际上，行政执法机关应当从根本上杜绝此种取证方式，不应该采取非法手段和方法去收集证据。

二、证据的认定审查

在行政执法过程中，随着办案过程的不断推进，行政执法机关执法人员所收集的证据会不断增加。面对不断叠加的证据材料，执法人员如何进行认定与审查，科学确定其证明效力，从而合法、有效地作出行政决定，是执法人员在执法实践中必须思考的现实问题。证据的认定审查一般包括两个阶段：一是对单个的证据逐一审查认定；二是对案件的全部证据（整体事实）的综合判断。

证据只有经过查证属实，排除不具有关联性的证据材料，才能确定定案的根据。执法人员应当就收集到的所有证据进行逐一认定并对全部证据综合审查，运用逻辑推理和生活经验，进行全面、客观和公正的判断。个别审查法是指针对单个证据的关联性、合法性和客观性进行审查。"这种方法要求认证主体针对单个证据的特征、性质、表现形式等是否符合客观事物的产生、发生和变化的一般过程，是否符合生活常识、自然规律及定理，加以识别和判断。因此，要审查证据的来源，提供证据人与案件之间的关系，证据与案件事实之间关系的大小，证据真实性的程度以及收集证据的方式、方法等问题。"[1]综合审查可以采用比较分析法、逻辑推理法等。比较分析法是将各类证据分别进行比较，确定证据之间有无矛盾，排除不合理证据的运用。同时比较各类证据之间的证明力，确定各种证据的证明力大小。当证据间出现矛盾时，采集证明力较大的证据。[2]比如物证的原件、书证的原件的证据效力优于复制品、制印件，其他证人的证言优于与当事人有利害关系的人的证言，鉴定结论、现场笔录、勘验笔录、档案材料以及经过公证或者登记的书证优于其他书证、视听资料和证人证言等。逻辑推理法是综合运用演绎推理、归纳推理、类比推理等方法，分析判断证据效力。比如演绎证明就是通过把一般原理或规则适用于具体案件情况，从而证明案件事实的客观存在。

延伸阅读

——"毒树之果"理论的非法证据排除。美洲有一种果树，株高十米，直径半米，树冠如巨球，树叶如团扇，果实如苹果。每到秋季，黄绿色的枝叶中镶嵌着淡红色的果实，格外美丽，而且气味芬芳。然而，该树有毒，茎叶果实皆有毒。据说，早期到美洲的探险者和海员中多有误食中毒者，而印第安人则用其汁液浸制毒箭。其学名为：毒番石榴树。在美国的法律制度中有一个颇为著名且颇具特色的"毒树之果"法则。按照该法则的规定，执法人员通过不符合法律规定的搜查、讯问等活动获得的证据材料不得在审判中用作证据，尽管这些材料能够证明案件的真实情况！根据一位美国学者的解释，执法人员的违法行为犹如那毒番石榴树，而获得的证据材料犹如那树的果实。尽管那果实既好看又好吃，但是其毒力定会伤害"人的机体"——司法系统，因此司法系统绝不可"食用"之。[3]

"毒树之果"（fruit of the poisonous tree）理论起源于美国，其概念最早由

---

[1] 蔡小雪：《行政诉讼证据规则及运用》，人民法院出版社2006年版，第197~198页。
[2] 参见徐继敏：《行政证据制度研究》，中国法制出版社2006年版，第171~172页。
[3] 何家弘：《毒树之果》，大众文艺出版社2003年版，第174页。

法兰克福特（Frankfurter）大法官于 1939 年在审理 Nardone v. United States 一案时提出。[1]在该案中，被告人纳某恩被指控有欺骗国内税收署的行为，而公诉方的主要证据就是执法人员通过非法的电话窃听记录下的被告人与他人的谈话。审判法院判纳某恩有罪，但是联邦最高法院推翻了原判。理由是该电话窃听录音不该采用为证据。检察官换了个罪名二次起诉，但仍以该录音为主要证据。审判法院再次判定纳某恩有罪，但最高法院也毫不手软地推翻了原判。最高法院在其裁决中指出：一旦执法人员初始行为的违法性得到确认，被告人就应该有机会"证明针对其指控的实质部分是毒树之果"。[2]"毒树"指的是侦查人员违反法定程序通过非法手段收集到的证据，在非法证据排除规则语境下，"毒树"指的就是非法证据。"毒树之果"则指侦查人员以非法证据为线索和基础，进而"顺藤摸瓜"，依法收集到的派生证据。从产生的先后顺序分析，首先有"毒树"，再有"毒树之果"。"毒树"是获取"毒树之果"的先决条件。从取证合法性角度讲，侦查机关在收集"毒树"的过程中存在违反法定程序的非法取证行为；在收集"毒树之果"的过程中没有进行非法取证行为。因此，由于存在非法取证行为，"毒树"是有毒的，而收集"毒树之果"在形式上是符合法定程序的，是否带有"毒性"需要进一步分析。"毒树"有毒，但"毒树之果"有毒吗？"毒树之果"应当被排除吗？这是研究"毒树之果"问题的核心。

在美国，最早提出派生证据也不可采取的判例是 1920 年的 Silverthone Lumber Co. v. U. S.。该案法官指出，非法获取的证据不应当被用来获取其他证据，因为最初非法获取的证据已经腐蚀、污染了所有随后获取的其他证据。最早在非法证据排除的意义上使用"毒树之果"这个概念的判例是法官法拉克福特在 1939 年的 Nardone v. United States 一案中提出来的。最常被引用的"毒树之果"判例是 1963 年的 Wong Sun v. United States。在该案中，联邦缉毒人员首先非法搜查了托某的洗衣房和住室，并对其进行了讯问。托某说一个名叫伊某的人曾向其出售毒品。警察随后找到伊某，伊某交出一些海洛因并声称是从王某处得到的。警方逮捕了王某，并在其交保后将其释放。几天后，王某主动来到警察局交代了自己的罪行。后来，王某和伊某都被法庭判为贩

---

[1] 参见杨宇冠：《非法证据排除规则研究》，中国人民公安大学出版社 2002 年版，第 65 页。
[2] 何家弘：《毒树之果》，大众文艺出版社 2003 年版，第 175 页。

卖毒品罪。联邦最高法院在受理此案的上诉之后，认为托某的证言和从伊某处查获的毒品均为"毒树之果"，不得采用为证据，但是王某的供述可以采用为证据，因为其主动到警察局交代罪行的行为已经割断其供述与警方非法逮捕之间的因果联系，或者说"果实的毒性"已被极大地淡化了。于是，伊某被判无罪，而王某被判有罪。[1]

美国对待"毒树之果"的态度较为绝对，无论是非法自白，还是非法搜查、扣押后取得的衍生证据都被排除在外，"毒树之果"规则的确立使得非法证据排除规则的适用范围大为扩张。但随后，美国联邦最高法院通过一系列的判例确立了独立来源、污染中断、不可避免地发现、稀释等排除非法证据的例外，从而使法官在排除"毒树之果"时享有一定的自由裁量权。[2]

三、证据视角下的事实

行政执法实践中，某一个案件的客观情况发生于过去的时空之中，不可能重现。因此，若要认识这一事实只能借助证据，根据收集到的证据进行认定。这种根据证据认定的事实就是法律事实。法律事实概念不同于日常生活中的事实概念。在法律上，区分客观事实与法律事实已成为基本共识。

客观事实与法律事实是两个不同的概念。法律事实是具有法律意义的客观事实，是基于法律规范的存在而对客观事实加以法律化与定型化的产物，客观事实是法律事实的渊源，法律规范是法律事实的前提。在认识、求证与确认法律事实后，发现法律、依法将法律规范与法律事实有机地连接起来、合乎规律与规则地推导出法律结论是执法活动的根本任务。[3]因此，客观事实包含法律事实，客观事实是法律事实的材料来源，法律事实是法律对客观事实选择的结果。在很多情形下，两者不可能总是一致的。由于人类认识能力的有限性，执法实践中只能以接近客观事实为追求目标。因此，执法人员在具体案件中对事实的认识，在目标上只能追求相对真理，而不是绝对真理。把客观真实作为追求执法目标是不现实的，在具体案件中只能以法律真实为

---

[1] 何家弘：《毒树之果》，大众文艺出版社 2003 年版，第 176 页。

[2] 参见左宁：《中国刑事非法证据排除规则研究》，中国政法大学出版社 2013 年版，第 174~177 页。

[3] 参见李龙主编：《法理学》，武汉大学出版社 2011 年版，第 344 页。

标准，力求法律真实与客观真实相一致。因此，"以事实为根据"是指以法律事实为根据，而不可能以客观事实为根据。更进一步地说，以事实为根据，实质上就是以证据为根据。[1]特别是执法争议进入复议、诉讼程序之后，更是如此，复议人员、法官只能通过庭审程序中提供的证据来判断案件事实的真相。显然这种认识与客观事实之间会有一定的距离。

法律事实得到确定印证了"先取证，后裁决"的原则。"先取证，后裁决"是由行政权运作的客观规律所决定的。这是因为，行政决定是否合法在很大程度上取决于其是否有充分的证据，是否有确切的法律事实。而且这些证据与事实必须在作出行政决定时就已经获得，而不是事后补充的。就事实依据而言，综合执法机关在作出具体行政行为时必须经过充分调查、全面收集，而不能在执法决定已经作出以后再来收集。这个过程在行政执法程序中被表述为"先取证，后裁决"的原则。此原则至少包含这样几个层面的意思：其一，行政机关应当先进行调查和收集证据的工作，之后才能根据事实和法律作出行政行为；其二，作出行政行为时，必须有充分的事实和法律依据，不能主观臆断，凭空想象；其三，先作出具体行政行为，再去找事实和法律依据来证明自己所作的行政行为正确、合法，就违反了法定程序，因而本身也是违法的。[2]

延伸阅读

——涂某仁与浙江省瑞安市公安局等行政处罚纠纷上诉案。[3]第三人陈某旺租用原告涂某仁的厂房用于企业经营。2019年8月7日14时许，陈某旺在瑞安市塘下镇其公司的办公室内与涂某仁因地税和租金问题发生纠纷，陈某旺用手将涂某仁抓伤。涂某仁当日向被告瑞安市公安局报警，被告接警后即出警，于8月8日立案调查，并对原告与第三人的伤势进行体表检查。第三人的损伤情况为：未见明显伤势。原告的损伤情况为：面部有创伤。被告于8月9日委托瑞安市公安局司法鉴定中心对原告的损伤程度进行鉴定。司法鉴定中心于8月15日作出瑞公司鉴伤字[2019]724号法医学人体损伤程

---

[1] 参见何家弘主编：《证据学论坛》（第1卷），中国检察出版社2000年版，第3页。
[2] 林莉红：《行政诉讼法学》（第3版），武汉大学出版社2009年版，第141页。
[3] 参见张榆：《不予行政处罚决定之诉的利益和证据审查》，载《人民司法》2021年第14期。

度鉴定书,鉴定意见为:被鉴定人涂某仁的损伤程度属轻微伤。2019年10月12日,瑞安市公安局对涂某仁作出瑞公(塘)不罚决字[2019]50077号不予行政处罚决定书(对第三人另案处理,作出罚款500元的行政处罚),主要内容为:2019年8月7日14时许,涂某仁在瑞安市塘下镇陈某旺办公室内与之发生纠纷,后陈某旺用手将涂某仁抓伤,涂某仁的伤势经鉴定为轻微伤。涂某仁用手指头戳到苏某娣的胸部等行为导致了打架,涂某仁有过错在先。涂某仁殴打陈某旺的违法事实证据不足,不能成立。根据《治安管理处罚法》第95条第2项之规定,现决定不予行政处罚。涂某仁不服,向瑞安市人民政府申请行政复议。瑞安市人民政府经复议,决定维持该不予行政处罚决定书。涂某仁遂提起诉讼,请求撤销被诉不予行政处罚决定和复议决定。一审法院判决撤销被诉不予行政处罚决定和行政复议决定,二审法院判决驳回上诉,维持原判。

公安机关作出的不予行政处罚决定中的事实认定可能对相对人的权利义务产生不利影响,具有诉的利益。不能因最终未作出处罚而降低对案件事实的证明标准,不予行政处罚决定应与行政处罚决定遵循相同的证明标准,如未达到清晰且有说服力的程度,不能认定事实成立。

本案虽然作出的是不予行政处罚决定,但和行政处罚决定在事实认定上应秉持相同的证明标准。因为是否予以处罚在认定案件事实前尚处于不确定状态,取决于违法事实成立与否及具体情节,故公安机关证明事实的过程仍应严谨公正,不能因为最终没有作出处罚而降低对事实的证明标准。发生过的违法事实是客观的,被告实施与否、如何实施只有一种情形,不存在中间状态。而裁判者事后对事实的推断则是主观的,案件性质不同、证据情况不同,裁判者对由证据构建起的事实内心确信程度也是不同的。事实证明过程是客观证据与主观判断的结合,不可避免地存在一定的或然性。这就涉及行政处罚案件的证明标准问题,即证据达到怎样的证明程度方可认定待证事实成立。

行政处罚案件由于涉及领域较广、类型繁多、对当事人权益影响程度不同等特点,实践中适用多元化的证明标准。根据严格程度由低到高,一般分为以下三个层次:一是优势证明标准,如一方当事人提供的证据指向的事实存在之可能性相对较大,即可认定该事实成立。该证明标准主要适用于对相对人权益影响较轻微、争议不大的行政处罚案件,如交通违法的现场处罚、适用简易程序的案件,还可适用于对主观事实的判断,如案件起因、动机的认定等。二是清晰且有说服力标准,也称明显优势证明标准,与大陆法系的高度盖然性标准相似,即一方当事人提供的证据具有明显优势,裁判者结合专业知识、经验法则、情理、逻辑在具体个案中加以衡量后,对案件事实能够形成较为坚定的内心确信。该标准适用于大多数行政处罚案件,采用这一证明标准可以兼顾行政处罚的公平性和及时性。三是排除合理怀疑标准,与刑事案件的证明标准接近。公安机关作为行政执法主体,运用国家公权力赋予的资源进行调查取证,相较于行政相对人而言,处于绝对强势地位。对于涉及重大人身权、财产权、经营权的案件,如行政拘留、较大数额罚款、吊销营业执照等,应课以行政机关较高的证明责任,需达到排除合理怀疑的程度,使案件结论具有唯一性,以防止公权力滥用,侵犯公民合法权益。

本案是一个违法程度较轻的殴打他人事件,轻微案件的证明标准可适当降低,不必适用重大案件的排除合理怀疑标准。由于仍可能处以一定数额的罚款,涉及对相对人财产权的剥夺,且本案不同于现场执法案件存在对公职人员现场感知而作出的职业判断和职业道德的信赖,瑞安市公安局并未亲历现场,而是事后介入,故仍应严格遵守调查取证程序和举证规则,作出的不予行政处罚决定应达到足以令人信服的程度。笔者认为,本案的事实证明应采用清晰且有说服力标准,使法官根据现有证据对案件事实的发生能够达到内心确信的程度。

在确定前述证明标准的前提下,瑞安市公安局认定涂某仁的行为对引发本案具有过错的事实能否成立,关键在于如何对证据进行审查和运用。证据的审查主要包括证据能力和证明力两个方面。证据能力即证据的资格,须具有真实性、合法性、关联性。裁判者要综合全案证据进行审查和判断,排除虚假证据、非法证据和无关联性证据。而证明力则需要根据案件不同类型,证据的特征和相互关系进行判断,可从以下几点着眼:一是从证据与待证事实的关联程度看,有的证据关联程度较弱,如违法记录证明被告曾有盗窃前科;而有的证据关联程度较强,如在被告的住处搜查到他人丢失的财物。二是从证据的客观性程度看,言辞证据客观性较弱,而物证、法医DNA鉴定意见、现场勘查笔录、监控录像等证据客观性较强。本案的证据为当事人陈述和证人证言,均为主观性证据,存在一定变数,证明力相对较弱。三是从证据的数量及相互关系看，认定案件事实的证据之间必须具有内在联系，这些联系使证据之间协调一致、相互印证，共同指向一个事实，不存在无法排除的矛盾和无法解释的疑问。并列式的证据数量越多，可以把同一种可能性的程度不断提高，该事实真实的概率就越大。递进式的证据则需要环环相扣，形成完整的证据链，把其他可能性不断排除，最后得出合理结论。

本案中，争议事实是涂某仁是否有用手戳到苏某娣胸部的行为，公安机关认定该事实的证据为陈某旺的陈述及两名证人苏某娣、吴某国的证言。而苏某娣是陈某旺的妻子，吴某国是陈某旺的员工，三人存在利害关系。从证言内容看，三人对案件细节的陈述存在矛盾。陈某旺在最初询问时称"涂某仁用手背推我老婆的时候推到了我老婆的胸部"。但在后来的询问中又改口称"他用手指戳到了我老婆的胸部"。吴某国、苏某娣则称涂某仁用手指往吴某国身上戳的时候戳到了苏某娣胸口。上述证言和陈述存在诸多疑点：涂某仁当时的动作是用手背推人还是用手指戳胸部？是指向吴某国而不小心碰到了苏某娣，还是直奔苏某娣？是故意为之还是过失？抑或多人争执时混乱中碰到？这些疑问根据现有证据无法作出合理解释，而这些疑问直接关系对涂某仁行为的认定，本案存在多种可能的情况。且公安机关询问三人时距离案发已过了数日，不能排除串供的可能性，亦不能排除亲友作证时出于人之常情偏袒己方、对涂某仁的行为作出一定程度歪曲的可能性。故在涂某仁自身否认实施了该行为的情况下，对于和另一方当事人有亲友关系的证人作出的对该当事人有利的证言，如无其他证据印证，应慎重采信。公安机关仅以此认定该事实，无法使法官形成内心确信，应属证据不足。

第五章 街道综合行政执法的基本程序

实体与程序构成行政执法的两个重点内容。从抽象角度讲,实体法是基础,程序法是执行。从这个意义上讲,实体可能处于主要地位,程序则处于次要地位。但从执法实践讲,程序法的重要性超过实体法,法律的生命在于执行。一个健全的法律,如果用一个完美的程序去执行,可以限制或削弱不良效果。[1]忽视程序的执法,是违法的执法,是背离法律初衷的。法定程序是规定执法主体行使执法权时所应当遵循的方法、步骤、顺序、时限等所构成的一个连续过程。综合行政执法的基本程序是指执法机关依照特定方法、步骤、顺序、时限等执行法律的制度。"公正的程序是公正的行政决定形成的前提和保障。程序的一个重要价值是用以来形成正确的决定。"[2]

一、行政程序概述

我国历来有"重实体、轻程序"的传统,程序虚无主义成为传统思想观念的重要内容。为了追求立竿见影的执法效果,依照法定程序办事成为可有可无的事情,习惯于采用"运动式""战役式""专项整治式"的行政执法方式。在此思维下,程序成为顺利开展执法的绊脚石。"在这种社会大背景之下,不仅行政机关内部弥漫着轻视行政程序的气息,而且整个社会也充斥着'重结果、轻过程'的实用主义氛围。"[3]而与此同时,法治发达国家却在20世纪掀起了程序主义的高潮,出现了三次大规模制定行政程序法的潮流。20世纪20年代至二战,西欧的一些国家率先制定了行政程序法,比如1925年奥地利的《普通行政程序法》、波兰的《行政程序法》。二战至20世纪90年

---

[1] 王名扬:《美国行政法》,中国法制出版社1995年版,第41页。
[2] 姜明安主编:《行政执法研究》,北京大学出版社2004年版,第195~196页。
[3] 杨海坤、章志远:《中国行政法基本理论研究》,北京大学出版社2004年版,第414页。

代,美国的《联邦行政程序法》对其他国家行政程序法的发展产生了重大影响。随后意大利、瑞士、德国等相继制定或修订行政程序法。20世纪90年代至今,世界许多国家纷纷制定或修订行政程序法。受西方程序主义理念的影响,特别是随着"违反法定程序的行政行为无效"规定的推进,最近20多年来,我国行政程序法治建设取得了长足进步,程序价值得到了普遍认可。我国对行政程序的重视,始于20世纪80年代,特别是1989年《行政诉讼法》第54条将是否符合法定程序作为衡量行政行为合法的重要标准之一。同年10月通过的《集会游行示威法》对"说明理由制度"进行了明确规定。1996年《行政处罚法》第一次出现了听证程序、简易程序、执行程序等程序性规定。1999年《行政复议法》也规定,违反法定程序复议机关就可以作出撤销或确认违法的复议决定。与之相适应,行政程序的功能作用在现代社会变得越来越重要。行政程序对于规范行政机关的执法行为、保障相对人的合法权益、保证行政权公平高效运作具有重大意义。显而易见,理性的行政程序尽管并非绝对实现实体正义,但没有理性的行政程序就绝对不可能实现实体正义。[1]

　　行政程序主要通过两项核心原则来实现:一是行政公开原则。二是行政参与原则。"阳光是最好的防腐剂",没有公开,就谈不上参与、公正等。行政公开是行政主体在行使职权时,除涉及国家秘密、商业秘密和个人隐私外,必须向相对人及社会公开相关的事项。"行政公开是现代民主理论和基本人权理论发展的结果,它是行政主体的法定职责,同时也是行政相对人的权利。行政公开的本质是通过一种法律程序实现对行政权的制约,因此具有程序法律意义的属性。"[2]具体到综合行政执法实践中,行政公开原则的基本内容主要是:公开执法依据,公开执法过程,公开执法决定。执法依据与执法流程的公开,偏向于执法前的公开。执法过程的公开,主要借助行政告知制度,特别是执法中的陈述、申辩权及听证权的保障,让相对人及时了解执法信息,切实维护自身权益。执法决定的公开,是执法结果的公开,主要借助送达制度、信息公开制度来完成。行政参与原则是行政主体在行使职权时,应当确保相对人的有效参与,必须保障相对人的参与权。"确认行政相对人的行政程

---

[1] 袁曙宏主编:《全面推进依法行政实施纲要读本》,法律出版社2004年版,第195~196页。
[2] 应松年主编:《当代中国行政法》(下卷),中国方正出版社2005年版,第1299页。

序参与权,使行政相对人进入行政程序注视着行政主体行使行政职权的主要环节,及时抗辩行政主体违法或不当地行使行政职权。"[1]行政参与原则的基本内容主要有:履行通知相对人义务、保障相对人陈述申辩权、告知相对人救济权等。获得通知是相对人的一项程序性权利。

鉴于行政程序的重要性,世界各国通行的做法是对相对人不利的、负担的程序违法的行政行为撤销;而对相对人授益的或赋予、确认相对人权利的程序违法的行政行为,出于对相对人依赖利益的保护,一般不予撤销。但如果不撤销将严重危害公共利益,或者说公共利益和相对人的依赖利益比较,公共利益更为重要的情况下则可以撤销。[2]因此,对相对影响重大的程序违法行为应当将该行为依法撤销或确认无效。比如在作出影响相对人权益的重大处罚决定时未告知、适用听证程序,没有保障当事人听证权的,就属于重大的程序违法。轻微的程序违法可以通过补正的方式弥补,不影响行政执法行为的效力。

二、行政执法中主要程序

论及程序的重要性,关键在于落实各项程序制度。如果没有必要的程序制度,正当程序就沦为一句空话。从执法机关的角度分析,行政程序主要体现为立案、调查、审理、决定、送达等。为了充分保障行政相对人的程序性权利,本部分侧重从相对人视角展开。具体而言,街道综合行政执法过程中主要包括以下基本程序:

(一)提醒告知程序

行政执法实践中,执法人员能够预先感知、判断相对人可能存在的违法行为。此时执法人员可以主动选择善意提醒、友情告知的方式预防违法行为的发生,防范督促相对人尊法守法。提醒告知程序是在案件启动调查或作出影响相对人权益的行为之前作出的,其目的是防范、化解潜在的违法风险。提醒告知程序强调的是违法预防,一旦出现可能的违法行为,通过友情提示,把违法行为消灭在萌芽状态。需要说明的是,这里的提醒告知不同于处罚前的法定告知制度。

---

[1] 应松年主编:《当代中国行政法》(下卷),中国方正出版社2005年版,第1328页。
[2] 胡建淼主编:《行政违法问题探究》,法律出版社2000年版,第399页。

综合行政执法中,在适用"首违不罚"时经常需要采用提醒告知程序。在相对人系初次违法、危害后果轻微和违法行为人及时改正的情况下,行政执法人员应当向相对人指出违法行为,进行批评教育,并提出整改要求。这些内容都属于提醒告知程序,既可采用告知承诺制等方式,要求当事人在承诺期限内及时改正;也可以采用行政指导的方式,提供行为指引,精准助力相对人知法守法。

延伸阅读

——**常德交警用三种颜色告知单温馨执法**。今年"五一"假期,湖南省常德市的部分市民驾车在城区商业圈、医院等重点地段一不小心违法停车后,却发现车窗上贴了一张黄色"交通违法温馨告知单",内容是:您的爱车停放在了禁止停放的地方,特给予教育提示,请您及时纠正违法行为,祝您节日愉快。一张张"温馨执法告知单"代替了生硬的处罚单,让市民们倍感温馨。据悉,近年来,常德公安交警部门切实为群众办实事,改进执法方式,在春节、"五一"等重大节假日,在市城区包括武陵区、经开区、鼎城区、高新区所辖区域内道路上,对机动车违停实行"黄色和绿色执法告知单"的温馨执法,营造节日气氛,即对本地车辆不影响通行安全的违停行为,实行"黄色交通违法温馨告知单"的执法方式,以警告教育为主;对外地小型汽车因不熟悉路况首次违停和使用公交专用车道的,实行"绿色交通违法温馨告知单"的执法方式,以警告教育为主。今年春节(大年三十至正月初六)和"五一"假期(5月1日至5日),辖区各交警大队执勤民警累计张贴2000余张"黄绿色温馨执法告知单",深受群众称赞。此外,对影响通行安全的乱停乱放违法行为,不配合执法,不及时纠正,达不到执法效果的,实行"红色执法告知单",依法给予处罚。[1]

——**浙江宁波镇海:全面实施推行"首违不罚"**。实施推行"首违不罚轻罚",是优化营商环境的重要举措。浙江省宁波市镇海区综合行政执法局在执法监管过程中,坚持以人民为中心,推动城市管理领域包容审慎监管,落实好"首违不罚轻罚",让执法有力度更有温度,不断激发市场活力。"关于店外乱摆乱放问题,先提示一下,首次发现属轻微违法行为不予处罚,请立即

---

[1] 王敏、张景:《交警"三色告知单"柔性治违停》,载《常德晚报》2023年5月4日。

改正。"2023年5月18日上午，镇海区综合行政执法局骆驼中队在执法检查过程发现一商户将保鲜柜等物品放在店外，不仅对过往行人造成不便，也影响周边市容市貌。按照相关政策法规，执法人员作出不予行政处罚的决定，店主积极配合，现场整改。"现在全区对于轻微违法行为一般不予处罚，首先是警告，再责令改正，经过责令改正后仍未改正的才会处罚。"执法人员告诉笔者。从"一罚了之"到包容审慎执法监管，背后折射着镇海执法为民的决心。落实"首违不罚轻罚"，当事人的整改积极性明显提高，执法教育引导功能进一步凸显。在认真落实"首违不罚轻罚"举措的同时，镇海着力提升执法办案的规范化、专业化水平，全面提升下属所有中队的依法行政水平。推出一系列便民服务，如通过法律文书电子送达和网上缴纳罚款，让当事人少跑腿，甚至不跑腿；分期延期缴纳罚款，帮助有困难的当事人渡过难关。同时，通过进村联社，现场走访调研，认真倾听群众心声、商户呼声，全面及时准确了解市场主体和群众对综合行政执法的感受和诉求。[1]

（二）柔性指导程序

为适应复杂多变的经济和社会管理需要，行政执法机关灵活地采取指导、劝告、建议的方式，谋求行政相对人的协力，实现行政机关与相对人的良好共治。柔性指导程序作为治理创新的产物，符合行政民主与合作共治的潮流，是街道综合行政执法实践中最受欢迎的执法程序之一。

柔性指导的基本功能突出表现在以下方面：一是指引和促进功能。行政指导具有启发、导向和促进作用，能够有效地引导、影响行政相对人作出合理的行为选择，促进相对人成为行政执法的合作伙伴，增强执法监管的力量与效果。二是预防和防范功能。行政指导在预防、抑制噪声对居住环境产生的不利影响、不良药品贩卖自律、青少年辅导、抑制物价暴涨以及违法建筑的改善等各个方面都有出色表现。因此，柔性指导程序可以有针对性地预防和防范可能发生或正在发生的妨害社会经济秩序和市场秩序的行为，在损害社会利益的行为处于酝酿或初见端倪时，可以优先以行政指导的柔性方式进行积极调整，从而减少强权力的使用，节约行政成本与资源。三是服务与合

---

[1] 林意然、程小苟：《浙江宁波镇海：全面实施推行首违"不罚轻罚"》，载http://www.legaldaily.com.cn/City_Management/content/2023-05/18/content_8855300.html，访问日期：2023年6月4日。

作功能。行政指导在社会发展中扮演重要角色，契合了政府的服务功能，彰显了执法为民、执法服务的精神内涵，接近了行政执法机关与相对人的距离，构建了合作共治、互动对话的平台。[1]

综合行政执法实践中，适用柔性指导程序应当注意以下方面：一是柔性指导的范围较广。当相对人需要从政策、技术、安全、信息等方面提供帮助时，行政执法机关可以按需提供精准指导。当相对人可能出现妨害行政管理秩序的违法行为时，执法机关也可以适用指导程序。二是柔性指导既可以主动实施，也可以依申请开展。三是柔性指导的程序值得关注。行政指导不应当是执法机关任意、盲目作出的，而应当坚持理性的程序规则。实施行政指导时应当注重指导信息公开制度，行政指导的目的、内容、理由、依据等事项应当及时对相对人公开。特别是在实施重大行政指导时应当采取公布草案、听证会、座谈会等方式广泛听取意见。

延伸阅读

——"柔性指导"营造更加优质的法治化营商环境。行政指导是近年来淄博市深化执法理念转变、创新监管方式的新举措，即采取政策指引、意见建议、提示提醒、劝导警示、示范引领等柔性执法方式实现管理目的的行政行为，让执法既有力度又有温度。去年以来，为进一步深化行政指导工作，创设更加优质的法治化营商环境，作为行政指导工作牵头部门的市司法局，采取一系列措施，全力推进行政指导工作优化升级。

紧扣品质提升主题，推进实施重点行政指导事项，组织各行政执法部门围绕年度重点工作或者社会关注的热点问题，确定1至2项年度行政指导重点事项，给予企业帮扶。开展"点菜式"行政指导服务。组织城市管理、市场监管、生态环境、文化市场、交通运输、应急管理、农业等综合行政执法部门，围绕企业急难愁盼的民生诉求，聚焦高频行政违法行为，按照成熟一批、推出一批的原则，梳理出行政指导事项服务清单，实行"点菜式"行政指导服务，确保企业有所"呼"，行政执法部门有所"应"。

"2022年5月17日，黄金城这个项目一开工，淄博市住房和城乡建设执

---

[1] 戢浩飞：《治理视角下行政执法方式变革研究》，中国政法大学出版社2015年版，第192~193页。

法监察支队联合建筑工程质量安全环保监督站工作人员就进驻企业开展联合行政指导和普法宣传，不仅提高了我们企业的守法意识，还大大降低了企业违约成本，真是感谢执法人员的悉心指导!"山东黄金城地产有限公司项目负责人马某平由衷地表示。柔性执法获得了当事企业对行政执法工作的理解与支持，达到了执法效果的最大化。2022年，全市各级行政执法部门共办理各类行政指导10.4万件。[1]

(三) 陈述、申辩程序

自然公正是普通法的一个基本原则，它要求任何人或团体在行使权利可能使别人受到不利影响时，必须听取对方意见，每个人都有为自己辩护和防卫的权利。[2]综合行政执法机关在作出对相对人不利的执法决定之前，应当告知相对人，并给予其陈述和申辩的机会。为了维护公民和法人的合法权益，行政相对人有权针对执法机关提出的事实、观点和理由以及作出的决定，采取程序性对抗措施，行使陈述和申辩权利。如果没有陈述权，行政相对人的主张和利益就难以表达出来；如果缺乏申辩权，行政相对人的利益或意见就不可能被认真而充分地听取。因此，申辩权本质上是一种防卫权，用于防御行政权的侵犯。结合《行政处罚法》的规定，可以从两个方面理解陈述、申辩程序：一是陈述、申辩权是行政相对人享有的重要权利，当事人有权为自己的行为作出陈述、说明、解释和辩解；二是听取当事人的陈述和申辩，是行政执法机关必须履行的法定义务。为此，《行政处罚法》对当事人行使陈述权和申辩权作了明确规定。

(四) 回避程序

回避作为一项法律制度具有悠久的历史。无论是在专制还是民主的法律制度中，都有着回避制度。回避制度的法理基础也是源自普通法的自然公正原则。自然公正的一项重要内涵就是："任何人都不得在与自己有关的案件中担任法官。"[3]行政执法过程中，回避程序主要指执法人员如果是执法事务的当事人或者当事人、代理人的近亲属，或者与执法事务有利害关系，或者与

---

[1] 陈道峰、牟晓慧：《"柔性指导"护航企业健康发展》，载《淄博日报》2023年1月8日。
[2] 王名扬：《英国行政法》，中国政法大学出版社1987年版，第152页。
[3] [英] 彼得·斯坦、约翰·香德：《西方社会的法律价值》，王献平译，中国人民公安大学出版社1990年版，第97页。

当事人有其他关系可能影响行政执法公正性的，就应当回避。大多数国家在制定行政程序法过程中，都将回避制度作为行政程序法的基本制度之一。一般认为，回避理由主要包括以下方面：①本人是行政争议一方的当事人；②行政争议一方当事人是本人的近亲属；③本人和自己近亲属与行政争议一方当事人有利害关系，足以影响对行政争议的公平处理；④担任过本行政争议的鉴定人、翻译人、勘验人、证人等；⑤与行政争议一方当事人有经济往来的；⑥其他足以引起人们对其行政公平怀疑的情形。[1]《行政处罚法》《行政许可法》都有关于回避制度的规定，明确当事人认为主持人与相关事项有直接利害关系的，有权申请回避。

（五）听证程序

听证原指诉讼过程中听取当事人意见，与"任何人不得作审理自己案件的法官"一起共同构成自然正义原则。听证程序是行政程序中重要的制度之一，其价值在于保证执法决定的正确性，防止行政权滥用，保护相对人的合法权益，尊重相对人的人格尊严。根据《行政处罚法》的规定，听证有正式听证和非正式听证。正式听证是以举行听证会的方式听取意见，它适用于对相对人作出影响重大的处罚。故而听证程序并不是执法程序中的必经程序。听证对当事人而言是一种重要权利，只有行政相对人提出申请要求听证的，执法机关才能组织听证。在行政处罚中，当事人要求听证的，应当在行政机关告知后3日内提出。听证由行政机关指定的非本案的调查人员主持，听证应当制作笔录，待当事人核对无误后签字或盖章。《行政许可法》也专门规定了听证程序，明确当行政许可直接涉及申请人与他人之间重大利益关系的，行政机关在作出行政许可决定前，应当告知申请人、利害关系人享有要求听证的权利。

> **延伸阅读**
>
> ——**举行处罚听证会，提升执法水平**。近日，根据当事人提出的听证申请，针对11起涉嫌使用无效道路运输证的车辆从事巡游出租汽车经营活动的行政处罚案件，威海市交通运输综合执法支队连续2个工作日公开举行了3场行政处罚听证会。听证会秉承公平、公正、公开的原则，在严肃有序的氛

---

[1] 章剑生：《行政程序法学原理》，中国政法大学出版社1994年版，第140页。

围下进行。会上，案件调查人员提出当事人违法的事实、证据、法律依据。当事人及委托代理人对其行为进行了陈述和申辩，并对办案人员出示的相关证据材料逐一进行了质证。在申辩、质证过程中，双方本着"以事实为依据，以法律为准绳"的原则，围绕处罚依据是否适当、是否予以行政处罚等焦点问题进行了辩论，摆事实论证据，讲政策论法理。3场听证会进展顺利、有条不紊，虽意见不同，争论激烈，但秩序井然，用语规范文明。此次听证会组织严密，规范有序，进行了完整的全程视频记录和纸质记录并经双方确认签字。下一步，将严格按照行政处罚程序等规定，对当事人在听证会上提出的陈述申辩理由和意见进行复核审查后，作出处理决定。

本次行政处罚案件听证会的召开，是威海市交通运输综合执法支队结合交通运输执法领域突出问题专项整治工作，广泛收集意见建议，促进规范执法、强化执法能力的一个缩影和具体体现，既为案件申请人搭建了一个公正平等、公开透明的平台，最大限度地维护了申请人的合法权益，又增进了行政执法的公信力，维护了法律权威，对于提高依法行政水平和执法办案质量起到了积极的示范和促进作用。[1]

（六）执法公开程序

从世界趋势看，行政公开原则成为行政程序法的重要组成部分。行政执法应当对当事人和社会公开。行政机关应当向当事人提供与行政程序有关的事实和法律规定等信息。保障公民获知信息和个人资料保护具有重要的意义，日益成为行政程序法的核心内容。除依法应当保密的事项之外，行政执法的依据、程序、结果应当公开，行政相对人有权依法查阅复制。执法实务中，对于行政处罚文书如何公开，特别是公开的具体形式上存在一定争议。实际上，公开处罚文书有多种形式，比如可以选择以摘要的方式条目式公开，即以表格形式公开相关的处罚内容。

延伸阅读

——以公开促公正，推进执法公示制度。2021年1月，四川省发布《四

---

[1] 《以公开促公正 以听证促规范 市交通运输综合执法支队连续举行3场行政处罚听证会》，载https://jtj.weihai.gov.cn/art/2023/5/30/art_ 25911_ 3680128.html，访问日期：2023年8月6日。

川省行政执法公示办法》,该办法将于2021年1月15日起施行。该办法规定,全省各级行政执法机关依法实施行政许可、行政处罚、行政强制、行政检查、行政征收征用等的行政执法信息公示,适用本办法。行政执法公示应当坚持以公开为常态,不公开为例外,遵循公正、公平、合法、准确、及时、便民的原则。县级以上地方人民政府司法行政部门应当加强对行政执法公示制度落实情况的监督检查,对未按规定建立或者实施行政执法公示制度的,及时督促整改。该办法规范了事前公开、事中公开与事后公开。在事前阶段,行政执法机关应当主动公示下列内容:①办公地址、办公时间、联系电话、传真号码、电子邮箱等联系方式;②权责清单、随机抽查事项清单、裁量标准;③承办机构;④执法人员姓名、工作单位、执法种类、执法证件编号、执法证件有效期等基本信息;⑤投诉举报方式和途径;⑥其他依法应当主动公示的内容。在事中公示阶段,行政执法人员实施行政执法行为时,应当主动出示执法证件,一般应佩戴执法证件,全程公示执法身份。法律、法规另有规定的,从其规定。法律、法规、规章规定执法应当出具相关执法文书的,行政执法人员应当出具,并依法告知当事人执法事由、执法依据、权利义务等内容。国家规定行政执法机关统一着执法服装、佩戴执法标识的,行政执法人员执法时应当按规定着装、佩戴标识。行政执法机关应当在服务办事窗口设置岗位信息公示牌,明示工作人员岗位职责、申请材料示范文本、办理进度查询、咨询服务、投诉举报等信息。在事后阶段,行政执法机关作出的行政执法决定,应当予以公开,接受社会监督。行政执法机关公开的行政执法决定信息,包括执法机关、执法对象、执法类别、执法结论等内容。行政许可、行政处罚决定信息应当自执法决定作出之日起7个工作日内公开,其他行政执法决定信息应当自决定作出之日起20个工作日内公开。法律、法规和有关规定对公开另有规定的,从其规定。行政执法机关应当根据国家有关规定和行政执法决定的类别、重要程度,合理确定行政执法决定公开的期限。[1]

三、行政行为法中的程序

虽然我国目前尚未制定统一的行政程序法,但梳理现行法律规范,可以

---

[1] 参见四川省人民政府办公厅《四川省行政执法公示办法》(川办发[2021]3号)。

发现不少行为法涉及"法定程序"的规定，正当程序原则已经得到广泛认同。从《行政处罚法》《行政许可法》《行政强制法》到《土地管理法》《城乡规划法》《海关法》《体育法》《证券法》等，都明确规定了"法定程序"。从法律条款解读，何谓"法定程序"，难以找到确切的定义。从行政程序法的世界趋势来看，我国的法定程序规定仍然停留于抽象原则上，许多程序规定比较粗糙，缺乏具体细化程序。下面将结合法律规定进行相关分析。

(一)《行政处罚法》中的法定程序

《行政处罚法》第一次在行为法中规定了告知义务、听证程序、简易程序、一般程序等内容。第38条第2款规定，违反法定程序构成重大且明显违法的，行政处罚无效。第24条第2款也有相关规定，承接行政处罚权的乡镇人民政府、街道办事处应当加强执法能力建设，按照规定范围、依照法定程序实施行政处罚。

结合《行政处罚法》的规定，法定程序有以下基本程序：一是立案程序。根据案件的难易程度、处罚标的大小，将办案程序细化为简易程序、普通程序。违法事实确凿并有法定依据，对公民处以200元以下、对法人或者其他组织处以3000元以下罚款或者警告的，可以当场作出行政处罚决定。除前述情形之外，符合立案标准的，行政机关应当及时立案。二是陈述申辩程序。行政机关应当及时告知当事人违法事实，并采取信息化手段或者其他措施，为当事人查询、陈述和申辩提供便利。不得限制或者变相限制当事人享有陈述权、申辩权。行政机关在作出处罚决定前，应当告知当事人拟作出的行政处罚内容及事实、理由、依据，并告知当事人依法享有陈述、申辩、要求听证等权利。三是回避程序。当事人认为执法人员与案件有直接利害关系或者有其他关系可能影响公正执法的，有权申请回避。当事人提出回避申请的，行政机关应当依法审查，并作出决定。四是听证程序。较大数额罚款、没收较大数额违法所得、没收较大价值非法财物、降低资质等级、吊销许可证件等决定，应当告知当事人享有要求听证的权利，当事人要求听证的，行政机关应当组织听证。五是法制审核程序。涉及重大公共利益的、直接关系当事人或者第三人重大权益，经过听证程序、案件情况疑难复杂、涉及多个法律关系的以及其他案件应当进行法制审核，未经审核或者审核未通过的，不得作出决定。六是送达程序。行政处罚决定应当在宣告后当场交付当事人，当事人不在场的，依照《民事诉讼法》的有关规定送达。七是执行程序。行政处罚决定依法作出后,当事人应当在行政处罚决定书载明的期限内,予以履行。当事人逾期不履行行政处罚决定的,作出行政处罚的行政机关应当依法采取法定措施。

(二)《行政许可法》中的法定程序

《行政许可法》是继《行政处罚法》之后的又一部通过法律程序控制行政权的重要法律。第四章设专章"行政许可的实施程序",共计29个条款,规定了基本程序。第69条第1款第3项规定,违反法定程序作出准予行政许可决定的,作出行政许可决定的行政机关或者其上级行政机关,根据利害关系人的请求或者依据职权,可以撤销行政许可。对于何谓"法定程序",法律虽未进一步明确,但一般认为此条的"违反法定程序是指违反法律规定的程序要件实施行政许可,包括违反法定形式、省略或者颠倒行政步骤等。违反法定程序的认定也得以法律、法规、规章为据,包括行政许可法和有关规定行政机关实施行政许可应当遵守的程序的法律、法规、规章"。[1]一般认为,单纯的程序违法不能成为撤销行政许可的充分理由,除非因程序违法而导致行政利害关系人的实体法权益受到损害,或者有法律的特别规定。[2]

具体而言,《行政许可法》中的程序至少有以下具体程序:受理程序、听取意见程序、听证程序、遵守法定期限程序、许可公开程序、变更程序、改正撤销程序等。一是受理程序。根据《行政许可法》第32条第1款第5项的规定,申请事项属于本行政机关职权范围,申请材料齐全、符合法定形式的,行政机关应当受理行政许可申请。二是听取意见程序。根据《行政许可法》第36条的规定,如果行政许可事项直接关系他人重大利益的,应当告知该利害关系人,申请人、利害关系人有权进行陈述和申辩,行政机关应当听取申请人、利害关系人的意见。三是听证程序。《行政许可法》专门设立3个条款规范听证程序。法律、法规、规章规定实施行政许可应当听证的事项或者行政机关认为需要听证的其他涉及公共利益的重大许可事项,行政机关应当举行听证。四是法定期限规定。行政许可应当在法定期限内按照规定程序依法作出。除当场可以作出行政许可决定的外,行政机关应当自受理行政许可申请之日起20日内作出行政许可决定。在推行"放管服"改革过程中,各地各

---

[1] 汪永清主编:《中华人民共和国行政许可法释义》,中国法制出版社2003年版,第215页。
[2] 参见应松年主编:《行政许可法教程》,法律出版社2012年版,第224页。

部门更是缩短了法定许可期限，优化集中办理行政许可。五是许可公开程序。行政机关应该将有关行政许可的事项、依据、条件、数量、程序、期限以及需要提交的全部材料的目录和申请书示范本等在办公场所公示。同时行政机关应当将作出的准予行政许可决定予以公开，公众有权查阅。六是许可变更程序。当被许可人要求变更行政许可事项的，对于符合法定条件、标准的，行政机关应当依法办理变更手续。七是许可改正撤销程序。当有关行政许可违反《行政许可法》第17条规定时，有关行政机关应当责令设定行政许可的机关改正或者依法予以撤销。

（三）《行政强制法》中的法定程序

《行政强制法》第4条规定，行政强制的设定和实施，应当依照法定的权限、范围、条件和程序。因研究旨趣，这里主要解读行政强制的实施问题。依照法定的程序实施行政强制。"法定程序既包括本法规定的一般程序，也包括有关单行法中规定的程序。适用规则是程序从新，本法有规定的依照本法，但本法作出特别规定的除外。如果本法没有规定，单行法有规定的，应当同时适用。本法第三章、第四章较为详尽地规定了行政强制措施和行政强制执行的实施程序，这些规定是行政机关在实施时都应当严格遵守的。"[1]

具体而言，《行政强制法》中的程序至少包括以下具体程序：报批程序、通知告知程序、听取意见程序、催告程序、公告程序、送达程序等。一是报批程序。根据《行政强制法》第18、19条的规定，行政机关实施行政强制措施前须向行政机关负责人报告并经批准；情况紧急，需要当场实施行政强制措施的，行政执法人员应当在24小时内向行政机关负责人报告，并补办批准手续。二是通知告知程序。行政机关实施行政强制措施应当通知当事人到场，当场告知当事人采取行政强制措施的理由、依据以及当事人依法享有的权利、救济途径。三是听取意见程序。实施行政强制措施应当听取当事人的陈述和申辩。行政机关作出强制执行决定前，当事人有权进行陈述和申辩。行政机关应当充分听取当事人的意见，对当事人提出的事实、理由和证据，应当进行记录、复核。四是催告程序。行政机关作出强制执行决定前，应当事先催告当事人履行义务。行政机关申请人民法院强制执行前，应当催告当事人履

---

[1] 全国人大常委会法制工作委员会行政法室编著：《中华人民共和国行政强制法解读》，中国法制出版社2011年版，第20～21页。

行义务。五是公告程序。对违法的建筑物、构筑物、设施等需要强制拆除的,应当由行政机关予以公告,限期当事人自行拆除。六是送达程序。催告书、行政强制执行决定书应当直接送达当事人。当事人拒绝接收或者无法直接送达当事人的,依照《民事诉讼法》的有关规定送达。

(四)《土地管理法》中的法定程序

《土地管理法》第47条第1款规定,国家征收土地的,依照法定程序批准后,由县级以上地方人民政府予以公告并组织实施。这里的"法定程序"主要是指征收土地的报批程序,即征收土地应当由县、市人民政府拟订征收土地方案,经省级以上人民政府土地行政主管部门审查后,报省级以上人民政府批准。报批前,应当进行拟征收土地现状调查,将拟征地的用途、位置、补偿标准、安置途径告知被征地农民。报批时,必须有建设单位的用地申请、城市建设用地开发方案、有关部门的批准文件、土地利用总体规划、土地利用年度计划指标等。[1]

具体而言,《土地管理法》中的程序至少包括以下具体程序:农用地转用审批程序、集体土地征收程序、国有建设用地审批程序、临时用地审批程序、收回国有土地使用权程序等。一是农用地转用审批程序。根据《土地管理法》第44条第1款的规定,建设占用土地,涉及农用地转为建设用地的,应当办理农用地转用审批手续。二是集体土地征收程序。根据《土地管理法》第45条至第49条的规定,为了公共利益的需要,确需征收农民集体所有的土地的,应当严格按照法定的批准权限进行审批,开展拟征收土地现状调查和社会稳定风险评估,并将征收范围、土地现状、征收目的、补偿标准、安置方式等进行公告,听取被征地的农村集体经济组织及其成员、村民委员会和其他利害关系人的意见。三是国有建设用地审批程序。经批准的建设项目需要使用国有建设用地的,建设单位应当持有关文件向自然资源主管部门提出建设用地的申请,经自然资源主管部门审查,报本级人民政府批准。四是临时用地审批程序。建设项目施工和地质勘查需要临时使用国有土地或者农民集体所有的土地的,由县级以上人民政府自然资源主管部门批准。五是收回国有土地使用权程序。为实施城市规划进行旧城区改建以及其他公共利益需要,

---

[1] 参见施春风主编:《中华人民共和国土地管理法解读》,中国法制出版社2019年版,第182~185页。

确需使用土地的;土地出让等有偿使用合同约定的使用期限届满,土地使用者未申请续期或者申请续期未获批准的;因单位撤销、迁移等原因,停止使用原划拨的国有土地的等情形,由有关人民政府自然资源主管部门报经原批准用地的人民政府或者有批准权的人民政府批准,可以收回国有土地使用权。

(五)《城乡规划法》中的法定程序

《城乡规划法》第7条规定,经依法批准的城乡规划,是城乡建设和规划管理的依据,未经法定程序不得修改。第58条规定,对依法应当编制城乡规划而未组织编制,或者未按法定程序编制、审批、修改城乡规划的,由上级人民政府责令改正,通报批评;对有关人民政府负责人和其他直接责任人员依法给予处分。第7条规定的"法定程序"主要是指本法第四章对修改城乡规划的法定条件和程序进行的严格规定。[1]第58条规定的"法定程序"主要是指本法第12条至第16条、第22条、第26条、第27条分别对全国城镇体系规划、省域城镇体系规划、城市总体规划、镇总体规划和乡规划、村庄规划的编制、审批程序和征求意见作出了规定;本法第19条至第21条、第34条分别对城市、镇的控制性详细规划、修建性详细规划以及近期建设规划的编制审批程序作出了规定。本法第46条至第50条分别对省域城镇体系规划、城市总体规划、镇总体规划和控制性详细规划、修建性详细规划、近期建设规划的修改程序作出了规定。[2]这是法律规定的重要程序,各级人民政府必须严格遵守。

(六)《海关法》中的法定程序

《海关法》第71条规定,海关履行职责,必须遵守法律,维护国家利益,依照法定职权和法定程序严格执法,接受监督。这里的"法定程序"应当作广义上的理解,它是沿袭遵守法律的规定而来。"必须遵守法律,不仅是指遵守海关法,还包括遵守国家有关法律、行政法规和规章。"[3]

与之相同的规定还有《进出口商品检验法》第29条第1款的规定,国家商检部门和商检机构履行职责,必须遵守法律,维护国家利益,依照法定职权和法定程序严格执法,接受监督。

---

[1] 参见安建主编:《中华人民共和国城乡规划法释义》,法律出版社2009年版,第19页。

[2] 安建主编:《中华人民共和国城乡规划法释义》,法律出版社2009年版,第117页。

[3] 陈晖、邵铁民主编:《海关法释解》,上海财经大学出版社2002年版,第208页。

(七)《体育法》中的法定程序

《体育法》第57条第1款规定,国家设立反兴奋剂机构。反兴奋剂机构及其检查人员依照法定程序开展检查,有关单位和人员应当予以配合,任何单位和个人不得干涉。第82条第1款规定,县级以上地方人民政府应当将本行政区域内公共体育场地设施的建设纳入国民经济和社会发展规划、国土空间规划,未经法定程序不得变更。

(八)《证券法》中的法定程序

《证券法》第22条规定,国务院证券监督管理机构或者国务院授权的部门应当自受理证券发行申请文件之日起3个月内,依照法定条件和法定程序作出予以注册或者不予注册的决定,发行人根据要求补充、修改发行申请文件的时间不计算在内。不予注册的,应当说明理由。第24条第1款规定,国务院证券监督管理机构或者国务院授权的部门对已作出的证券发行注册的决定,发现不符合法定条件或者法定程序,尚未发行证券的,应当予以撤销,停止发行。第119条规定,国务院证券监督管理机构应当自受理证券公司设立申请之日起6个月内,依照法定条件和法定程序并根据审慎监管原则进行审查,作出批准或者不予批准的决定,并通知申请人;不予批准的,应当说明理由。第22条规定的"法定程序"主要指本法的规定程序;第24条规定的"法定程序"主要指本法的规定程序,还包括法律、行政法规的相关规定;第119条规定的"法定程序"主要是指按照本法和公司法规定的程序。[1]

综上所述,法定程序普遍存在于现行立法规定中是一个不争的事实。但"至目前为止,除对行政程序理解上意见比较一致外,在何谓'违反法定程序'和如何处置违反法定程序的具体行政行为上,仍然未取得比较权威的共识"。[2]因此,行为法中的"法定程序"关键在于查找法律法规中对相关程序的明文规定,然后结合相应的行政流程,从步骤、顺序、方式、时效等方面进行分析,梳理出行政行为的流程图、时间表。

四、行政救济法中的程序

在现行立法中,程序规定最早出现于救济法中。1989年《行政诉讼法》

---

[1] 参见本书编写组编著:《〈中华人民共和国证券法〉释义及实用指南》,中国民主法制出版社2012年版,第105、110、275页。

[2] 朱新力:《行政违法研究》,杭州大学出版社1999年版,第147~148页。

最先规定了"违反法定程序",随后《行政复议法》也进行了相关规定。因此,梳理探讨行政救济法中的程序规定意义重大。

(一)行政诉讼中的法定程序

在行政诉讼程序中,行政诉讼法共有两处涉及"法定程序"的内容。《行政诉讼法》第69条规定,行政行为证据确凿,适用法律、法规正确,符合法定程序的,人民法院判决驳回原告的诉讼请求。第70条规定,行政行为违反法定程序的,人民法院判决撤销或者部分撤销,并可以判决被告重新作出行政行为。对于两个条文中涉及的"法定程序",法律条文本身并没明确规定,而是借助理论界的解释与司法实践的积累。理论界有代表性的观点为:法定程序是指法律法规中关于作出行政行为的具体要求。符合法定程序要求按照法律确定的,完成行政行为所必须遵循的步骤、时限等程序要求。违反法定程序通常包括步骤违法、手续违法、形式违法、时限违法等。[1] 鉴于违反法定程序的情况较为复杂,应当区别任意性程序与内部程序等。而实务界的观点则更为细化。一般认为,法定程序是指由法律、法规、规章以及其他合法有效的规范性文件设定的行政程序。实践中,由于法律法规的规定较为原则,大量的程序规定是由规章或规范性文件规定的。这些规定在行政执法中得到了广泛运用,并成为行政执法机关重要的依据。因此,"法定程序"理应包含规章及其他规范性文件规定的行政程序。行政行为必须遵循一定的步骤、顺序、方法。违反法定程序,就是违反法律等对行政行为行为方式、步骤、形式、时限、顺序五个要素的规定。具体而言,包括以下方面:①法定步骤违法,包括遗漏法定步骤、任意增加行政程序;②法定顺序颠倒,颠倒了规定的顺序;③形式违法,行政行为没有以法定形式作出;④违反法定方式;⑤违反法定时限。[2]

延伸阅读

——**行政机关不履行告知义务而作出行政处罚**。2018年8月7日,驾校学员李某在平定县广阳路铁道桥下发现郝某发布的陪练科目三的广告,遂通

---

[1] 张树义主编:《行政诉讼法学》(第2版),中国政法大学出版社2015年版,第148~150页。

[2] 参见江必新主编:《中华人民共和国行政诉讼法及司法解释条文理解与适用》,人民法院出版社2015年版,第469~470页。

过电话预约郝某,双方商定当日下午使用郝某的轿车在广阳路上练习科目三。李某驾驶陪练车辆途径平定县胡家庄路段时被交警查获,后移交给平定县交警大队。平定县交警大队立案后进行调查取证,于2018年10月19日制作了《道路交通安全违法行为处理通知书》,郝某拒绝签字。平定县交警大队未向郝某告知拟作出行政处罚决定的事实、理由、依据及享有陈述和申辩的权利,亦未记录郝某的陈述和申辩理由。2018年11月21日,平定县交警大队作出晋公交决字〔2018〕第140321-2000039900号《公安交通管理行政处罚决定书》,对郝某罚款1000元。郝某不服,向人民法院提起行政诉讼。经审理,法院认为平定县交警大队在行政处罚程序中存在瑕疵,故判决确认被诉处罚决定违法。

本案中,郝某使用的车辆及随车人员不符合相关规定,违法行为确实存在。郝某在诉讼中称平定县交警大队未向其送达过处罚告知笔录,不知道该笔录的内容。庭审质证时查明,平定县交警大队提供的处罚告知笔录上无郝某签字,也没有制作时间,其提供的视频中也没有显示对郝某制作过处罚告知笔录。故平定县交警大队在行政处罚程序中存在瑕疵。保障行政相对人在行政处罚过程中的知情权、参与权和监督权,是现代行政法治的一项基本原则。行政机关在作出行政处罚决定之前,应当告知行政相对人拟作出行政处罚的事实、理由和依据,听取行政相对人的陈述、申辩,这已被我国现行法律规定所确认。因此,行政处罚前的告知义务,属于行政机关的法定义务,不履行该告知义务不属于处理期限、通知或送达等程序方面的轻微违法,而是能够对行政相对人产生实质损害的严重程序违法,由此作出的处罚决定应予撤销。本案对于行政机关严格界定程序轻微违法的范围,提高依法行政水平、规范执法程序具有典型意义。[1]

(二)行政复议中的法定程序

在行政复议程序中,行政复议法共有两处涉及"程序"的内容。《行政复议法》第28条第1款规定,行政复议机关负责法制工作的机构应当对被申请人作出的具体行政行为进行审查,提出意见,经行政复议机关的负责人同意或者集体讨论通过后,按照下列规定作出行政复议决定:具体行政行为认定

---

〔1〕参见2019年山西行政审判十大典型案例之六"郝某诉平定县公安局交通警察大队行政处罚及行政复议案"。

事实清楚，证据确凿，适用依据正确，程序合法，内容适当的，决定维持；具体行政行为违反法定程序的，决定撤销、变更或者确认该具体行政行为违法；决定撤销或者确认该具体行政行为违法的，可以责令被申请人在一定期限内重新作出具体行政行为。何谓"法定程序"，法律规定得较为原则，理论界与学术界有不同的解读。理论界的观点基本与前述行政诉讼部分相同。实务界的观点，以国务院原法制办张越博士的观点为代表。关于法定程序宜采用广义理解，行政程序必是法定程序，但确立程序的规范无须都是法律。行政机关出于自律需要确定并公开的程序，对其自身设定的程序规定，也具有法定程序的约束力。违反法定程序就是未遵循法定的操作规范，如方式违法、步骤或顺序违法、时限违法等。违反法定程序具体包括：①违反法定方式，如没有经过会议讨论决定、没有标明执法身份；②违反法定形式，如没有书面形式、没有证照形式；③违反法定手续，如没有通知、没有送达；④违反法定步骤和顺序，如没有先取证再决定；⑤违反法定时限。[1]

归纳行政行为法、行政救济法中涉及的"法定程序"规定，实质上主要涉及三个方面的内容：法定程序的界定、法定程序的内容、违反法定程序的效果。下面将集中针对三个内容进行重点阐述：

第一，法定程序的界定。何谓法定程序，这里的"法"具体涵盖哪些范围？目前理论界比较有代表性的观点有4种，即法律法规说、法律法规规章说、法律法规规章和宪法规定说、法律法规规章和行政规定说。法律法规说，采用狭义的解释，严格将法定的范围限于法律、法规。其直接法律依据应当是行政诉讼法的规定："法院依据法律、法规审理行政案件"。法律法规规章说，将法的范围扩大至规章，其主要理由是我国现阶段大多行政程序都出自规章，它在行政执法中具有法律约束力。法律法规规章和宪法说特别强调"法定"中的法包括宪法。宪法中有关原则的规定也是法定程序的根据。法律法规规章和行政规定说，采用较广义的理解，对于"法定程序"中的"法"不能仅仅限于法律法规规章，而且包括行政机关发布的规范性文件中规定的行政程序。[2]"规范性文件对行政行为程序的规定，同样是行政机关必须遵

---

〔1〕参见张越：《行政复议法学》，中国法制出版社2007年版，第455~456页。

〔2〕参见章剑生：《对违反法定程序的司法审查——以最高人民法院公布的典型案件（1995—2008）为例》，载《法学研究》2009年第2期。

守的法定程序,行政机关行政行为如果违背这些规范,同样是违反法定程序。"[1]目前,比较通行的观点,特别是实务界主要采用第四种广义理解。

> **延伸阅读**
>
> ——**行政机关违反公开承诺被责令限期履职**。2006年9月20日,林某某向嘉善县国土资源局申请办理土地变更登记,并提交了相关材料。9月26日,嘉善县国土资源局受理后向林某某出具了《嘉善县国土资源局受理事项承诺通知书》,告知其于2006年11月1日凭此通知书领取有关证件。但事后该国土资源局以该房产不是房改房了为由,一直未按承诺履行。2008年1月2日,林某某向人民法院提起行政诉讼,请求判令被告立即履行该承诺通知书。经审理,法院认为:被告嘉善县国土资源局作为土地管理的法定机关,对本行政区域内的土地使用权登记事宜负有法定职责,对已经受理的土地变更登记申请,应当在规范性文件规定的期限内依法进行审核,并作出决定。本案中,被告既然自加压力,作出了在较规范性文件规定的期限更短的时间内办理申请事项的承诺,就应严格遵守承诺,及时作出决定,取信于民。故判决责令被告嘉善县国土资源局于本判决生效之日起30日内对其已经受理的原告林某某的申请进行审核并作出决定。[2]

行政实践中,为了提升行政效率,行政机关经常发布规范性文件或公开承诺主动缩短履职期限,比如规范性文件中规定的履责期限通常短于或等于法律、法规或规章中的履责期限,此时如何判断是否违反了法定程序。不少地方法院也将之视为法定期限,特别是在举报、投诉、控告类案件中,此种情形更为多见。例如在"陈某伟诉深圳市市场监督管理局盐田分局行政不作为案"中,法院认为《奖励办法》《实施细则》属于规范性文件,根据其规定,奖励告知在举报案件的行政处罚决定生效且执行完毕后20个工作日内作出即可,举报人起诉时距被告作出不予处罚决定仅经过11天,并未超出20天的法定履责期限,因此被告不属于拖延履行。特别是在行政承诺实践中,承诺的期限往往会短于法定的期限。因此,不论行政承诺是面向公众作出,

---

[1] 杨小君:《行政诉讼问题研究与制度改革》,中国人民公安大学出版社2007年版,第454页。
[2] 参见浙江省嘉善县人民法院[2008]善行初字第4号行政判决书。

还是向特定的行政相对人作出，都应当充分保护公众的信赖利益，其合法权益应当受到保护。当承诺期限短于法定期限时，行政机关应当受到承诺期限的约束，若行政机关超出承诺期限，但在法定期限之内作出行政行为，此时行政机关应就未在承诺期限内履行法定职责说明理由，否则法院可以对行政行为的合法性作出否定评价。[1]

第二，法定程序的内容。何谓法定程序，它应当包括哪些具体内容？从理论上讲，法定程序应当以成文法的形式表现出来，其内容是具体的、明确的。如根据《行政处罚法》的规定，行政机关在作出行政处罚决定之前，应当告知当事人拟作出的行政处罚内容及事实、理由、依据，并告知当事人依法享有的陈述、申辩、要求听证等权利。如果不遵守规定的告知程序，行政处罚将是无效或可以撤销的。因此，这些法定的形式、方法和步骤必须严格遵守。关于法定程序的内容，有学者概括为以下方面：法律明确规定必须遵守或不得违背的程序是法定程序，如《行政处罚法》第49条的规定；行政行为的形成程序是法定程序，如《行政许可法》第42条的规定；与法律制度的目的、原则相关的程序是法定程序，如《政府采购法》第28条、34条的规定；有关真实性和正确性的程序是法定程序，如《公安机关办理行政案件程序规定》第54条、第55条的规定；直接涉及利害关系人权益的程序是法定程序，如《行政许可法》第36条的规定；有关行政基本秩序的程序是法定程序等。[2] 显然上述归纳有过于抽象之特点，实践中的法定程序内容将在下一部分重点展开，这里就不赘述。

第三，违反法定程序的效果。当行政执法机关违反法定程序作出相关处理，该行政行为是否具有法律效力，这是理论界与实务界共同关注的重要问题。当前主要存在三种不同的理解，即无效说、撤销说和区别说。无效说，认为行政行为违反了法定程序即导致该行为的无效。显然，对于违反法定程序的行政行为一律视为无效，既不符合常理，也不契合实际。撤销说，认为只要违反了法定程序，行政行为就应当撤销。区别说，实质上采用折中的观

---

〔1〕 宋华琳、段环星：《"拖延履行法定职责"中履责期限的判定》，载《荆楚法学》2023年第4期。

〔2〕 参见应松年、杨小君：《法定行政程序实证研究——从司法审查角度的分析》，国家行政学院出版社2005年版，第76~90页。

点,对于违反法定程序的行政行为效力不能一概而论,需要根据具体情况进行区别对待。比如行政程序可以划分为主要程序和次要程序。对违反主要程序的行政执法行为,应当予以撤销;对违反次要程序的行政行为,实际上可以通过责令予以补正。根据严重程度,行政程序违法依其违法性的程度递增,可分为程序轻微违法、程序严重违法与程序重大违法。与之相对应,程序轻微违法的判决确认违法;程序严重违法的判决撤销;程序重大违法的判决确认无效。因此,区别说是实务界采用的通行做法。从最高人民法院公布的17个案例来看,撤销被诉行政行为并责令重新作出行政行为的有4个,撤销被诉行政行为的有5个,确认违法的有6个,确认无效的有1个,驳回诉讼请求的有1个。[1]

> **延伸阅读**
>
> ——**主要程序与次要程序的区分**。2016年4月28日,有人驾驶四轮摩托车游玩惊扰了原告康某生家在草滩里放牧的驴而致其乱跑,后驾驶摩托车的人返回到渥洼池北岸,康某生发现后,认为骑四轮摩托车的人追赶了自家放养的驴,就让儿子康某斌驾车去堵从草滩返回到渥洼池北岸的骑越野摩托车者。等康某生手拿木棍赶到后,见第三人周某飞坐在一辆摩托车上,误以为在路边烧烤的周某飞一家与骑四轮摩托车的人是一起的,双方发生争执,第三人段某军、段某平、周某飞与康某生、康某斌父子发生厮打,双方受伤。经鉴定,段某平、康某生、康某斌的损伤均属轻微伤,段某军、周某飞的损伤不构成轻微伤。事发当日,康某斌、段某军先后向敦煌市公安局阳关派出所报案称被打,接到报案后敦煌市公安局出警并立案,于2016年4月29日组织双方受伤人员进行伤情鉴定,2016年8月4日,法医出具法医学人体损伤程度意见书,2016年9月2日,办案单位阳关派出所向敦煌市公安局申请延长办理期限,延长办案期限30日。2016年9月2日,敦煌市公安局对段某军、段某平进行行政处罚告知,9月3日,对康某生、康某斌进行行政处罚告知,2016年10月27日,敦煌市公安局分别对段某军作出行政拘留10日并处500元罚款的处罚;对段某平作出行政拘留10日并处50元罚款的处罚;对康

---

[1] 参见章剑生:《再论对违反法定程序的司法审查——基于最高人民法院公布的判例(2009—2018)》,载《中外法学》2019年第3期。

某生作出 500 元罚款的处罚；对康某斌作出行政拘留 5 日的处罚；因周某飞颅内严重损伤无辨认和控制自己行为的能力，未予处罚。康某生不服敦煌市公安局作出的上述处罚决定书，向人民法院提起行政诉讼。

经审理，法院认为：办案期限系指公安机关对违反治安管理行为在立案受理后从调查取证到行政处罚需要的最长期限，《治安管理处罚法》第 99 条第 1 款规定一般不超过 30 日。而追究时效指违反治安管理行为发生后，没有被公安机关发现的，经过一定时间后不再追究行为人的治安违法责任。《行政处罚法》第 29 条第 1 款规定，违法行为在 2 年内未被发现的，不再给予行政处罚。法律另有规定的除外。《治安管理处罚法》第 22 条第 1 款规定，违反治安管理行为在 6 个月内没有被公安机关发现的，不再处罚。结合本案，被告敦煌市公安局在 2016 年 4 月 28 日立案，后经批准延长办案期限 1 个月，在 2016 年 10 月 27 日作出对原告的处罚决定，并没有超过 6 个月，因此被告逾期作出的行政行为可以判断是违反了次要程序，同时没有超过行政追究时限，属程序瑕疵。本案中被告作出的处罚决定符合客观事实，其超出办案期限仍作出处罚决定是对原告等人违法行为未能及时处理的补救行为，因被告的处罚未超过追究时效，所以对原告的权利也未产生直接实际影响。如果认定被告作出处罚决定无效，对其进行撤销，按照办案期限规定，被告无法再对违法行为作出处罚，此不利于行政法律秩序的维护，形成被动的不作为。

综上，一个行政行为如果被认定为违反法定主要程序的话，依法应当撤销，如果被认定为程序瑕疵的话，则不足以导致行政行为被撤销。故被告敦煌市公安局对原告作出的敦公（阳）行罚决字 [2016] 18 号《公安行政处罚决定书》因程序瑕疵不宜撤销，应当确认为违法。原告起诉的部分理由成立，本院予以采纳。故法院判决确认被告敦煌市公安局 2016 年 10 月 27 日对原告康某生作出的敦公（阳）行罚决字 [2016] 18 号《公安行政处罚决定书》程序违法。[1]

五、司法实践中的程序类型

行政执法实践充分表明，行政行为方式的多样性及其程序的复杂化必然

---

[1] 参见甘肃省瓜州县人民法院 [2017] 甘 0922 行初 4 号行政判决书。

引起程序违法的多样性,这就必然要求司法机关区分不同的程序违法情形,作出不同的司法裁判。梳理司法实践中的案例,不难发现,"违反法定程序"主要表现在如下方面:未事先告知陈述权、申辩权;未事后举行听证;未尽程序通知义务;未有效送达相关法律文书;超期限作出决定等方面。

(一)违反法定步骤

违反法定步骤主要是指遗漏、省略了主要的执法程序,特别是与行政相对人权益相关的步骤。如告知步骤、听证步骤、听取当事人陈述申辩步骤以及公平对待当事人的步骤等。一般情况下,正常的执法程序(步骤)为出示证件、收集证据、告知陈述申辩、听取意见、作出决定、送达等。如果缺少其中一步,则违反了法定步骤,比如未事先告知陈述权、申辩权、听证权,而进行处罚就属于此类。陈述权、申辩权、听证权是法律赋予当事人的重要权利,也是行政程序中告知制度的重要内容。因此,事先告知程序是现代行政程序的一项重要的基本制度。其核心是保障当事人享有必要的陈述权、申辩权、听证权,以切实维护自身合法权益,促进行政机关依法公正行使权力。

延伸阅读

——**未告知陈述申辩权被撤销**。原告射阳县红旗文工团成立后,于2008年8月25日由射阳县民政局发放了《民办非企业单位登记证书》,于2009年8月19日由被告射阳县文化广电新闻出版局发放了《营业性演出许可证》(射民演01号),并于2010年1月8日领取了工商营业执照。2013年6月3日,原告从网上查询得知,被告于2013年5月13日以原告许可证到期为由,注销了原告《营业性演出许可证》,并于次日在《射阳日报》上公告。被告发放的营业性演出许可证未注明期限,应为长期有效。被告未进行调查、未将注销决定送达原告、未向上级备案,该具体行政行为违法,现诉至法院,请求撤销被告注销原告《营业性演出许可证》的具体行政行为。

法院认为,被告作出注销行为前未告知原告、未听取原告的陈述、申辩,使作为行政相对人的原告未能参与该具体行政行为,丧失了表达意见和为自己利益辩护的机会,被告的行为违反程序正当原则,严重侵害了原告的知情权、参与权与救济权,不符合依法行政的基本要求。因此,法院判决撤销了射阳县文化广电新闻出版局于2013年5月13日所作的射文广新注告字[2013]1号行政许可注销行为。

行政机关设定和实施行政许可，应当遵循公开、公平、公正的原则。虽然现行法律对行政许可注销行为的程序没有具体规定，但行政机关在注销行政许可时仍应遵循程序正当原则，向行政相对人说明行政行为的依据、理由，以充分保障当事人的知情权和陈述申辩权。行政机关在注销行政许可前未告知行政相对人，未听取行政相对人的陈述申辩，违反了程序正当原则，在作出注销决定后又未依法送达行政相对人，行政相对人要求撤销行政机关该行政许可注销行为的，人民法院应予支持。[1]

——未告知听证权构成程序违法。2003年12月20日，金堂县图书馆与黄某富联办多媒体电子阅览室。经双方协商，由黄某富出资金和场地，每年向金堂县图书馆缴纳管理费2400元。2004年4月2日，黄某富开通了网络服务，在金堂县赵镇桔园路151号的门面正式挂牌开业。4月中旬，因金堂县文体广电局整顿网吧，金堂县图书馆停办了金堂县图书馆多媒体电子阅览室。2005年6月2日，金堂工商局会同金堂县文体广电局、金堂县公安局对金堂县赵镇桔园路153号2楼进行检查，检查时发现有某中学学生叶某、杨某、郑某和数名成年人上网游戏。黄某富等三人未能在检查时出示《网络文化经营许可证》和《营业执照》。金堂工商局根据检查的情况，按照《互联网上网服务营业场所管理条例》第27条的规定，以成工商金堂扣字〔2005〕第02747号《扣留财物通知书》决定扣押何某琼的32台电脑主机。2005年10月12日，金堂工商局以黄某富等三人的行为违反《互联网上网服务营业场所管理条例》第7条、第27条的规定，作出成工商金堂处字〔2005〕第02026号行政处罚决定，没收在何某琼商业楼内扣押的从事违法经营活动的电脑主机32台。黄某富等不服向人民法院提起行政诉讼，要求撤销该行政处罚决定。

经审查，法院认为，《行政处罚法》第42条规定，行政机关作出责令停产停业、吊销许可证或者执照、较大数额罚款等行政处罚决定之前，应当告知当事人有要求举行听证的权利。虽然该条没有明确要求对"没收财产"应举行听证，但条文中的"等"所列事项，应当是指明文列举的责令停产停业、吊销许可证或者执照、较大数额罚款三种行政处罚种类以外的，并且与列举事项类似的其他对相对人权益产生较大影响的行政处罚。因此，为了保证行

---

[1] 参见江苏省盐城市中级人民法院〔2014〕盐行终字第0078号行政判决书。

政相对人充分行使陈述权和申辩权，保障行政处罚决定的合法性和合理性，对没收较大数额财产的行政处罚应当根据《行政处罚法》第42条的规定适用听证程序。关于没收较大数额的财产标准应比照《四川省行政处罚听证程序暂行规定》第3条"本规定所称较大数额的罚款，是指对非经营活动中的违法行为处以1000元以上，对经营活动中的违法行为处以20000元以上罚款"中对罚款数额的规定。因此，金堂工商局没收黄某富等三人32台电脑主机的行政处罚决定，应属没收较大数额的财产、对黄某富等三人的利益产生重大影响的行为，金堂工商局在作出行政处罚前应当告知被处罚人有要求听证的权利。本案中，金堂工商局在作出处罚决定前只按照行政处罚一般程序告知黄某富等三人有陈述、申辩的权利，而没有告知听证权利，违反了法定程序，依法应予撤销。[1]

——未告知陈述申辩权和听证权。2014年5月9日，珲春市森泰农牧业开发有限公司成立，经营范围为家禽的饲养及销售。2018年，珲春市人民政府为落实全国"绿盾"行动环保督察工作，对该养殖场所在地项目进行实地核查时发现原告没有环评手续的情况。7月3日，珲春市环境保护局向森泰公司作出《责令改正违法行为决定书》，内容为：我局于2018年7月2日对你单位进行了调查，发现你单位畜禽规模化养殖建设项目在自然保护区内。你单位的上述行为违反了《畜禽规模养殖场污染防治条例》第11条规定。你单位可以在我局实施复查前向我局报告整改情况，并附具相关证明材料，我局将对你单位改正违法行为的情况进行监督。如你单位拒不改正上述环境违法行为，逾期不申请行政复议，不提起行政诉讼，如不履行本决定的，我局将依法实施行政处罚，依法申请人民法院强制执行。7月25日，珲春市环境保护局作出《行政处罚决定书》，作出责令立即停止项目建设及生产，处罚人民币5万元的行政处罚。8月27日，珲春市环境保护局向珲春市政府作出《关于关闭珲春市森泰农牧业开发有限公司的请示》，提请珲春市政府对原告森泰公司限期于10月31日前实施关闭。9月20日，珲春市政府向森泰公司作出《责令限期关闭决定书》，责令其于2018年9月25日前，清除圈内所有畜禽，关闭养殖场。9月26日，珲春市政府向森泰公司作出《履行限期关闭决定的催告书》，催告其清除圈内所有畜禽，关闭养殖场。逾期不履行，市政府将依

---

[1] 参见四川省成都市中级人民法院[2006]成行终字第228号行政判决书。

法强制执行。珲春市政府于2018年9月末对原告的养殖场进行强制拆除。该公司不服向法院提行政诉讼，要求确认强制拆除行为违法，并赔偿其损失。

法院认为，本案上诉人珲春市政府对被上诉人作出的责令限期关闭决定，事先未听取被上诉人的陈述及申辩，未告知听证权利，违反法定程序。另上诉人在实施强制拆除之前亦未作出及送达强制执行决定，亦违反法定程序。鉴于被诉行政行为涉及环境资源保护公共利益，原审判决对此未予撤销但确认违法，符合《行政诉讼法》第74条第1款的规定。本案被上诉人森泰公司于2014年建设养殖场，系经上诉人下属相关部门备案批准，虽无相关环评手续，但上诉人下属环保部门曾于2015年出具《关于珲春市森泰农牧业开发有限公司的环保证明》，证明森泰公司的养殖场手续齐全，生产经营活动均符合国家和地方有关环境保护的要求。本案上诉人对被上诉人养殖场的设立存在过错，亦对被上诉人责令限期关闭及强制拆除的程序违法，故原审判令上诉人限期对被上诉人作出赔偿决定，并无不当。[1]

（二）违反法定顺序

顺序与步骤有关，是各步骤的先后关系，是此步骤与彼步骤的先后安排。比如作出行政许可决定的行为，先有审查审核步骤，后有决定批准步骤。违反法定顺序的核心在于一个步骤应当在另一个步骤之前，这种顺序不能颠倒。因此，法定顺序除了对行政行为内容的真实合法性发挥保障作用外，还可以对行政相对人的权利保护起保障作用，对行政秩序起着规范保障作用。[2]违反法定步骤与违反法定程序的主要不同之处在于，前者违法的情况下根本就没有某一环节，而顺序违法则并不缺少某一环节，只是错误安排了这个环节的位置。法定顺序的意义就在于必须按照法定的先后步骤顺序进行，不能随意改变。

延伸阅读

——**程序颠倒**。2013年9月6日，武汉市青山区人民政府作出《房屋征收决定书》并予以公告，决定征收44街坊总户数为1280户，建筑面积为88

---

[1] 参见吉林省高级人民法院［2019］吉行终450号行政判决书。
[2] 参见应松年、杨小君：《法定行政程序实证研究——从司法审查角度的分析》，国家行政学院出版社2005年版，第170~171页。

206 平方米的房屋。签约期限为被征收房屋评估结果公告之日起 6 个月,同时附《青山区"三旧"改造 44 街坊项目房屋征收范围线》和《青山区"三旧"改造 44 街坊项目房屋征收补偿方案》。9 月 7 日,青山区人民政府房屋征收管理办公室作出《青山区"三旧"改造 44 街坊地块房屋征收项目选择房地产价格评估机构的公告》,告知被征收人通过协商、投票和抽签随机选定的方式,拟从报名的 7 家一级房地产评估资质的房地产评估机构中选择 1 家,并附上房地产评估机构简介。9 月 24 日,区征收办作出《青山区"三旧"改造 44 街坊地块房屋征收项目协商、投票选定评估机构结果的公告》,51.56% 的被征收人同意选定湖北中信房地产土地估价有限公司作为该项目的房地产价格评估机构,按照少数服从多数的原则,该公司为涉案项目的房地产价格评估机构,并附上《青山区"三旧"改造 44 街坊房屋征收项目选定房地产价格评估机构协商、投票结果统计表》。10 月 6 日,区征收办作出《青山区"三旧"改造 44 街坊地块房屋征收项目分户初步评估结果的公告》。随后,湖北中信房地产土地估价有限公司作出了原告房屋的分户评估报告,房地产单价为每平方米 6921 元。2015 年 4 月 25 日,区征收办对原告房屋的分户评估报告通过《长江日报》进行了公告送达,告知原告自公告之日起 60 日内持身份证、户口本等有效证件前往武汉市青山区 44 街坊房屋征收项目部领取上述报告,逾期视为送达。同时,告知原告若对评估结果有异议的,自收到报告之日起向湖北中信房地产土地估价有限公司提出书面复核申请,对复核结果不服的,自收到复核结果之日起 10 日向被征收房屋所在地评估专家委员会申请鉴定。6 月 12 日,被告作出《征补决定》,主要内容为:原告产权登记建筑面积为 64.83 平方米,给予货币补偿和产权调换。要求原告自决定书送达之日起 7 日内到房屋征收部门选择补偿方式。原告对室内装饰装修、构筑物搭建及附属设施补偿有异议的,以及要求困难补助的,还应在前述期限内提供相关证明,经房屋征收部门调查核实后据实予以补足。选择货币补偿的,给予房屋价值、货币安置补助、装修装饰补偿等共计人民币 614 756.64 元。选择产权调换的,除八大家花园房屋外,房屋征收部门另补差价 73 695.81 元。被告于同月下旬将《征补决定》在被征收范围内予以公告。同时,又于同月 25 日通过楚天都市报对原告进行了公告送达。

经审理,法院认为:本案的争议焦点为被告作出的被诉征收补偿决定是否违反法定程序,是否应予撤销。行政机关实施行政行为,都必须采取一定的方式，具有一定的形式，履行一定的手续，遵循一定的步骤和在一定的期限内完成。违反法定程序主要表现为：违反法定步骤、程序颠倒、形式违法、违反法定方式、违反法定期限等。《国有土地上房屋征收与补偿条例》第27条规定，实施房屋征收应当先补偿、后搬迁。作出房屋征收决定的市、县级人民政府对被征收人给予补偿后，被征收人应当在补偿协议约定或者补偿决定确定的搬迁期限内完成搬迁。任何单位和个人不得采取暴力、威胁或者违反规定中断供水、供热、供气、供电和道路通行等非法方式迫使被征收人搬迁。禁止建设单位参与搬迁活动。本案中，被告在涉案房屋被强制拆除后再行制作被诉征收补偿决定，违反了上述法律规定的在征收补偿活动中"先补偿、后搬迁"的基本原则。综上，被告作出被诉征收补偿决定程序严重违法，依法应予撤销。鉴于涉案房产已被强制拆除，相关案件已在法院审理中，本案不宜再行判令被告重作。本案经本院审判委员会讨论决定，依据《行政诉讼法》第70条第3项的规定，判决如下：撤销被告武汉市青山区人民政府作出的青政征补字〔2015〕15号《房屋征收补偿决定书》的行政行为。[1]

——违反先听证后决定程序。2015年5月4日，淮安某整形外科门诊部有限公司成立，经营范围为：整形外科、医学检验科。2018年7月18日，淮安市行政审批局审查出具《医疗广告审查证明》，准许原告在电视、报纸、户外发布内容为"HBeauty华美整形淮安华美整形外科门诊部0517/83912288 地址：淮安市淮海南路73号（院内）"的医疗广告，有效期自2018年7月18日起至2019年7月17日止。2018年8月6日至2019年2月，该公司与淮安市广播电视台电视广告中心、淮安日报广告有限公司等公司签订《广告合作协议》约定在清江商场电子大屏、公交站台、电梯框等处为原告发布广告。之后，原告发布的医疗广告，与经审批准许的内容不一致。2019年3月8日，被告淮安市淮阴区市场监督管理局（本案以下简称"淮阴区市监局"）对原告涉嫌发布虚假广告的行为进行立案调查，后采取了现场检查、调查询问等查明案件事实，并于4月24日进行案件会审。5月7日，淮阴区市监局作出《行政处罚听证告知书》，告知拟罚款35万元。5月21日，淮阴区市监局对原告的违法行为集体讨论，决定处罚30万元并同意开展听证程序。5月30日，淮阴区市监局组织开展听证。5月31日，听证主持人形成听证报告，报告了

---

[1] 参见湖北省武汉市中级人民法院〔2015〕鄂武汉中行初字第00695号行政判决书。

听证相关事项并请淮阴区市监局集体审议决定。6月18日,淮阴区市监局作出处罚,决定对原告罚款30万元。

经审理,法院认为,行政机关应当在听证程序结束后集体讨论决定行政处罚。听证前,行政机关即集体讨论确定行政处罚的内容将造成听证程序形同虚设,不具有程序的正当性、合法性,属于行政程序重大违法,已经作出的行政处罚应予撤销。实务上,行政机关通常有听证前或听证后开展集体讨论的做法。综合分析《行政处罚法》第57条、第75条规定的内容及其逻辑关系,行政机关在听证结束后才可以经负责人审查或经集体讨论后作出决定。修订后的《行政处罚法》增加"行政机关应当根据听证笔录……作出决定"的新规定,实质上系对听证程序集体讨论的时机进一步规范、明示。因此,行政机关不应在听证之前开展集体讨论。[1]

(三) 未有效送达法律文书

有效送达是行政行为产生法律效力的重要保障,没有送达步骤的行政行为对行政相对人是不产生法律效力的。在行政执法实践中,如果单行法律没有明确规定送达方式的,就统一适用民事诉讼法上规定的送达规则。法律文书原则上应当直接送达当事人;受送达人拒收的,可以留置送达;直接送达有困难的,可以邮寄送达;无法采用前述方式的,可以公告送达。因此,送达方式有直接送达、留置送达、邮寄送达等。当以上三种方式均无法送达时才可以公告送达。因此,行政执法机关应当优先采用直接送达方式,只有穷尽其他送达方式仍无法送达时才能公告送达。因此,未送达法律文书也属于违反法定程序之情形。

延伸阅读

——**未有效送达**。2008年9月11日,顺庆区安监局作出行政处罚,以源艺广告部广告作业时安全防护设施不到位、从业人员未按规定佩戴个人安全防护用品、施工现场监管不到位等为由,对源艺广告部罚款11 000元。直到2009年11月26日,源艺广告部才知道该行政处罚决定,便向顺庆区人民法

---

[1] 参见王伏刚:《集体讨论确定行政处罚的内容再听证构成程序违法》,载 http://www.sdcourt.gov.cn/ytzfyf/402552/402553/8658282/index.html,访问日期:2023年8月6日。

院提起行政诉讼，要求撤销行政处罚决定。

经审理，法院认为：邮寄送达是法定的送达方式之一，顺庆区安监局选择邮寄送达行政处罚告知书并无不当，但该行政处罚告知书却被邮政局以原址查无此人和原写地址不详为由退回了顺庆区安监局，源艺广告部并没有收到行政处罚告知书，也不存在拒收的行为，该邮寄被退回的行为不能视为已送达，因此，也就不能视为顺庆区安监局在作出处罚决定前依照《行政处罚法》第31条的规定切实履行了告知义务。根据《行政处罚法》第41条的规定，顺庆区安监局作出的行政处罚决定不能成立。[1]

——送达方式不合法构成程序违法。2008年6月1日，白银市公安局决定对朱某收购赃物案立案侦查。后因朱某主动投案，被刑事拘留的朱某取保候审。但公安局将查获的金属及现金2万元予以扣押。2015年7月2日，白银市公安局将扣押的现金退还朱某。因朱某向白银市检察院反映要求纠正违法刑事侦查行为等，检察院向公安局制发了《纠正违法通知书》。2016年3月15日，公安局决定撤销刑事案件，转为行政案件。4月26日，公安局在该局门口、朱某在白银市居住处各张贴行政处罚告知公告。5月4日，公安局作出处罚决定，决定对朱某行政拘留10日，并处罚款1000元。朱某不服，提起行政诉讼。

经审理，法院认为：白银市公安局在已经获取朱某本人的联系方式、地址的情况下尚无有效证据证明其在无法履行告知义务的情况下，径行以公告方式送达行政处罚告知；同时，在公告中告知朱某陈述权和申辩权，该权利告知未能通过更有效送达方式让朱某知晓，致使朱某不能及时行使陈述权和申辩权，不利于对行政被处罚人合法权益的保护。据此，被诉处罚决定不符合法定程序，应予撤销。[2]

(四) 违反法定期限

期限是指行政程序中的时间期限，行政处理决定一般具有期限性，行政执法机关应当在法定期限内作出决定。期限作为行政执法的一个程序要素，

---

[1] 参见中华人民共和国最高人民法院行政审判庭编：《中国行政审判指导案例》（第1卷），中国法制出版社2010年版，第204~208页。

[2] 参见最高人民法院［2019］最高法行申14170号行政裁定书。

关键在于"限"上，必须遵守时限。行政执法如果违反了这个法定期限，就属于违反法定程序。立法之所以规定期限，是出于提高行政效率的需要，出于公平对待行政相对人的考虑，还有维护行政秩序的需要。因此，法律一般都规定了行政机关作出行政行为的期限，如除可以当场作出行政许可决定的外，行政机关应当自受理行政许可申请之日起20日内作出行政许可决定。有些情况下，行政机关自己制定规范性文件，确定了某些行政行为的具体期限。这类期限也是行政机关必须遵守的期限。

延伸阅读

——超期决定构成程序违法被撤销。2005年9月19日，国家药监局受理弘益公司申报的"穿心莲内酯滴丸"生产注册申请（受理号：CXZS050××××赣，本案以下简称"涉案申请"）。2005年10月28日，国家药品监督管理局药品审评中心（本案以下简称"药品审评中心"）开展技术审评，2006年6月16日，药品审评中心书面发补寄发弘益公司，同年8月7日，药品审评中心收到弘益公司书面回复。2008年8月12日，药品审评中心完成技术审评后送国家药监局。评审结论为：经审查，本品符合新药审批的有关规定，发给新药证书，同时批准生产本品，发给药品批准文号。2016年9月，国家药监局将涉案申请退回药品审评中心再次进行了审评。2016年12月5日，药品审评中心完成技术审评送国家药监局。评审意见为：本品为中药改剂型注册申请，申报资料无法证明本品临床价值与原剂型比较具有明显优势，不符合230号公告第2条、第5条的要求。2020年2月，国家药监局受理了弘益公司不服国家药监局在法定期限内未对涉案申请作出是否批准的决定而提出的行政复议申请。2020年5月12日，因弘益公司不服被诉审批意见，向一审法院提起行政诉讼。

经审理，法院认为：关于国家药监局履行药品注册许可申请审查和作出决定职责超出法定期限对其他事项的影响。通常而言，行政行为的程序违法并不一定导致实体违法，程序违法的行政行为可能在结果上符合实体法律规定。但如果违反法定程序事实上对处理决定有明显影响，从而对行政相对人的权利产生实际影响的，应当对该行政行为作出否定性评价。鉴于本案所争议的法律关系是要求国家药监局履行药品注册许可行政职责，而国家药监局受理涉案申请之后至作出被诉审批意见已近15年，其间调整药品注册许可事项的法律规范发生了变动，因此有必要审查因为严重超期作出决定是否涉及新、旧法律规范选择适用的事项。最高人民法院《关于审理行政许可案件若干问题的规定》第9条规定，人民法院审理行政许可案件，应当以申请人提出行政许可申请后实施的新的法律规范为依据；行政机关在旧的法律规范实施期间，无正当理由拖延审查行政许可申请至新的法律规范实施，适用新的法律规范不利于申请人的，以旧的法律规范为依据。据此，本案国家药监局在对涉案申请作出最终处理时，应当考虑作出决定超期以及新、旧法律规范选择适用等相关因素，但通过对本案的审理，可以认定国家药监局并未明确考虑上述因素即作出了被诉审批意见。同时还需要指出的是，适用不同的法律规范，可能会导致采纳、采信不同的证据材料，认定的事实也可能有所不同。因此，本案国家药监局履行行政职责超出法定期限的程序违法事项与适用法律、认定事实等密切相关，可能对实体处理决定有明显影响，从而对弘益公司的权利产生实际影响。本案中，根据已经查明的事实，国家药监局于2005年9月19日受理弘益公司申报的涉案申请。2005年10月28日，药品审评中心开展技术审评，已经超过行政许可法规定的法定期限。药品审评中心2008年8月12日完成技术审评后送国家药监局，亦超过了技术审评期限。而2008年8月12日药品审评中心完成技术审评后，国家药监局没有正当理由拖延作出行政许可决定属于严重违反法定程序，应予撤销。[1]

——**超期决定作为轻微程序违法予以确认**。2013年5月29日17时许，李某与刘某因故在小区内发生肢体冲突。后刘某拨打110报警称被李某殴打。昌平公安分局民警出警后于当日对该起治安案件予以立案受理，经调查取证，昌平公安分局认为李某构成殴打他人的治安违法行为，于2015年1月5日作出京公昌行罚决字[2015]第000055号《行政处罚决定书》（本案以下简称"被诉处罚决定"），主要内容为：现查明2013年5月29日17时许，李某在昌平区金隅万科对面南环里小区路口因故对刘某进行殴打，后被民警查获。以上事实有本人陈述，被侵害人陈述，证人证言及民警出具的到案经过等证据证实。根据《治安管理处罚法》第43条第1款之规定，现决定给予李某行政拘留5日并处罚款200元的处罚。李某对该处罚决定不服，向北京市公安局提起行政复议，北京市公安局于2015年3月19日作出复议决定，维持昌平

---

[1] 参见北京市高级人民法院[2021]京行终1280号行政判决书。

公安分局的处罚决定。李某仍不服，故于2015年4月10日向原审法院提起行政诉讼，请求撤销昌平公安分局作出的被诉处罚决定。

经审理，法院认为，公安机关办理治安案件应当严格遵循法定程序。本案中，昌平公安分局未能在法定期限内办结本案，且未将鉴定结论和诊断证明及时地告知李某，属于程序轻微违法，但对李某的权利不产生实际影响。但由于李某殴打刘某的事实证据清楚，应当给予处罚，法院认为被诉处罚决定可不予撤销。综上，法院依据《行政诉讼法》第74条第1款第2项之规定，判决确认被诉处罚决定违法。[1]

（五）违反法定方式

行政行为的方式是客观存在的，只要是对外发生法律效力的行政行为都有一定的表现方式，如行政行为的决定方式是集体讨论决定的方式，还是非会议决定方式。

延伸阅读

——未经集体讨论决定被判程序违法。自2015年2月初，被告鼎城区人社局接到一些投诉者举报，投诉者自称是在湖南佳美建设工程有限公司与兴广龙公司宏泽佳园项目工程实际施工的农民工，各自从事不同工种，因原告与兴广龙公司一直拖欠工资，要求被告查取，维护其合法权益。鼎城区人社局对投诉材料进行清理统计后形成了宏泽佳园欠农民工工资汇总表，初步认定共涉及28个施工班组（包括内外墙涂料即抹灰、油漆等工种），投诉农民工人数为320名，欠款金额为4 673 303元。2月9日，鼎城区人社局对原告涉嫌拖欠工资立案调查。2月12日，鼎城区人社局向原告发出劳动保障监察询问通知书，要求原告于2月17日前到被告处接受询问，并提供宏泽佳园农民工工资支付情况的材料。3月16日，原告就相关情况对鼎城区人社局进行了书面回复。4月17日，鼎城区人社局作出劳动保障监察限期整改指令书，责令原告于2015年4月24日前发放拖欠的全部工资。5月5日，鼎城区人社局对原告作出行政处理事先告知书，告知原告存在拖欠宏泽佳园工程项目320名劳动者工资4 673 303元的事实。5月8日，原告向鼎城区人社局提出书面

---

[1] 参见北京市第一中级人民法院［2015］一中行终字第2062号行政判决书。

陈述和申辩，认为抹灰油漆工程系建设方直接发包，余下部分的投诉者与原告没有劳动关系，鼎城区人社局认定拖欠320名劳动者工资4 673 303元缺乏事实依据。5月20日，鼎城区人社局作出劳动保障监察行政处理决定书，认定：抹灰油漆工程承包人明确表示工程不是由建设方直接发包，原告又未提供任何证据证明申辩书中所述情况，亦未举证证明不拖欠工资的事实，作为宏泽佳园工程项目农民工工资支付的责任主体，原告不能因工程款纠纷而拒不支付工资。原告的行为违反了《劳动法》第50条、《湖南省工资支付监督管理办法》第3条的规定，遂依据《劳动保障监察条例》第18条第1款第2项、《湖南省劳动保障监察条例》第23条第1款的规定，对原告作出如下处理决定：于2015年5月23日前支付宏泽佳园工程项目320名劳动者工资4 673 303元。原告不服，向法院提起行政诉讼。

经审理，法院认为：劳动者依法享有劳动权及获得劳动报酬的权利，劳动保障行政部门应切实维护劳动者的合法权益免受侵害，此属劳动保障行政部门的法定职责。但是劳动保障行政部门在履行职责时应认真调查事实，全面、客观地收集证据，并遵循法定程序，准确适用法律，以确保行政行为的合法有效，这是依法行政的应有之义。《湖南省行政程序规定》第75条第2款规定："重大行政执法决定应当由行政机关负责人集体讨论决定。"由于本案涉及人数众多，涉及金额较大，故对该案的处理应属于重大行政执法活动，因此被告不仅需完成立案、调查、事先告知等程序性事项，在作出行政处理决定前还应根据《湖南省行政程序规定》的要求经行政机关负责人集体讨论决定，以确保行政机关行政执法决定的客观公正。由于被告并未提供行政机关负责人集体讨论记录，因此被告作出行政处理决定的程序违法，原告提出被告行政程序违法的主张本院应予支持。[1]

——未经书面正式决定被判程序违法。1993年，贵州汉方房地产开发公司经贵阳市人民政府有关部门批准，在贵阳市省府北街及其相邻地段修建商住楼。1995年6月，该公司领取拆迁许可证，于某楚私房位于拆迁范围。汉方公司因未能与于某楚就安置补偿达成一致，向贵阳市住建局（当时为贵阳市房地产管理局）申请裁决。贵阳市住建局于1996年3月11日作出［1996］筑迁裁字第9号裁决，由汉方公司在贵阳市花溪大道北段730号"贵溪商住

---

［1］ 参见湖南省常德市鼎城区人民法院［2015］常鼎行初字第31号行政判决书。

楼"安置被拆迁人于某楚。于某楚在裁决规定的搬迁期限内未搬迁，向贵阳市云岩区人民法院提起行政诉讼，请求撤销该裁决。同年3月22日，汉方公司申请强制执行该裁决。贵阳市房屋拆迁安置管理处（本案以下简称"贵阳市拆迁处"）、贵阳市住建局审核同意后上报贵阳市人民政府。经贵阳市人民政府审批决定后，贵阳市住建局以贵阳市拆迁处名义于6月18日张贴[1996]筑迁执告字第9号拆迁公告，称根据《城市房屋拆迁管理条例》和《贵阳市建设拆迁管理办法》的有关规定，限被拆迁人于同年6月20日前搬迁完毕，逾期不搬将强制搬迁。因于某楚到期仍未搬迁，贵阳市拆迁处于6月24日对于某楚的房屋进行了强制拆迁。于某楚对强制拆迁行为不服，向贵阳市中级人民法院提起诉讼。

经审理，法院认为，根据1991年施行的《城市房屋拆迁管理条例》第15条的规定，被拆迁人在拆迁裁决规定的拆迁期限内无正当理由拒绝拆迁的，贵阳市人民政府可以进行强制拆迁。但作为申请和实施强制拆迁依据的[1996]筑迁裁字第9号裁决，此前已被贵阳市云岩区人民法院作出的[1996]云行初字第13号判决撤销，该判决书已于1996年5月17日向双方当事人送达。因此，贵阳市住建局及贵阳市拆迁处于1996年6月24日强制拆迁于某楚房屋，缺乏法律依据。又根据《城市房屋拆迁管理条例》的规定，强制拆迁前县级以上人民政府应当先行作出责令限期拆迁的决定；在责令限期拆迁决定所指定的期限内被拆迁人逾期仍不拆迁的，方可责成有关部门强制拆迁。且责令限期拆迁和责成有关部门强制拆迁的决定，应当经法定程序并以书面形式作出，相关决定还应依法送达被拆迁人。本案中贵阳市人民政府以分管副市长在相关申请报告上签署意见为由，并以此取代应以书面形式作出的责令限期拆迁决定和责成有关部门强制拆迁决定及相应的送达程序，亦不符合上述规定要求。因此，法院判决确认贵阳市住建局实施的强制拆迁行为违法。[1]

---

[1] 参见最高人民法院［2012］行提字第17号行政判决书。

第六章 街道综合行政执法的司法审查

行政执法活动必须接受司法审查。司法审查主要从行政执法机关的事实认定和法律适用方面展开。法官将立法机关制定的法律规范适用于具体案件，对案件所涉及的事实、行为等进行评价、判别，并据此作出判决、裁定。无论是行政裁判，还是民事、刑事裁判，裁判书中均要引用相应的法律、法规条文，以此作为相应裁判的根据。因此，本章节主要从司法实践中发现执法机关存在的问题入手，以问题为导向，探究规范街道综合行政执法的理想路径。从近些年行政执法案件情况看，案件类型主要集中在民生领域，特别是公安执法、农村集体土地征收、城市房屋拆迁、房屋登记等领域。[1]行政诉讼实践中，法院主要对执法机关作出的处理决定进行合法性审查，合法性审查的重点包括以下方面：一是作出处理决定的执法机关是否具有法定职权；二是处理决定所认定的事实结论是否有主要证据支持；三是执法机关适用法律是否正确；四是处理决定是否符合法定程序；五是处理决定是否合理等。[2]司法实践中的大量案例充分表明，执法机关败诉的案件主要集中在主要证据不足、法律适用错误、违反法定程序、行政不作为、处罚不当等方面。本章的用意在于从法院进行的司法审查视角，反思行政执法中存在的问题，进而改进提升执法水平。因此，下面将围绕上述难点问题提出应对之策。

一、事实认定问题

行政行为的作出必须基于充分和必要的客观事实，建立在证据的基础之上。事实的存在及其正确认定，是行政行为能够成立的事实要件，是行政行为正确性和合法性的前提和基础。如果事实不清或者认定事实错误，或者根

---

[1] 参见耿宝建：《行政机关负责人出庭应诉指南》，法律出版社2016年版，第136页。
[2] 参见胡锦光主编：《行政法案例分析》（第3版），中国人民大学出版社2010年版，第215页。

本就不存在作出某种行政行为的事实，或者没有充足的证据证明事实，或者事实未经充分调查而确定，都属于行政行为在事实方面存在问题。从败诉案件的分析来看，事实不清、主要证据不足是法院撤销行政行为的主要原因之一。因此，综合行政执法机关证据意识有待提高，证据收集和审查判断水平仍需提升。综合行政执法涉及违法事实的认定，主要依赖相关证据予以证明。违法事实的认定是行政执法的第一环节，也是决定后续处理的关键性环节。因此，执法的主要证据集中于行政相对人有无违法行为，比如行为的违法性、社会危害等。这些是证明基本事实的证据，属于主要证据。缺少主要证据，就会导致所认定的基本事实难以认定。根据《行政诉讼法》第34条第1款的规定，执法机关对作出的行政行为负有举证责任，应当提供作出该行政行为的证据和所依据的规范性文件。因此，执法机关应当增强证据意识，提高取证水平，提升举证能力。在行政执法与行政诉讼中重点关注以下事项：一是以违法行为构成要件为重点，重点收集并出示作出行政执法处理决定之前所取得的证据。执法机关在作出处理决定之前，必然取得作出该决定的充分证据，然后才能依法作出影响相对人权利义务的行政行为。二是以法律规范为内容，提供作出行政执法处理决定的法律法规和规范性文件依据。执法实践中，行政执法的依据涉及的法律法规、规范性文件较多，有些领域专业性较强。因此，执法机关应当提供所作出执法行为所依据的法律法规和其他规范性文件。三是以行政程序为线索，提供相关程序证据。作出执法处理决定既包括事实性证据，也包括程序性证据，比如案件的立案、调查、听证、决定、送达等。四是提供证明执法处理决定合理性等其他证据。如果执法处理决定涉及自由裁量问题，执法机关还需要提供没有滥用职权的证据。

针对执法机关收集、提供的证据，法院需要结合案情分析判断这些证据是否达到了行政诉讼法所要求的证明标准，是否达到了证据确凿的程度。因此，执法机关提供的证据应当达到下述要求：案件的事实均有相应的证据证明；各项证据均真实、可靠、合法；各项证据对待证事实有证明力，相互之间协调一致，形成完整的证据链。如果主要证据不满足上述要求，无法证明执法行为的合法性，法院可以判决撤销。

执法实践中，事实不清或事实错误主要体现在以下方面：一是事实实际上不存在，只是假想的事实。比如下述案件中，"涉嫌嫖娼"的事实根本不存在，而执法机关依然作出行政处罚。二是事实未经调查取证或者未获取充足证据的。三是事实认定错误。可能对象认定错误,也可能事实性质认定错误,还可能事实情节认定错误等。[1]

延伸阅读

——**麻某旦处女嫖娼案**。陕西省阳蒋路乡,一个很不起眼的西部乡镇,却因一起荒唐的处女嫖娼案引起了全国媒体的关注。案中的受害人19岁的少女麻某旦家住陕西省泾阳县蒋路乡麻家村,在家中众多兄妹中她是最小的一个,父母按照当地习俗,给她取名"旦旦",意思是最小、最可爱。

2001年1月8日晚,麻某旦和姐夫、外甥一起看电视时,民警王某涛和派出所聘用司机胡某定在没有出示任何证件的情况下将麻某旦带走。到派出所后,两人轮流讯问,逼迫麻某旦承认有卖淫行为。麻某旦拒绝指控后,受到威胁、恫吓、猥亵、殴打并被背铐在篮球架杆上。非法讯问23小时后,1月9日,泾阳县公安局出具了一份《治安管理处罚裁决书》,该裁决书以"嫖娼"为由决定对麻某旦拘留15天。少女麻某旦在裁决书中被写成了"男",时间竟写成1个月后的2月9日。为证明清白,麻某旦自己去医院做了检查,证明自己还是处女。2月9日,咸阳市公安局有关人员将麻某旦带到医院,医院再次证明麻某旦是处女,咸阳市公安局遂撤销了泾阳县公安局的错误裁决。此后,麻某旦将泾阳县、咸阳市两级公安局告上法院,要求赔偿精神损失费500万元。5月19日,咸阳市秦都区法院一审判决赔偿74元。2001年12月11日,二审法院,陕西省咸阳市中级人民法院审判庭经过审理,判令泾阳县公安局支付麻某旦违法限制人身自由2天的赔偿金74.66元,加上医疗费、交通费、住宿费以及180天的误工费共9135元整。此案一出,陕西省泾阳县蒋路乡派出所民警无视证据、荒唐处罚,成为法治历史中的"反面教材"。[2]

——**行政行为证据不足被撤销**。

案例1:2017年11月20日,建昌县房产登记机关为第三人邹某林办理了建昌县凌河西街丽水春城一期某房屋预告登记,预告登记号为辽[2017]建昌县不动产证明第0001×××号。后原告徐某华得知该房屋已办理房屋预售登记,原告认为自己已交付房屋所有款项并实际居住,应为该房屋的所有权人,

---

[1] 参见吴雷、赵娟、杨解君:《行政违法行为判解》,武汉大学出版社2000年版,第171页。

[2] 胡锦光主编:《中国十大行政法案例评析》,法律出版社2005年版,第274~279页。

故诉至法院,要求撤销被告为第三人邹某林作出的房屋预售登记。经审查,法院撤销了该房屋预售登记。

法院认为,原告徐某华可以提供其购买案涉房屋的收据及其实际居住在案涉房屋的取暖费、物业费等收据,与案涉房屋存在利害关系,可以作为本案的适格原告。第三人邹某林与第三人君豪房地产之间不存在真实的房屋买卖合同,且第三人邹某林拒绝到庭参加诉讼,放弃到庭为自己申辩的权利。被告依据不真实的买卖合同为第三人邹某林进行房屋预告登记,不符合《不动产登记暂行条例》第16条"申请人应当……对申请材料的真实性负责"的规定,属主要证据不足,应予撤销。[1]

案例2:2005年2月2日,沈阳市自然资源局为李某杰办理了位于沈阳市沈河区南乐郊路某房屋登记。2012年5月3日,潘某萍向房产局申请公开该位置的房产档案登记信息。7月16日,房产局作出了《关于潘某萍查询房屋权属登记信息的答复》,公开了该房产的档案登记信息。后潘某萍不服涉案房产登记行为向人民法院提起行政诉讼。

经审理,法院认为:虽然李某杰在办理房屋登记时提交了商品房购销协议书、发票、准住通知书、契税完税凭证、工程竣工验收证明等登记要件材料,但上述证据均与实际不符,在案涉房屋已经登记在潘某萍名下的情况下,沈阳市自然资源局未对李某杰提供的虚假登记材料进行严格审查,而将案涉房屋重复登记在李某杰名下,未尽到合理审慎审查职责,故沈阳市自然资源局于2005年2月2日为李某杰作出的沈阳市沈河区房屋登记行为违法,一审判决对此认定正确。[2]

二、法律适用问题

行政执法行为离不开正确适用法律,法律适用是指行政机关将法律规定运用于具体执法场景中。从败诉案件的分析来看,法律适用错误是法院撤销行政行为的主要原因之一。根据最高人民法院《关于审理行政案件适用法律规范问题的座谈会纪要》的规定,法院审理行政案件的主要依据如下:①法

---

[1] 参见绥中县人民法院[2022]辽1421行初84号行政判决书。
[2] 参见辽宁省沈阳市中级人民法院[2022]辽01行终837号行政判决书。

院审理行政案件的法律依据包括法律、行政法规、地方性法规、自治条例和单行条例、全国人大常委会的法律解释、国务院或者国务院授权的部门公布的行政法规解释。②参照适用规章及其解释。在参照规章时，应当对规章的规定是否合法有效进行判断，对于合法有效的规章应当适用。③有关部门为指导法律执行或者实施行政措施而作出的具体应用解释和制定的其他规范性文件，不是正式的法律渊源，对法院不具有法律规范意义上的约束力，但法院可以承认其效力或者加以评述。

执法机关在作出处理决定的过程中必须援引法律规范，引用时必须明确至条、款、项、目，而不能笼统引用。特别是存在多种法律规范，且法律规范之间存在冲突时，必须按照上位法优于下位法、新法优于旧法、特别法优于一般法、具体规定优于一般规定等原则予以适用。法律适用错误主要包括以下七种情况：一是相应行政行为应适用此法律法规，而错误地适用了彼法律法规，比如应当适用《土地管理法》却适用了《城乡规划法》；二是相应行政行为应适用法律法规此条、款、项、目，而错误适用了法律法规的彼条、款、项、目；三是相应行政行为适用的法律法规与高位阶的法律法规相抵触；四是相应行政行为应适用多个有关法律法规，而行政机关仅适用了其中部分法律法规；五是相应行政行为应同时适用法律的多个条款，而行政机关仅适用了其中部分条款；六是相应行政行为适用了过时、已被废止、撤销或尚未生效的法律法规；七是相应行政行为应适用特别法条款而适用了一般法条款。[1]

值得说明的是，行政诉讼中的法律适用与行政执法中的法律适用是有区别的。行政执法中的法律适用是指执法机关根据相对人的相关事实作出行政处理的法律适用，是第一次适用。行政诉讼中的法律适用是指人民法院针对执法机关对行政处理的适法审查，是第二次适用。第二次适用是对第一次适用进行审查，判断前一次适用是否合法合理。[2]

延伸阅读

——未引用具体法律条款。原告宣某成等18人系浙江省衢州市柯城区卫

---

[1] 参见姜明安：《行政诉讼法》（第2版），法律出版社2007年版，第290~291页。
[2] 参见刘恒、所静：《行政行为法律适用判解》，武汉大学出版社2005年版，第255页。

宁巷1号（原14号）衢州府山中学教工宿舍楼的住户。2002年12月9日，衢州市发展计划委员会根据第三人建设银行衢州分行的报告，经审查同意衢州分行在原有的营业综合大楼东南侧扩建营业用房建设项目。同日，衢州市规划局制定建设项目选址意见，衢州分行为扩大营业用房等，拟自行收购、拆除占地面积为205平方米的府山中学教工宿舍楼，改建为露天停车场，具体按规划详图实施。18日，衢州市规划局又规划出衢州分行扩建营业用房建设用地平面红线图。20日，衢州市规划局发出建设用地规划许可证，衢州分行建设项目用地面积756平方米。25日，被告衢州市国土资源局请示收回衢州府山中学教工宿舍楼住户的国有土地使用权187.6平方米，报衢州市人民政府审批同意。同月31日，衢州市国土局作出衢市国土[2002]37号《收回国有土地使用权通知》，并告知宣某成等18人其正在使用的国有土地使用权将收回及诉权等内容。该通知说明了行政决定所依据的法律名称，但没有对所依据的具体法律条款予以说明。原告不服，提起行政诉讼。

经审理，法院认为：被告衢州市国土局作出该通知时，虽然说明了该通知所依据的法律名称，但并未引用具体法律条款。在庭审过程中，被告辩称系依据《土地管理法》第58条第1款作出被诉具体行政行为。被告在作出该通知时，仅说明是依据《土地管理法》及浙江省的有关规定作出的，但并未引用具体的法律条款，故其作出的具体行政行为没有明确的法律依据，属于适用法律错误。综上，被告作出的收回国有土地使用权具体行政行为主要证据不足，适用法律错误，应予撤销。[1]

——**适用法律依据错误**。孟某系滨海县某镇某村村民，从2016年起，孟某即参加了滨海县新型农村合作医疗保险，并缴纳了保险费用。2017年5月22日1时许，孟某驾驶小型轿车沿京福线由南向北行驶1278公里时，因操作不当撞到道路中间护栏，致车辆损坏，孟某身体受伤。该起事故经宜兴市交警部门认定，孟某负事故的全部责任。事故发生后，孟某经多家医院治疗后出院，共计花费医疗费用40余万元。孟某于2018年6月初向滨海县医保中心提出书面申请，请求对因交通事故产生的医疗费用进行补偿。盐城市和滨海县制定的新型农村合作医疗保险补偿方案中均规定了交通事故所发生的医药

---

[1] 参见最高人民法院指导案例第41号"宣某成等诉浙江省衢州市国土资源局收回国有土地使用权案"。

费用属于不予补偿的范围,故对孟某的申请,滨海县医保中心拒绝补偿。孟某遂向法院提起诉讼,请求判令滨海县医保中心向其核发医疗补偿金335 049元。建湖县人民法院一审认为,滨海县医保中心对孟某在交通事故中发生的医疗费用不予补偿,不违反相关法律规定,据此驳回了孟某的诉讼请求。孟某上诉后,盐城市中级人民法院以与一审相同的理由判决驳回上诉,维持原判。孟某不服,向江苏省高级人民法院申请再审。江苏省高级人民法院于2021年9月2日作出[2020]苏行申329号行政裁定,裁定提审本案。

江苏省高级人民法院再审认为,孟某因其自身原因导致的单方交通事故产生的医疗费用属于新型农村合作医疗基金的补偿范围。根据《社会保险法》第30条和原《江苏省新型农村合作医疗条例》第29条有关规定,除明确排除事项外,参保人因重大疾病产生的其他医疗费用应当纳入新型农村合作医疗基金的补助范围。盐城当地的规范性文件规定,交通事故产生的医疗费用不属于江苏省新型农村合作医疗补偿范围。此项规定,对产生交通事故的责任类型未予区分,突破了上位法将不予补偿范围仅限定于应当由第三人负担范围的合理规定,有违新型农村合作医疗制度设立的初衷,亦不符合《社会保险法》的立法本意。滨海县医保中心依据《滨海县新农合补偿方案》的规定,拒绝对孟某的医疗费用予以补偿,系适用法律错误。据此,江苏省高级人民法院于2022年7月1日作出[2021]苏行再30号行政判决:撤销一、二审判决,判决滨海县医保中心限期依法对孟某履行补偿医疗费用的法定职责。[1]

三、程序违法问题

程序违法问题是近些年来司法审查的重点领域之一。行政程序违法审查标准众多和新型标准的不断涌现,证明了行政程序违法问题的多样性和复杂性。在大多数行政执法案件中,执法机关都是违反了向当事人送达、催告、公告、告知,以及听取当事人陈述、申辩和听证等程序,影响了行政相对人程序性权利的行使,因而有可能对当事人的实体性权利、义务产生实际影响。

---

[1] 参见江苏法院2022年度十大典型案例之八"孟某诉滨海县医保中心不履行给付基本医疗保险金职责案"。

从败诉案件的分析来看，程序违法是法院撤销行政行为的主要原因之一。行政执法过程中，在程序违法部分应当注意以下问题：一是要注意表明身份，比如佩戴标识、正规着装、出示证件等。二是先取证调查再作出决定，遵循调查、取证、决定的基本程序。在海门区顿力金属制品有限公司与海门区人力资源和社会保障局等劳动、社会保障行政确认上诉案中，经一审、二审，法院均认为，被告在是否受理工伤认定申请尚未作出决定之前即先行进入调查核实程序阶段，颠倒了工伤认定程序，但并未影响实体决定的正确性，该行为可以认定为未对顿力公司的权利产生实际影响的轻微违法行为。因此，法院作出了确认该《工伤认定决定书》违法的判决。三是注意事先告知制度，作出处理决定前应当告知当事人作出行政行为的事实依据、法律依据及处理方式等。在巢湖市国土资源局等与金某民等土地、林地行政处罚案中，一审和二审法院均认为，被告在作出行政处罚决定之前，告知当事人作出行政处罚决定的事实与其所作出行政处罚决定认定的事实不符，不符合法律规定，程序违法，应当撤销该行政处罚决定书。在凤台县人民政府诉吴某元等39人征收案中，一审和二审法院均认为，征地方案获批后，被告虽然履行了公告的法定职责，但其未能提供证据证明该公告符合法定期限，因此该公告程序轻微违法。鉴于原告已知晓公告内容并提起诉讼，若责令被告重新作出公告行为则无实际意义，因此判决确认被告发布《凤台县人民政府征收土地公告》的行为违法。四是注意事中听取意见，注意听取当事人陈述申辩。在王某瑞与九台区公安局等处罚上诉案中，一审和二审法院均认为，九台区公安局在作出行政处罚决定后，未按法定程序履行告知家属的义务，此程序违反相关法律规定，但不影响九台区公安局对王某瑞作出的行政处罚决定的效力，因此判决确认该行政处罚决定违法。五是注意事后教示，告知当事人申请复议和提起诉讼的时限要求等。六是注意整理执法过程中收集的证据。对于每一个阶段产生的证据，都应当以适当的方式固定和保存下来。[1]

延伸阅读

——**违反正当程序**。李某认为林某某等10人涉嫌剽窃其学术成果，遂向浙江省教育厅提出查处申请。教育厅依照有关规定进行调查，并邀请专家组

---

[1] 参见王玎：《行政程序违法的司法审查标准》，载《华东政法大学学报》2016年第5期。

对相关材料进行比对分析，出具了专家意见。依据该意见，教育厅学风办作出被诉回复，并送达原告。李某针对教育厅作出的回复向教育部申请行政复议，教育部认为教育厅的处理行为符合有关规定，决定维持教育厅作出的回复。李某不服，针对教育厅作出的回复及教育部的行政复议决定一并向法院提起诉讼。浙江省杭州市中级人民法院经审理认为：针对教育厅作出回复的行政行为，存在没有严格遵照进行登记的规定，没有按照正当程序的要求向原告发送受理通知，没有按照规定组成调查组，没有向原告告知调查组的组成人员，没有保障原告对调查组组成人员申请回避的权利等程序上的轻微违法，但对原告的权利不产生实际影响，故对被告教育厅作出回复行政行为的部分事项判决确认违法。宣判后，李某和教育部不服一审判决，均提起上诉。浙江省高级人民法院经审理认为：教育厅在接受李某举报后，在作出回复行政行为时并未履行一审法院所认定的程序义务，严重违反行政正当程序原则，应属严重违法，而一审仅将该行为认定为行政程序轻微违法，属于事实认定不清、法律适用错误，遂判决撤销一审法院作出的确认违法的判决，撤销教育厅作出的被诉回复，责令教育厅重新作出具体行政行为，并撤销教育部作出的行政复议决定。

教育厅在接受李某举报后，没有履行程序义务，一、二审法院均认为教育厅存在程序违法的情形，但本案的主要分歧就在于教育厅所作的具体行政行为究竟是轻微程序违法还是严重程序违法，这也决定了法院究竟是只需判决确认行政行为违法还是要判决撤销行政行为并要求被告重作。最高人民法院《关于适用〈中华人民共和国行政诉讼法〉的解释》第96条规定，认定程序轻微违法的一个标准就是对原告依法享有的听证、陈述、申辩等重要程序性权利不产生实质损害，即不违反正当程序原则。但本案中，被告教育厅在依据《调查处理规程》介入调查处理时，没有依法保障原告的听证、申请回避以及陈述、申辩等程序性权利，其行政行为已经违反了正当程序原则，系严重违反法定程序的行为，应当依照《行政诉讼法》第70条第3项的规定进行处理。故二审法院撤销了一审法院作出的确认违法判决事项，并对教育厅作出的被诉行政行为判决撤销重作，是正确合法的。[1]

---

[1] 参见惠忆、赵青航：《正当程序原则在行政程序中的独立价值——李某诉浙江省教育厅、教育部教育其他行政行为及行政复议案》，载《人民法院报》2019年7月4日。

——未经集体讨论决定程序。司某与张某因琐事发生争吵后相互殴打，某县公安局接到报案后受理了该案。后该县公安局以情节比较复杂为由批准延长了30天办案期限，并对司某作出行政拘留10日、罚款500元的治安行政处罚决定。司某不服，遂申请行政复议，县人民政府经复议予以维持。司某不服，向法院提起行政诉讼。山东省东明县人民法院一审认为，《行政处罚法》第38条第2款规定："对情节复杂或者重大违法行为给予较重的行政处罚，行政机关的负责人应当集体讨论决定。"本案中，县公安局以案件比较复杂为由对司某一案申请延长办案期限，但其提供的证据没有证明公安机关负责人对本案进行了集体讨论，程序违法，判决撤销县公安局作出的治安行政处罚决定。县公安局不服，提起上诉。山东省菏泽市中级人民法院二审认为，公安机关作出治安行政处罚决定，除遵照《治安管理处罚法》之外，还要符合《行政处罚法》的相关规定。本案中，县公安局对司某作出的行政拘留10日、罚款500元的行政处罚，属于较重行政处罚，且上诉人因"案件情节复杂"延长了办案期限，符合《行政处罚法》第38条第2款规定中应当集体讨论的情形。但县公安局未经集体讨论而作出处罚决定，属程序严重违法，一审判决结果正确。遂判决驳回上诉，维持原判。

　　集体讨论的功能定位。一则对情节复杂的案件，要么法律关系错综复杂，存在法律适用之困扰，要么人数众多，违法事实难以完全厘清，要么案件证据难以搜集，需要延长办案期限等，鉴于上述种种情形，承办案件的执法人员就很难顺利得出处罚结论而直接报请行政机关负责人作出决定，发挥集体讨论的群体智慧优势当属最佳选择。二则对重大违法行为给予较重行政处罚的案件，因违法行为重大、处罚程度较重，往往涉及营业资格的丧失、人身自由的限制、大额金钱的罚没，较其他处罚会对相对人的权益产生较大影响，对此行政机关负责人在作出决策时应采取慎重态度，对自由裁量权加以限制和规范，通过广泛听取各个负责人的意见，充分发挥民主以促进科学决策。因此，集体讨论是较重行政处罚决定公正合理的程序性保障。集体讨论是"情节复杂或者重大违法行为给予较重的行政处罚"作出的法定程序要求，应经而未经负责人集体讨论的处罚决定，属程序严重违法，应予撤销。[1]

---

　　[1]　参见陈希国：《应经而未经集体讨论的行政处罚决定应予撤销——山东菏泽中院判决司某诉某公安局治安行政处罚案》，载《人民法院报》2015年12月24日。

四、不作为问题

行政不作为因其隐蔽性、消极性和非强制性特点，成为行政执法中的"幽灵"，但其违法的危害程度并不亚于作为违法。行政不行为的存在已经越来越引起社会的重视。随着人们权利意识的增强，行政不作为案件数量日益增多，对行政不作为行为的司法审查也日益成为人民法院的一项重要工作。从对败诉案件的分析来看，行政不作为是法院撤销行政行为的主要原因之一。行政机关具有保护行政相对人合法权益的法定职责，当行政相对人在其权益受到侵害或面临不利的危险状态时，有权请求行政机关履行法定职责。不同的行政机关其法定职责各不相同。从全国情况看，2011年至2015年受理的行政一审案件中，要求履行法定职责类的案件共73 193件，占全部案件的9.7%。[1] 行政不作为即负有作为义务而不履行法定职责，司法实践中审查行政不作为案件主要围绕以下方面展开：其一，审查是否存在作为职责。确定执法机关职责的依据主要是组织法和行为法，特别是具体行为法规定。关于执法机关的职责，一般规定在总则部分，明确相关机关的管辖权限。只要执法事项在管辖事务范围内，行政机关就有作为的义务。其二审查是否存在相关作为形态。有以下三种形态：一是行政机关积极作为，完成了全部作为义务；二是行政机关部分作为，未全部完成作为义务；三是行政机关完全没有作为，完全未完成作为义务。其三，审查是否存在主观过错。例外情况下，行政机关客观上不可能作为，此时主观上无过错，则不构成不作为。执法实践中，不履行法定职责的主要表现形式如下：一是不予以答复。执法机关采用不理不睬的方式，既不办理，也不拒绝。二是推诿履行或拖延履行。无正当理由在规定期限内相互推诿或拖延履行。三是拒绝履行。执法机关明确以口头或书面形式表示不履行。四是部分履行，部分不履行。

需要特别指出的是，这里的法定职责应当做扩大解释，既包括法律法规明确规定的义务，还包括行政协议、行政承诺等约定的义务，也包括先行行为形成的义务。

---

[1] 参见耿宝建：《行政机关负责人出庭应诉指南》，法律出版社2016年版，第151页。

> **延伸阅读**
>
> ——**部分履职，部分不作为。** 吴某投诉请求深圳市罗湖区住房和建设局对洪湖大厦违建电梯打穿楼板和承重墙的行为进行处理。收到投诉信后，罗湖区住房和建设局复函，认定此建筑行为未取得施工许可证，但未对该建设行为是否构成"损坏或者擅自变动房屋承重结构、主体结构"进行认定。吴某不服该复函，认为未对投诉事项中的另一事项作正面回应，故向法院提起行政诉讼，要求责令其继续履行职责。
>
> 经审理，法院认为，本案系不履行法定职责纠纷，审查的焦点问题是申请人对被申请人的涉案投诉事项的处理是否已完整履行法定职责。本案中，被申请人投诉事项包含涉案建设行为未取得施工许可证及该行为损坏或擅自变动房屋承重结构、主体结构等，但申请人仅对涉案建设行为未取得建设施工许可证的投诉事项进行了处理，未对被申请人投诉的"原审第三人损坏或擅自变动房屋承重结构、主体结构"问题进行处理，属于未完整履行法定职责。原审法院判决由申请人在法定期限内对被申请人关于原审第三人损坏或擅自变动房屋承重结构、主体结构行为的投诉事项继续履行处理职责，并无不当。申请人主张其已完整履行法定职责，理据不足，本院不予采纳。[1]
>
> 2018年10月15日，钟某通过邮寄快递方式向综合行政执法局申请违法施工查处举报，要求查处违法施工行为，责令其立即停止施工，并依法追究相关责任人和单位的责任，并将处理结果告知钟某。收到申请后综合执法局于10月26日进行了调查，认定某开发投资有限公司未取得《建筑工程规划许可证》《建筑工程施工许可证》擅自开工，并于当日作出《责令改正通知书》，责令该公司停止违法建设行为，补办准建手续。11月15日，综合行政执法局作出《行政处罚决定书》，认定该公司未经批准非法占用土地，违反了《土地管理法》的规定，决定责令其退还非法占用的土地，没收新建的建筑物和其他设施，并处罚款1 533 095元。案件查处后，综合执法局一直未告知钟某。2019年1月15日，钟某向县人民政府提出行政复议申请，要求依法确认综合行政执法局不履行法定职责违法，并责令综合行政执法局依法履行查处违法施工行为的法定职责。县人民政府受理后，于3月13日作出行政复议决

---

[1] 参见广东省高级人民法院［2019］粤行申1157号行政裁定书。

定，责令综合行政执法局自收到决定书之日起30个工作日向钟某反馈举报事项的处理情况。3月26日，综合行政执法局向钟某送达了《关于行政复议事项答复书》，告知县综合行政执法局已作出上述《责令限期改正通知书》，并对该开发投资发展有限公司涉嫌非法占地行为作出了行政处罚决定。收到该答复书后，钟某不服向人民法院提起诉讼，要求确认综合行政执法局未完全履行查处违法施工的法定职责违法，并责令其对钟某邮寄的违法施工查处申请所涉事项进行查处。

经审理，法院认为，《建筑法》第7条第1款规定，建筑工程开工前，建设单位应当按照国家有关规定向工程所在地县级以上人民政府建设行政主管部门申请领取施工许可证。第64条规定，违反本法规定，未取得施工许可证或者开工报告未经批准擅自施工的，责令改正，对不符合开工条件的责令停止施工，可以处以罚款。本案中，县综合行政执法局收到钟某的查处申请后，经调查某经济开发投资发展有限公司在涉案土地建设未取得《建设工程规划许可证》及《建设工程施工许可证》后，仅下达了《责令限期改正通知书》，未对该公司违法施工的行为进行全面查处。因此，钟某要求确认县综合行政执法局未完全履行查处违法施工的法定职责违法，符合规定，予以支持。故确认县综合行政执法局未完全履行查处违法施工的行为违法；县综合行政执法局于判决生效之日起2个月内对钟某向其提交的违法施工查处申请所涉事项进行查处。[1]

五、行为明显不当问题

从对败诉案件的分析来看，行政行为明显不当也是法院撤销行政行为的主要原因之一。"明显不当"出现于法律规定之中，可以追溯至《行政复议条例》。1991年实施的《行政复议条例》中明确规定"明显不当"的条款，第42条第4项规定，如果复议机关认为具体行政行为是明显不当的，就有权撤销或者变更，或者可以责令被申请人重新作出具体行政行为。显然，《行政复议条例》将"明显不当行政行为"列入了复议审查的范围。国务院法制局对《行政复议条例》中"明显不当"的解释是："行政机关在行政裁量权的范围

---

[1] 参见山东省日照市中级人民法院［2020］鲁11行终74号行政判决书。

内作出的行政行为非常不合理。"[1]2014年修正的《行政诉讼法》所规定的"明显不当"与行政复议制度中规定的"明显不当",虽然在文字的表述上相同,但是其中所表达的内涵却有区别。行政复议制度中的"明显不当"的含义基本等同于"显失公正",但是《行政诉讼法》赋予了"明显不当"一词新的适用方式。

从理论界的研究看,关于"明显不当"的解读主要有两种观点。一是认为"明显不当行政行为"从属于不合理的范畴,是指行政行为不合理。例如江必新教授、邵长茂教授认为"明显不当"的含义是行政主体作出了十分不合理的行为,该行政行为的本身就是不合理的。史笔、曹晟法官认为"明显不当"应当理解为明显不合理。[2]二是认为"明显不当行政行为"在法律体系中属于违法行为,而不是不合理的范畴。比如何海波教授认为"明显不当"是指行政机关的自由裁量已经超出了合理的界限,这样就构成了实质上的违法。[3]司法实践中,行政行为明显不当的主要表现方式有:内容明显不当、罚责明显不当、程序明显不当。其中罚责明显不当是指行政机关对行政相对人处罚的力度与行政相对人行为性质所产生的后果明显不当,主要表现为过罚不当,即行政机关作出的处罚与行政相对人的行为定性和案件事实不相符,而出现轻错重罚或重错轻罚的现象。合法、合理行政行为的作出应当是基于对案件客观事实、行为人主观态度、造成的社会危害性等方面进行全面衡量的结果,如果没有综合考虑整个案件,就会造成过罚不当的情形。2014年修正的《行政诉讼法》第77条第1款规定,行政处罚明显不当,或者其他行政行为涉及对款额的确定、认定确有错误的,人民法院可以判决变更。修正后的《行政诉讼法》以"明显不当"代替"显失公正",进一步明确了人民法院在对行政处罚行为坚持合法性审查的同时,还应当进行合理性审查。事实上,从"显失公正"到"明显不当",两个完全不同的概念变迁意味着两个概念的区别,否则立法者无须进行大费周折的替换。从适用范围来看,"显失公正"只针对行政处罚领域,而"明显不当"可以适用于所有的行政行为,

---

[1] 国务院法制局编:《行政复议条例释义》,中国法制出版社1991年版,第119页。

[2] 参见史笔、曹晟:《新〈行政诉讼法〉中行政行为"明显不当"的审查与判断》,载《法律适用》2016年第8期。

[3] 参见何海波:《论行政行为"明显不当"》,载《法学研究》2016年第3期。

自然也包括行政处罚行为。

从判决方式来看，对于"显失公正的行政行为"，法院只有变更判决这一种判决方式，而对于"明显不当行政行为"，既可以适用变更判决也可以适用撤销判决。从立法角度看，行政诉讼法的修改在坚持合法性审查原则的前提下，对合法性原则的内涵作了扩大解释，将明显不当的行政行为也作为违法行为。也就是说，立法者采取的是坚持实质合法的立场，即不仅要求行政行为符合法律条文的具体规定，还要考虑该行为的作出是否符合立法精神和立法目的，承认了法院对行政裁量的合理性进行适度审查。

延伸阅读

——处罚明显不当判决予以变更。

案例1：2018年6月25日下午，白玉兰客运公司所有的沪牌客车，在由盐城开往上海途经东台市富安镇沈海高速入口处，被东台市公安局富安交巡中队民警拦下检查，民警发现该客车的行李箱内装有青蛙5740只、蟾蜍1690只，是从盐城开往上海途经东台市安丰镇被送上车，准备运送至上海，并约定运费由接收人支付。东台市公安局富安交巡中队移交东台市森林警察大队处理，并通知东台市原农业委员会（本案以下简称"农委"）进行处理。东台市原农委在完成现场勘验、检查及证据保存措施后，于当日对查获的青蛙、蟾蜍活体进行了放生。6月26日，东台市原农委对白玉兰客运公司非法运输野生动物的行为予以立案。经鉴定，案涉物种分别为黑斑蛙、金线蛙和中华蟾蜍，均为国家保护的"三有动物"，其中黑斑蛙、金线蛙系江苏省重点保护陆生野生动物。10月11日，东台市原农委作出林业行政处罚决定书，决定对白云兰客运公司作出行政处罚：没收非法运输的野生动物；罚款74.3万元[100元每只×（5740+1690）只×1倍]。白玉兰客运公司不服，依法向法院提起行政诉讼。

经审理，法院认为，案涉行政处罚的数额虽然没有超出法规的规定，但东台市原农委没有全面考虑原告的违法情节、认错态度和造成危害后果等相关因素，并未在依法行政和保护相对人权益之间进行合理的衡量，没有考虑行政行为的作出必须符合法律的目的、有合理的动机，并要对相关因素进行考量，且符合行政合理性原则。法院在审理此类案件时应以行政机关的行政处罚结果是否和行政相对人的违法情节、社会危害程度等相适当为审查依据，故认定被诉行政处罚数额畸重进行变更，变更罚款 222 900 元。[1]

案例 2：2015 年 1 月 7 日，两名乘客通过网络打车软件与陈某取得联系，约定陈某驾车将乘客从济南市八一立交桥附近送至济南西站，由乘客支付车费。陈某驾驶私人小汽车行至济南西站送客平台时，济南客运管理中心的工作人员对其进行调查，查明陈某未取得出租汽车客运资格证，驾驶的车辆未取得车辆运营证。济南客运管理中心认为陈某涉嫌未经许可擅自从事出租汽车客运经营，对其下达《行政强制措施决定书》，暂扣其车辆。济南客运管理中心于 2015 年 1 月 26 日向陈某送达《违法行为通知书》，认为其未经许可擅自从事出租汽车客运经营，拟处 2 万元罚款，没收违法所得。随后陈某要求听证。在听证过程中，济南客运管理中心办案人员陈述了陈某的违法事实、有关证据、处理意见等，陈某对事实认定、法律适用和执法程序均提出质疑。2015 年 2 月 13 日，济南客运管理中心作出《行政处罚决定书》并送达陈某，以其非法经营客运出租汽车，违反《山东省道路运输条例》第 69 条第 2 款之规定为由，责令停止违法行为，处 2 万元罚款并没收非法所得。一审法院以被诉行政处罚明显不当为由，作出撤销判决，二审法院予以维持。

经审理，法院认为，网约车作为客运服务的新业态和共享经济产物，其运营有助于提高闲置资源的利用效率，缓解运输服务供需时空匹配的冲突，有助于在更大程度上满足人民群众的实际需求。但是同样不容否认的是，网约车的运营需要有效的监管。网约车这种客运行为与传统出租汽车客运经营一样，同样关系公众的生命财产安全，关系政府对公共服务领域的有序管理，应当在法律、法规的框架内依法、有序进行。因此，在本案当中，我们既要依据现行有效的法律规定审查被诉行政行为的合法性，以体现法律的权威性和严肃性，同时也要充分考虑科技进步激发的社会需求、市场创新等相关因素，作出既符合依法行政的当下要求，又为未来的社会发展和法律变化留有适度空间的司法判断。陈某的行为构成未经许可擅自从事出租汽车客运经营，违反了现行法律的规定。但考虑到网约车这种共享经济新业态的特殊背景，该行为的社会危害性较小。关于本案被诉行政处罚决定是否构成明显不当，本案被上诉人通过网络约车软件进行道路运输经营的行为，社会危害性较小符合一般社会认知。行政机关在依据现行法律法规对其进行处罚时，应当尽

---

[1] 参见江苏省南京市中级人民法院［2021］苏 01 行终 894 号行政判决书。

可能将对当事人的不利影响控制在最小范围和限度内，以达到实现行政管理目标和保护新生事物之间的平衡。另外，该行为中有几方主体受益、最终产生的车费是否已经实际支付或结算完毕，被告未提供证据予以证明。在上述事实尚不明确以及该行为社会危害性较小的情况下，将该行为的后果全部归于被上诉人，并对其个人作出较重处罚，有违比例原则，构成明显不当。[1]

——行政行为明显不当予以变更。2016年7月28日，海安县住房和城乡建设局发布国有土地上房屋征收评估报名公告。8月1日，海安县人民政府作出房屋征收决定，并于当日发布征收决定公告，张某所有的房屋在该征收决定范围内。同日，海安县住房和城乡建设局发布房屋征收评估机构选定公告，确定房屋征收决定范围内南标段有3家具有相应资质的房地产价格评估机构报名，公告确定评估机构协商选定意见表回收时间为2016年8月8日。8月9日，海安县公证处出具公证书，证明选择南通建达房地产土地评估有限公司（本案以下简称"建达评估公司"）为评估机构的意见表超过本区域被征收人总户数投票数的50%。根据房屋征收评估机构选定意见的规定，视为协商成功，建达评估公司为本次工程房屋征收选定评估机构。8月10日，海安县住房和城乡建设局发布房屋征收评估机构确定公告。2017年4月18日，建达评估公司出具《房屋征收分户估价报告》，报告载明：产权人为张某的车库面积为32.3平方米，单价为每平方米6800元，补偿额为219640元，自建房3.96平方米，单价为每平方米828元，补偿额为3278.88元，装饰装修及附属物补偿合计44563.2平方米。该评估报告于4月19日向张某送达。7月10日，建达评估公司出具通建达（16宁西征）字第12201号《房屋征收分户估价报告》，对自建房部分，由原3.96平方米更正为6.35平方米，补偿额更正为5257.8元，其余未作变更。该评估报告于7月13日向张某送达。7月15日，张某提出复核评估申请，要求确认房屋坐落地址为宁海路、确认房屋合法建筑面积另有70平方米以内50%享受、确认土地使用权面积、确认经营用房、确认其他补助。同时要求对封阳台的自建房部分计算为合法建筑面积。7月18日，建达评估公司对张某提出的异议进行了回复，回复主要内容为：评估报告中已明确标明房屋坐落，房屋及土地的合法性质应由有权部门确定，

---

[1] 参见山东省高级人民法院[2018]鲁行申538号行政判决书。

是否为经营用房应以权属资料为准。建达评估公司于7月26日向张某邮寄送达该回复。

征收过程中，征收部门与张某进行了多次协商，并在周边安排了多处车库供其选择，但张某坚持认为应给予其营业用房安置，致协调未果。8月30日，海安县人民政府作出《房屋征收补偿决定书》，认定被征收人张某的房屋坐落于海安县中城街道宁海路（楼房底层西起第二间），建筑面积为32.3平方米，用途为车库。根据评估结果确定张某的房屋补偿为：被征收房屋价值补偿219 640元、装饰装修及附属物补偿44 563.2元、改变房屋用途停业损失补偿43 928元，合计补偿308 131.2元，由海安县人民政府支付给张某。张某自征收决定公告之日起15日内，完成搬迁、交付被征收房屋。补偿决定于当日予以公告。法院另查明，案涉房屋由张某于2000年6月从南通市立发房地产开发有限公司购买取得，合同鉴证书载明，标的为车库，总金额30 000元。案涉房屋位于海安县宁海路，张某购买后用于理发经营，营业执照载明的经营场所为宁海路（车库）。

经审理法院认为，本案中，对被诉补偿决定的合法性审查，主要涉及确定货币补偿方式是否合法、确定停产停业损失补偿是否适当、是否遗漏搬迁费用三个方面。本案中被征收房屋实际用途为经营理发业务，屋内相应的生产生活必需用品确需搬迁、转移和保管，将会发生相应的搬迁补偿或者补助费用。被诉补偿决定未确定该搬迁费用，不符合上述规定精神。同时，参照涉案征收补偿方案有关"征收商业经营性用房，按合法建筑面积给予50元每平方米搬迁补偿"的规定，并结合被征收房屋合法建筑面积，可以确定该遗漏部分具体为1615元，海安县人民政府亦表明其愿意按照征收补偿方案确定的经营性用房标准支付相应搬迁补偿费用。海安县人民政府作出的被诉补偿决定遗漏补偿内容，属于行政行为明显不当，根据《行政诉讼法》第70条"行政行为有下列情形之一的，人民法院判决撤销或者部分撤销，并可以判决被告重新作出行政行为……（六）明显不当的"，人民法院可以判决撤销被诉补偿决定，并责令海安县人民政府重新作出行政行为。如果人民法院仅以被诉补偿决定遗漏搬迁费用为由，判决撤销被诉补偿决定、责令被告重新作出行政行为，虽然并不违反法律规定，但显然既增加了原告维权成本，也增加了被告行政负担；既不利于案涉征收补偿行政法律关系迅速稳定，也不利于案涉公共利益征收和后续项目建设有序开展。因此，结合上述《行政诉讼法》

立法宗旨和具体规定精神,为彻底、有效化解本案行政争议,减少相应社会和司法成本,对本案被诉补偿决定遗漏搬迁费用问题,可以认为属于《行政诉讼法》第77条第1款规定的行政机关作出行政行为涉及对款额的确定、认定确有错误情形,人民法院依法可以判决变更,故法院变更被告海安县人民政府于2017年8月30日作出的海政征补字[2017]21号《房屋征收补偿决定书》中"海安县中城街道宁海路被征收房屋总补偿为308 131.2元"为"总补偿为309 746.2元"。[1]

---

[1] 参见南通市中级人民法院[2018]苏06行初34号行政判决书。

下篇

街道综合行政执法实务探讨

第七章 街道综合行政执法实践的宏观考察

当前，全国各地街道综合行政执法改革的现状如何，存在哪些方面的突出问题，如何精准掌握改革的社会需求，如何提升街道综合行政执法改革的效果、切实推进街道综合行政执法建设，这是需要重点关注的现实问题。本部分主要通过对湖北省、江苏省、浙江省、广东省等省份的近80个街道办事处进行现场座谈调研，结合500份街道综合行政执法调查问卷的样本数据，梳理全国部分地区综合执法改革情况，采用类型化分析、可信度分析、数据量化分析等方法，对街道综合行政执法改革进行一个宏观考察。

一、取得的成效

根据党中央、国务院的统一部署，各地深入推进街道综合行政执法改革工作，大胆探索，取得了明显成效。

（一）街道综合行政执法体制基本形成

自街道综合行政执法改革以来，各地稳步实施，成立了街道综合行政执法中心，形成了"一张清单管权责、一支队伍管执法、一套机制管运行、一张网格管治理"的基层综合行政执法体系。南京市浦口区探索的综合行政执法"111"新模式即"一个部门管执法、一支队伍管执法、一套制度管执法"，实现区、街综合行政执法"一网调度、一网办理、一网考核"，大大提升了基层治理现代化水平。江苏省南通市积累了"审批服务一窗口、综合执法一队伍、基层治理一网格、指挥调度一中心"的改革经验。

（二）街道综合行政执法职责基本理顺

各地积极推动放权赋权，普遍出台了《街道行政职权目录》《街道赋权指导目录》等，明确街道办职能定位，细化街道综合行政执法权责清单，分别制定了《街道职权清单》《街道执法事项目录》《街道定岗定责实施方案》等。广东省人民政府发布了《关于乡镇街道综合行政执法的公告》，明确要求地级以上市人民政府统一确定实行综合行政执法的镇街名单以及相应的职权调整事项目录，并以政府公告形式公布。浙江省人民政府办公厅印发了《关于推进乡镇（街道）综合行政执法工作的通知》，明确要求县（市、区）政府在浙江省综合行政执法事项统一目录和街道综合行政执法事项指导目录中选择高频多发、易发现易处置、专业要求适宜的行政执法事项下放到街道，编制街道具体实施的行政执法事项目录清单，向社会公布后组织实施。

（三）街道综合行政执法重要制度基本建立

各地普遍建立行政执法公示、执法全过程记录和重大执法决定法制审核等制度，建立健全行政执法案件审批和管理、回避、鉴定申请、信用记录、执法责任追究等工作制度，完善行政执法协调指挥机制、考核机制、督察机制等。湖北省印发了《关于推进街道综合行政执法规范化建设的实施意见》，明确要求全面落实行政执法三项制度、规范行政执法程序、统一行政执法文书、落实行政执法协作制度、落实行政执法监督机制等。江苏省出台了《关于加强全省基层综合执法规范化建设的意见》，对构建街道综合执法责任体系、持续优化基层执法权限、严格规范基层综合执法、健全基层综合执法监督体系等提出17条具体措施。

（四）街道综合行政执法保障基本到位

各地各部门积极落实，如期完成街道综合行政执法机构的组建、挂牌、编制配备、职责调整和人员划转工作，执法的人财物保障基本到位。江苏省镇江市委编办发文明确要求，在街道组建统一的综合行政执法局，实行"一支队伍管执法"，每个街道综合行政执法局配备不少于6名具有行政执法资格人员。各街道统一配备了执法车辆和执法记录仪，8个街道（镇）综合行政执法局共配备执法车辆18辆、执法记录仪45部。浙江省在街道综合行政执法过程中探索派驻机构人员编制"县属乡用"制度，优先保障街道（乡镇）用人用编，不得占用、挪用。

二、存在的问题

各地推进街道综合行政执法工作取得了明显成效，但与改革的预期、与人民群众期盼、与其他省份水平相比还有一定差距，还有较大的提升空间。

第七章 街道综合行政执法实践的宏观考察

(一) 街道综合行政执法运行不够顺畅,整体协作不够,权责科学化问题有待解决

在街道综合执法改革实践中,执法权力的运行出现不协调问题,突出地表现以下方面:一是赋权事项过多,超出街道办的有效承接范围。对赋权的职能部门,大多数将不好管、不愿管的执法事项划分出来。对街道办而言,基本上处于被动接受的状态,没有太多话语权。对相关指导部门而言,既缺乏深入调研论证,又没有能力指导。根据各省统一的赋权事项清单,街道办基本上要承接100项以上的执法事项,涉及城市管理、生态环保、卫生健康、自然资源规划、交通运输等近10个执法领域。实际上,大多数街道综合执法中心只能处理市容市貌、"三违"管控、路边执法等城市管理方面的执法事项,无力承担环境卫生、油烟噪声、水污染等其他领域的执法事项。截至目前,大多数综合执法中心对于前述的执法案件尚未实现零的突破,特别是对涉及专业技术鉴定等专业性较强的执法事项更是无从下手,不敢执法。二是执法协作过少,职能部门普遍怠于履职指导。不少职能部门片面认为执法事项已经赋权街道办,与原职能部门已经没有关系了。因此,对于街道综合行政执法不管不问。实际上,许多赋权执法事项只是涉及检查权或处罚权,而并未赋权许可监管权。执法实践中,有些职能部门疏于依法行使监管,导致一定程度上存在监管缺位,最终形成"以罚代管"的现象。有些部门搞"信息孤岛",执法信息不及时共享,造成综合行政执法取证困难,处处受限。还有不少部门怠于业务指导,抱着"多一事不如少一事"的心态对于街道综合执法中心的业务咨询、协作要求,采取应付的方式马虎处理,个别部门甚至不理不问。三是执法考核过频,职能部门大多热衷于考核评价,街道执法人员疲于应付。"属地管理"考核评价是落实行政执法协作机制的重要环节,也是推动街道综合行政执法稳步开展的重要手段。但考核机制应当体现权责一致原则,不能单纯只考核街道,而不考核部门。还有不少地方反映,针对街道综合行政执法的考核过多过频,特别是城管部门的日常考核,占用了综合执法较多的时间与精力,让执法队员无法集中力量进行街道综合行政执法工作。

(二) 街道综合行政执法队伍建设亟须加强,执法能力有待进一步提升

从调研的情况看,街道综合行政执法队伍建设仍存在不少短板,不能完全适应执法形势的需要,表现在以下方面:一是人员编制普遍较少。从全国

的情况看，大多数街道定编在 15 人左右。个别街道定编较少，核定编制仅有 10 人，定编最多的也只有 30 人。在人员编制较少的情况下，还有部分街道存在空编，未足额配备执法人员的情况。二是人员年龄结构普遍偏大。多数执法人员年龄较大，难以有效参与到执法中。由于面临退休的现实，加上学习动力的不足，很多队员缺少干劲，不能胜任综合执法工作。三是人员专业能力普遍欠缺。据调查，全国大多数街道综合行政执法中心的主要力量来源于城市管理部门，大多数执法人员只熟悉城市执法的事项，对其他领域的事项基本不知。面对日益增多的执法事项，街道综合行政执法中心缺乏专业人才，专业能力明显不足。四是辅助人员明显不足。综合行政执法中，辅助人员对于提高行政执法效率、维护行政管理秩序、促进行政执法目标的实现，发挥了十分重要的作用。但各地的综合行政执法人员中，辅助人员明显偏少，队伍不稳定，缺乏必要的薪资待遇保障。江苏省南通市按照 1∶3 的比例配备了执法辅助人员。

（三）街道综合行政执法智能化水平不够，执法平台不统一问题亟须规范

当前，大数据、人工智能等新技术在行政执法领域得到了广泛应用。通过卫星遥感大数据，可对危化品储罐与居民区安全距离是否符合要求做出精准识别；运用"互联网+执法"系统，可通过数据分析对企业进行安全风险画像，从而圈定执法重点等。但从全国范围看，信息共享、信息联通、智能化水平还需大力提升，街道综合行政执法平台建设还处于起步阶段，统一行政执法平台有待进一步推进。执法实践中，"双随机、一公开"的落实、证据智能收集、执法信息的公开、部门之间共享都依托智能化的执法平台。浙江省在执法智能化方面走在全国前列，平湖市当湖街道办打造了一体化智能办案中心，以"数字化"为支撑规范案件办理。在智能办案中心，"非接触式问询""远程监控""全程留痕"为办案高效赋能，实现执法案件"一窗受理、一键指令、一站办结"。当前许多地方综合行政执法的开展仍然保留着传统的"人盯人"的原始方式，缺乏对现代化信息的大量运用。执法信息也大多是打印在纸上、沉睡在抽屉里、留存于电脑上的静态数据，不同部门之间依然存在重复提交材料的问题，缺乏动态的开放和共享机制，未能真正实现"让数据跑路"。

三、发展的对策

新形势下，为了深化推进全国街道综合行政执法改革，需要结合各地实际，找准最佳的切入点，以系统化、专业化、智能化为重点，精准对焦。

（一）注重顶层设计，统筹赋权清单，建构系统化的街道综合执法权责体系

街道综合行政执法的本质是系统放权、科学赋权，将繁杂、抽象的部门职能具体化为明确的、可操作性的街道综合执法清单目录，是街道综合行政执法改革亟须解决的现实问题。推进街道综合行政执法工作必须坚持全省"一盘棋"原则，从顶层设计上防止赋权事项脱离实际，防止执法协作无从开展，应当从以下方面入手。

1. 推动"一把手"工程，健全领导制度

实践证明，浙江、江苏等推进比较好的地方，基本都是把街道综合行政执法改革作为"一把手"工程，党政主要领导亲自抓，把街道综合行政执法工作作为重点攻坚任务抓，抓出特色，抓出成效。只有健全领导机制，才能做到改革的无缝对接，环环相扣，真正实现"看得见，管得着，管得好"，打通基层治理的"最后一公里"。

2. 加强省级顶层设计，科学调整赋权事项

设计赋权事项清单，需要兼顾群众需求与基层能力，平衡部门执法和综合执法，区分专业执法事项和综合执法事项，最终形成执法事项的全覆盖。一方面，与基层群众生活关系比较密切，且综合性较强、专业性不高的事项，这类执法事项原则上应当赋权街道办。这类执法事项，工作量大、面广，但执法对象相对单一，执法内容基本相似，执法方式较为简单，适合划转到综合执法部门。另一方面，对于专业性强、技术要求高的执法事项，应当依法由职能部门处理，充分发挥部门优势，特别是关系生命安全、公共安全等国计民生、责任重大的执法事项，原则上由职能部门保留较为科学可行。

3. 强化职能部门协作，建立健全执法协作机制

街道执法事项中有很多"老大难"的历史遗留问题，比如治理违法建设、医疗美容等，往往涉及多个部门。街道作为属地管辖主体，需要加强执法协作，完善联动执法机制。为了充分发挥职能部门的作用，应当建立健全执法协作基本机制。一是建立综合执法联席会议制度。各地应当建立由相关职能部门为成员的联席会议制度，明确牵头单位，研究解决街道综合行政执法中

心与相关职能部门需要协作配合的重大事项,协调解决执法中遇到的重大疑难事项,协调推进重点联动执法工作等。二是建立街道和部门"双向派单"机制。"双向派单",包括"街道派单、部门接单"和"部门派单、街道接单"。它坚持以"派单明职责,接单听指挥"为基础,以执法问题解决、人民群众满意为标准,真正发挥街道和部门的合力。三是建立执法信息共享机制。只有执法信息共享,才能实现数据运用、线索转化,才能形成治理合力。因此,街道与职能部门应当推进信息共享建设,不断加强数据管理,持续优化共享路径,完善信息共享数据归集、数据共享协作机制、数据使用和管理制度。四是建立定期培训机制。赋权的职能部门应当为街道综合行政执法中心开展培训,加强法律知识、政策解读、业务办理、执法技能、办案流程等方面的培训,培养既精通法律知识又熟悉执法业务的街道综合行政执法队伍。

4. 优化考核评价机制

在街道综合行政执法起步探索阶段,应当以指导为主、考核为辅;待街道综合行政执法步入成熟稳步发展阶段,适宜建立常态化考核机制。一是将街道综合行政执法工作纳入区委区政府统一考核范围,由区委区政府同步考核街道办的工作实绩和赋权职能部门的指导成效。依托"双向派单"制度,建立"双向派单"考核评价机制,将派单接单工作按一定的分值纳入部门(街道)综合(绩效)考核赋分。"街道派单、部门接单"由街道负责考核赋分;"部门派单、街道接单"采取条块结合的考核评价方式,按照事项主体责任和配合责任清单要求,由地方党委、政府负责综合考核赋分。二是全面取消各部门不必要的日常考核。赋权到街道的事项,须由区委、区政府统一考核,不能再由原赋权部门进行考核。个别地方将综合行政执法工作纳入城管部门的日常考核之中,挤占了综合执法的有限资源,应当予以取消。三是建立考核反馈机制。通过每月、每季度定期反馈考核情况,综合分析执法中存在的问题,提出改进意见,做好整改督促工作。

(二)加强街道综合行政执法队伍建设,提升专业化执法能力

要把加强执法队伍建设作为街道综合行政执法改革最重要的基础工作来抓,大力培养、造就一支"政治过硬、能力过硬、素质过硬、作风过硬"的高素质专业化综合行政执法队伍。

1. 统筹考虑人员编制

编制部门应当统筹解决好街道综合行政执法机构性质、人员身份编制问

题，逐步增加街道综合行政执法的正式编制和专业人员。完善综合行政执法人员的规范管理制度，提升街道综合行政执法编制规范化建设。加大对编制落实情况的检查，定期通报编制不落实的地方，及时督促人员编制落实。

2. 大力加强专业保障建设

为进一步加强执法专业力量建设，提升街道综合行政执法水平，各地应当结合实际有计划地面向社会公开招聘专业人才，补充执法专业力量。同时各地应当建立健全综合行政执法指导培训标准化体系，满足不同层级、不同行业、不同岗位执法人员的多样化培训需求，推动培训工作制度化、专业化、常态化。加大街道综合行政执法的经费投入，加强基层智慧执法建设，及时配备专业设备，引入高科技的硬件设施。

3. 配足配齐执法辅助人员

在综合行政执法任务重、编制人员少的情况下，配好用足执法辅助人员是切实可行的方法。面对日益增多的赋权事项和严格规范的执法要求，需要充分发挥执法辅助人员的作用，合理配备适当的执法辅助人员。因此，各地应当结合实际，按照一定的标准，加强执法辅助人员建设，配合做好街道综合行政执法工作。

(三) 狠抓"互联网+综合执法服务"，建好"一张网"，对标智能化发展方向

互联网技术、数字技术是深化街道综合行政执法改革取得成功的关键，各地应当在以下方面强力推进。

1. 切实建好"一张网"

只有建设好、使用好统一的街道综合行政执法平台，才能深化线上执法协作建设，形成网上服务集中提供、后台办理在线协同的执法权运行机制。各地应当切实建好"一张网"，推进街道综合执法服务事项"应上尽上、全程在线"。

2. 大力发展"互联网+综合执法服务"

加快推进线上线下双向整合，完善线上线下相融合的一体化综合执法服务体系。一方面，把街道综合行政执法中心作为街道综合行政执法改革的重要载体和窗口，真正实现"一支队伍管执法"，真正解决政府与群众"最后一公里""最后一米"的突出问题；另一方面，大力推行"互联网+综合执法服务"。通过加强网络平台建设，推动跨部门大数据和信息资源共享，让部门数

据互联、互通、共享，实现执法服务透明化，综合执法便捷化。实现线上线下的融合，变"群众亲自跑腿"为"让数据跑路"，将街道综合行政执法改革落实到群众满意中。

3. 提升基层智能化水平

在提升街道综合行政执法中心的基础上，推动村（社区）便民服务室、党员群众服务中心与综合行政执法平台无缝对接，提升基层"一站式"服务能力。把实体中心、网上平台、移动客户端、自助终端、服务热线等形式结合起来，实现功能互补，提升综合行政执法智能化水平。

第八章 油烟污染执法事项及要点指引

执法实践中，涉及沿街店面、小区餐馆存在油烟、排污等扰民问题的现象屡见不鲜，不少地方专门就沿街店面、餐饮的规范经营开展了专项整治活动。特别是进入新时代，人民群众对美好生活品质、对健康舒适宜居环境的向往更为强烈，街道综合行政执法就更应当突出"以民为本""依法治理"。本章专门分析沿街店面不当经营引发的相邻纠纷，为街道综合行政执法实践回应如何规范经营、维系和谐邻里关系提供了办案引导。

一、常见问题梳理

各种烧烤、小吃、排档、酒吧、酒店、饭摊、咖啡等布满大街小巷，成为现代城市生活的重要组成部分。虽然方便、丰富了市民的生活，然而，油烟排放也给城市环境造成了污染，严重影响了人民群众的生活和健康。油烟污染是大气污染中不可忽视的一部分，油烟中的挥发性有机物是雾霾和臭氧的前体物之一。此类事情经常发生在餐饮业，成为市民反映和投诉的热点问题，也是综合行政执法机关处理的重点问题。

（一）餐饮业经营者油烟扰民问题

延伸阅读

——油烟问题引邻里纠纷。2020年底，阿华承租了一间地理位置不错的沿街店面，加盟经营一家在福建省厦门市颇有名气的酸菜鱼连锁品牌。丁先生居住在阿华店面上方的二楼，在阿华经营一段时间后，丁先生发现自己家无法正常开窗，一开窗，酸菜鱼特殊的刺鼻味道夹杂着油烟味就直冲房间，楼下厨房还产生大量噪声。丁先生到楼下了解后发现，阿华店面的厨房和排气烟囱都安装在他家卧室下方。不只是丁先生，同小区的其他住户也反映了同样的情况。因对阿华采取的整改措施不满意，丁先生在双方协商不成后，于2021年3月向法院提起了诉讼，要求阿华拆除安装在其房间下方的厨房设备及排油烟、噪声设备等以排除妨害。

厦门市思明区人民法院公开开庭审理了本案。庭审中，阿华提出抗辩，他合法合规经营餐厅，加盟的酸菜鱼品牌的口味以酸汤为主，主要的烹饪方式是蒸煮捞，与传统中式餐馆的煎炒炸相比，几乎没有什么油烟，厨房也装有油烟净化器。在与丁先生沟通后，他安装了静音送风机、对相关设备包裹了减震降噪棉，城管部门也出具了指标检测合格的证明。经承办法官现场查看发现，阿华的餐馆虽然装有排烟装备，但并没有油烟专用排放通道，其厨房内安装的油烟净化设备直接将油烟排放到后厨的窗外，店面后厨相邻的就是小区庭院，而正上方就是丁先生房屋的阳台。

经依法审理，法院对丁先生请求阿华餐馆移除现厨房设备及排油烟设备以停止侵害予以支持。该案宣判后，阿华提起了上诉。在厦门市中级人民法院对本案进行二审审理期间，阿华主动对其店面进行了整改，整改的效果得到了丁先生和其他业主的认可，双方达成和解，握手言和。[1]

——让"烟火气"不再扰民。"这些餐馆的油烟处理设施终于真正用起来了，一走一过，再也没有呛人的油烟味了！"2022年11月22日，黑龙江省讷河市人民检察院在开展餐饮油烟无组织排放、超标排放问题"回头看"时，乡镇居民宋大妈说道。今年4月，公益诉讼情报员老蔡发现讷河市某镇餐馆附近油烟味道浓，多家餐馆油烟乱排，存在油烟扰民的情况，老蔡立即将线索及照片反馈给检察机关。讷河市人民检察院公益诉讼部门在得到线索后，立即进行调查取证。根据餐饮服务经营者附近居民反映，油烟超标排放问题，不仅造成了严重环境污染，而且已经影响了居民的正常生活。针对发现的问题，讷河市人民检察院公益诉讼部门进行立案调查。结合"能力作风建设年"活动，针对调查发现的问题，讷河市人民检察院主动与多家行政单位进行对接，了解相关情况，查清并确定讷河市行政区域内餐饮服务企业油烟污染监督管理的行政处罚权已于2021年下放到各街道办事处和乡镇人民政府行使。讷河市人民检察院召开餐饮油烟治理公开听证会，讷河市生态环境局、城管局、街道办事处、乡镇政府和部分餐饮服务经营者代表参加。检察官介绍了案件调查的基本情况及社会公共利益受到侵害情况，提出磋商意见和履职建议，了解餐饮服务经营者在整改中的实际困难，协调各方力量，达成共同治理

---

〔1〕 张晨：《沿街店面不当经营引发相邻纠纷》，载《法治日报》2022年12月29日。

餐饮油烟超标排放的共识。随后，讷河市人民检察院依法向存在问题的乡镇政府集中公开宣告送达了检察建议，明确了整改时限，并提出了明确的整改目标要求。同时，与行政机关展开座谈，共同研究解决问题的方式方法，帮助行政机关形成了可操作、可推广的整改工作方案。11月22日，讷河市人民检察院公益诉讼部门进行"回头看"工作，42家餐饮服务经营者安装了符合环保要求的油烟净化设施，并对从业人员开展宣传教育工作，提升其依法依规经营的意识。讷河市人民检察院将持续以公益诉讼为抓手，结合"能力作风建设年"活动，聚焦群众反映的热点难点问题，解决群众身边的烦心事，守护群众美好生活。

（二）居民区油烟净化处理问题

居民区油烟净化处理分为集中式治理模式与分散式治理模式。集中式治理模式一般是指将净化装置安装在集中排气道的顶部，充分利用楼顶空间，将一整栋楼的油烟统一收集，统一净化。分散式治理模式则是通过在吸油烟机中增加油烟净化模块、进一步提升吸油烟机油脂分离度、在吸油烟机连接管线上增加油烟净化器等方式的单体式家用油烟净化模式。

延伸阅读

——北京市油烟治理试点项目。2023年4月17日上午，北京市第一生态环境保护督察组调研石景山区居民油烟治理工作，北京市第一生态环境保护督察组组长、副组长参加。督察组实地查看了铸造村一区居民油烟治理试点项目，详细了解了油烟净化装置装机条件、资金投入及节能减排效果。为提升区域大气环境质量，解决居民住宅楼生活油烟造成的大气污染问题，石景山区开展居民油烟治理试点工作，对数量庞大、污染源固定的居民楼油烟进行全面深入治理，降低居民油烟污染物排放强度。居民油烟治理试点项目主要针对具有公共排烟系统的高层塔楼进行尾端改造，治理方式是在排烟口处安装净化装置，将油烟统一收集，经过静电吸附及活性炭处理后排放到大气中，减少居民油烟污染物无组织排放。近年来国家对生态环境治理力度越来越大，随着相继出台的政策，大部分污染源得到了管控及治理，但居民油烟管控方面相对欠缺。石景山区先行开展的居民油烟治理项目，具有引领示范的典型意义。督察组强调，一是充分发挥引领示范作用。居民油烟治理处于探索阶段，石景山区采取先试点后推广的方式，形成可参考、可借鉴、可推广的经验，为全面治理居民油烟提供了重要依据与参考。二是持续提升生态环境基础设施建设水平，通过源头治理实现减排，为居民营造清新、健康、绿色的生活环境，不断提升群众的蓝天幸福感。三是持续深化"一微克"行动，开展氮氧化物和挥发性有机物治理工程，提升城市精细化管理水平，进一步改善大气环境质量。[1]

——成都探索集中治理模式。为了探索成都市居民住宅油烟集中处理的模式与管理机制，成都市城市管理科学研究院通过监测分析不同类型居民住宅油烟排放情况，实地调研居民住宅油烟治理案例，积极推动城市居民住宅油烟污染的治理。"居民烹调油烟是食用油和食物在高温条件下，发生一系列变化而形成的，油烟成分极为复杂，各类污染物达200~300种之多。"成都市城市管理科学研究院规划所负责人、高级工程师蒋宇告诉记者，这些油烟排放到空气中不仅会污染城市环境，还可能损害人们身体健康。为了评估它们对区域大气环境的影响，进而探索成都市居民住宅油烟集中处理的模式与管理机制，成都市城市管理科学研究院开展了《居民住宅油烟集中处理模式研究》。"此前，我们已经陆续对金牛区和武侯区不同层高的部分高层住宅和老旧小区中午和晚上居民做饭高峰期的油烟排气口进行了取样监测，监测因子为颗粒物（PM2.5）和VOCs，采样时间持续2小时。"蒋宇解释，通过对此采样进行分析，发现居民住宅油烟对环境空气质量有一定影响，但远低于餐饮油烟的影响。在研究中，还发现传统的居民厨房抽油烟机仅具有油烟外排和废油脂收集功能，缺乏过滤、吸附、处理等关键环节。针对这一系列问题，成都市城市管理科学研究院有针对性地提出了开展居民住宅油烟治理试点，开展居民住宅油烟长期持续监测和居民家庭废油脂回收试点的对策建议，为有效解决居民住宅油烟污染，探索住宅聚集区大气污染减排措施，切实解决群众身边的烦心事、闹心事，改善城市空气质量、提高居民居住环境满意度、保障群众身体健康。[2]

——武汉市分散治理模式。日前，《武汉市老旧小区改造技术导则》发布，湖北日报全媒记者获悉，参与项目编制的武汉创新环保工程有限公司具

---

[1]《北京市第一生态环境保护督察组调研石景山区居民油烟治理工作》，载https://www.beijing.gov.cn/ywdt/gqrd/202304/t20230418_3058211.html，访问时间：2023年6月7日。
[2] 李霞：《成都探索研究油烟集中处理模式》，载《成都日报》2021年7月6日。

有国内领先的"动态离心净化技术"等核心技术，拥有 50 多项国家专利，已在武汉、荆门、长沙、河南、江西等地建立了成熟的示范试点，累计改造 10 余万户，效果良好。老旧小区主要指 2000 年以前建设的住宅，这类房屋大多采用老式排风扇传统直排方式，房屋结构并没有预留空间改造布设集中排烟管道。老旧小区油烟污染问题主要体现在污染建筑外立面、影响城市面貌、火灾隐患大、污染城区环境、油烟扰民投诉、厨房卫生条件差等。此次发布的《武汉市老旧小区改造技术导则》，在环保要求中提出，厨房油烟通过同层外墙直排至室外的，要求在室外排气口设置避风、防雨和防止污染墙面的构件，厨房吸油烟机选用高效油烟净化装置。

二、法律规范分析

综合行政执法实践中，大多数纠纷产生于餐饮服务业经营者违规排放油烟而引起市民不满。因此，油烟污染执法事项成为当前投诉的重点和热点。综合行政执法机关也把餐饮油烟管控工作作为重点工作，以下主要分析此类纠纷的法律规范。

（一）民法——相邻关系

《民法典》在所有权部分设专章"相邻关系"规范不动产相邻权利人之间的关系。《民法典》第 288 条明确规定，不动产的相邻权利人应当按照有利生产、方便生活、团结互助、公平合理的原则，正确处理相邻关系。《民法典》第 294 条明确规定，不动产权利人不得违反国家规定弃置固体废物，排放大气污染物、水污染物、土壤污染物、噪声、光辐射等有害物质。因此，此类纠纷的处理原则法律规定得很明确，即"有利生活、方便生活、团结互助、公平合理"。以此为指导，正确处理各方面的邻里关系，不能为了一时利益而违反规定，引起纠纷。不动产的相邻各方在对各自不动产行使所有权或使用权时，可以对相邻不动产的所有权或者使用权进行适当的扩展或限制，相邻建筑物的所有人或利用人之间须负有一定的容忍义务，但扩展和限制需要有一定限度。

（二）行政法——大气污染防治法

大气环境质量与人民群众的健康息息相关，国家把大气污染防治作为生态文明建设的突破口，作为改善民生的着力点。《大气污染防治法》第 81 条第 1 款和第 2 款规定，排放油烟的餐饮服务业经营者应当安装油烟净化设施并保持正常使用，或者采取其他油烟净化措施，使油烟达标排放，并防止对附近居民的正常生活环境造成污染。禁止在居民住宅楼、未配套设立专用烟道的商住综合楼以及商住综合楼内与居住层相邻的商业楼层内新建、改建、扩建产生油烟、异味、废气的餐饮服务项目。第118条规定了法律责任，区分为三种不同情形：第1款规定，排放油烟的餐饮服务业经营者未安装油烟净化设施、不正常使用油烟净化设施或者未采取其他油烟净化措施，超过排放标准排放油烟的，由县级以上地方人民政府确定的监督管理部门责令改正，处5000元以上5万元以下的罚款；拒不改正的，责令停业整治。第2款规定，在居民住宅楼、未配套设立专用烟道的商住综合楼、商住综合楼内与居住层相邻的商业楼层内新建、改建、扩建产生油烟、异味、废气的餐饮服务项目的，由县级以上地方人民政府确定的监督管理部门责令改正；拒不改正的，予以关闭，并处1万元以上10万元以下的罚款。第3款规定，在当地人民政府禁止的时段和区域内露天烧烤食品或者为露天烧烤食品提供场地的，由县级以上地方人民政府确定的监督管理部门责令改正，没收烧烤工具和违法所得，并处500元以上2万元以下的罚款。

第1款情形，其构成要件如下：一是违法主体是餐饮服务业经营者。二是违法行为主要表现为未安装油烟净化设施、不正常使用油烟净化设施、未采取净化措施超过排放标准排放油烟的。这里的违法行为实际上就是第81条第1款禁止的行为。需要说明的是，餐饮服务业经营者应当按照标准达标排放。执法实践中，安装并正常运行符合"标准限值"要求的油烟净化设施视同达标。三是法律责任为责令改正，处5000元以上5万元以下罚款。

第2款情形，其构成要件如下：一是违法主体较广，涉及餐饮服务项目的单位或个人。二是违法行为主要表现为在居民住宅楼、未配套设立专用烟道的商住综合楼、商住综合楼内与居住层相邻的商业楼层内新建、改建、扩建产生油烟、异味、废气的餐饮服务项目。这里的违法行为实际上就是第81条第2款禁止的行为。三是法律责任为责令改正；拒不改正的，予以关闭，并处1万元以上10万元以下罚款。

第3款情形，其构成要件如下：一是违法主体较广，单位或个人。二是违法行为主要表现为在当地人民政府禁止的时段和区域内露天烧烤食品或者为露天烧烤食品提供场地。三是法律责任为责令改正，没收烧烤工具和违法所得，并处500元以上2万元以下罚款。

三、执法办案指引

油烟污染类执法的执法重点应当以前述法律要件为基础，重点做好以下取证工作，按照法定程序依法进行处罚。

（一）办案过程中的取证事项

围绕法律规定的违法行为要件，关键是查明是否存在未安装油烟净化设施、不正常使用油烟净化设施或者未采取其他油烟净化措施，超过排放标准排放油烟的情形；在居民住宅楼、未配套设立专用烟道的商住综合楼、商住综合楼内与居住层相邻的商业楼层内新建、改建、扩建产生油烟、异味、废气的餐饮服务项目；在当地人民政府禁止的时段和区域内露天烧烤食品或者为露天烧烤食品提供场地等行为，因此需要重点做好以下证据收集工作：一是当事人基本信息。公民、法人或其他组织均存在法定的信息，比如居民身份证信息、企业法人登记信息等。二是现场检查笔录、询问笔录。此类案件均需要执法人员进行现场检查，查看是否存在相应的违法行为，因此需要做好检查笔录、询问笔录，必要时配合现场拍摄、现场照片等。具体要求在证据部分已经涉及，这里就不再赘述。三是检测报告。油烟排放是否达标，不能凭感官进行主观评判，需要借助技术手段，依法委托第三方进行现场检测。条件较好的地方，也可由执法人员进行现场检测。通过现场检测，得出的检测报告是衡量油烟是否超过排放标准的重要证据。针对检测报告一定要留意检测报告的合法性问题，审查是否符合检测规范要求，必须是有效的检测结果。

> **延伸阅读**
>
> ——**检测报告无效导致行政处罚决定被撤销**。2017 年 8 月 24 日，潍坊高新区市场监督管理局工作人员对双玲餐饮公司进行监督检查，现场发现其油烟净化设施不运转、不能正常工作。执法人员随即下达《责令改正通知书》，要求餐饮公司立即改正，达到排放标准。2017 年 9 月 1 日下午，市场监督管理局工作人员再次赴餐饮公司经营场所进行复查，发现其所用油烟净化设施仍未按要求改正，工作人员又向餐饮公司下达了《责令改正通知书》，责令餐饮公司立即停止经营。当晚，市场监督管理局工作人员再次赴该经营场所检查，发现经营场所有客人就餐，厨房有三个厨师正在加工菜品，此时餐饮公司的油烟净化设施仍然处于不能正常使用的状态。2017 年 9 月 3 日，餐饮公

司经营场所安装LY-YJ-D-8A静电式油烟净化器，市场监督管理局工作人员进行了现场检查，并与餐饮公司工作人员沟通约定待净化器正常运转后再组织检测。2017年9月7日，市场监督管理局工作人员在餐饮公司工作人员的陪同下，委托山东祥和职业环境监测有限公司对原告经营场所的噪声和油烟的排放浓度进行现场检测。检测报告显示油烟排气筒出口的油烟浓度检测了3次，分别为：19时10分浓度每立方米7.25毫克、19时19分浓度每立方米1.75毫克、19时26分浓度每立方米0.25毫克，同时检测报告中备注：油烟浓度分析结果之间，其中任何一个数据与最大值比较，若该数据小于最大值的四分之一，则该数据为无效值。市场监督管理局于2017年9月2日作出潍坊市监案听告字[2017]075号行政处罚告知书，并于当日送达餐饮公司。经申请，市场监督管理局于2017年9月14日组织听证。2017年10月10日，作出潍坊市监案处字[2017]075号行政处罚决定，以餐饮公司超过排放标准排放油烟的行为，违反了《大气污染防治法》第81条第1款的规定为由，根据《大气污染防治法》第118条第1款的规定，责令餐饮公司立即使用合格油烟净化设备，并处罚款5万元。该餐饮公司不服该处罚决定向人民法院提起行政诉讼。经审查，法院撤销了潍坊高新技术产业开发区市场监督管理局作出的潍坊市监案处字[2017]075号行政处罚决定。

法院认为，《山东省饮食业油烟排放标准》6.2条规定：采样时间应在油烟排放单位作业高峰期进行，油烟浓度采样次数为连续5次，每次不少于10分钟。6.4条规定：油烟浓度5次分析结果之间，其中任何一个数据与最大值比较，若该数据小于最大值的四分之一，则该数据为无效值，不能参与平均值计算。数据经取舍后，至少有三个数据参与平均值计算，否则重新采样。本案中，原告安装油烟净化器后，被告组织对其油烟排气筒出口的油烟浓度进行了检测，检测次数为3次，每次检测时间不足10分钟，检测报告显示第2次和第3次的检测数值小于最大数值的四分之一。检测次数和检测时间均不符合上述规定，3个检测数值除去2个无效值，余下1个数值无法达到"至少有三个数据参与平均值计算"的规定要求，故按照上述规定，油烟浓度检测应重新采样。被告利用1次检测的数值，认定原告安装油烟净化设施后仍属超过排放标准排放油烟，属主要证据不足，致涉案行政处罚决定认定事实不清，依法应予撤销。[1]

---

[1] 参见潍坊高新技术产业开发区人民法院[2018]鲁0791行初2号行政判决书。

(二) 办案过程中的处罚程序

1. 责令改正

责令改正是让相对人改正违法行为，停止给社会、他人带来损害的行为。因此责令改正是一种以教育为主的方式纠正违法、不当的行为，责令改正的目的是使违法行为人履行既有的法定义务，纠正违法，恢复原状。故责令改正或限期改正违法行为是与行政处罚不同的一种行政行为。不同于行政处罚行为，责令改正或者责令停业整治，其本身不是以制裁为目的，只是要求违法行为人履行法定义务，停止违法行为，消除不良后果。综合执法实践中，执法机关可以制发《违法行为责令改正通知书》。拒不改正的，责令停业整治。停业整治也是通过停业来纠正违法，它具有暂时性、期限性。如果相对人经过整治达到合法生产经营的条件，则恢复行使权利的资格。

2. 处罚前告知程序

综合执法机关在作出罚款、予以关闭决定前应当履行告知程序，告知拟作出处罚的事实、理由和依据，并听取陈述和申辩，切实保障相对人的程序性权利。特别是《大气污染防治法》第118条第2款规定的"予以关闭"行为，依法应当保障相对人的听证权，书面告知其享有申请听证的权利。这是因为，"予以关闭"作为一种永久性的、严厉的全面禁止违法主体继续生产经营活动的惩戒行为，是行政机关以减损行政相对人权益的方式，对其实施的违反安全生产行政管理秩序的行为作出的一种严厉惩罚措施。听证是维护相对人合法权益的一项重要程序制度，综合执法机关应当以正式的形式向相对人履行告知义务。相对人在接到告知书后，如要求执法机关举行听证的，必须在法定期限内以口头或书面形式向行政机关提出。如果举行听证的，执法机关应当在举行听证的前7天，将听证的时间、地点等事项通知相对人。

> **延伸阅读**
>
> ——**依法告知听证权，保障相对人程序性权利**。2019年6月10日，徐某取得住所地位于厦门市区汤小姐和她朋友的餐饮店的营业执照，于2019年7月9日取得厦门市湖里区汤小姐和她朋友的餐饮店的食品经营许可证。该食品经营许可证载明："提醒：经营场所属厦门市环保部门公布的餐饮禁设地址的，不得从事可能产生油烟污染的餐饮服务项目。"湖里区城管局于2019年7月22日至厦门市区店面检查，发现该经营地点属未设餐饮业专用烟道

的建筑物，店招为"汤小姐的蚝友馆"，经营过程中存在炒、烤等产生油烟污染的行为，油烟通过自制烟道从二楼店招处排放，经营面积47.3平方米，2019年7月26日至7月27日，湖里区城管局两次至该经营场所查看，发现该店在经营过程中仍存在可能产生油烟污染的行为。2019年7月28日，湖里区城管局对上述执法见证人王某、张某进行询问并制作询问笔录。2019年8月2日，湖里区城管局就该案进行集体评议，确定处理结果为：责令被处罚人关闭该营业场所，并处罚款人民币9700元整。2019年8月8日，湖里区城管局作出厦湖城管告［2019］190号《告知书》并于8月21日送达，告知徐某因其在未设餐饮业专用烟道的建筑物经营的餐饮店存在炒、烤等产生油烟污染的行为，该地点禁止新设可能产生油烟、噪声污染的餐饮业项目，违反了《厦门市环境保护条例》第35条第3项之规定，湖里区城管局决定责令其关闭经营场所，并处罚款9700元。并告知徐某有陈述、申辩以及要求听证的权利，应于收到告知书之日起5日内提出意见或要求听证申请，逾期视为自动放弃上述权利。2019年9月3日，湖里区城管局作出厦湖城管罚［2019］198号《行政处罚决定书》，决定责令关闭经营场所，并处罚款9700元。徐某不服该处罚决定，依法提起行政诉讼，历经一审及二审，法院驳回其诉讼请求。

经审理，人民法院认为，《厦门经济特区城市管理相对集中行使行政处罚权规定》第5条明确规定了城市管理行政执法部门有权行使环境保护管理方面法律、法规、规章规定的由城市管理行政执法部门行使的行政处罚权。《厦门市环境保护条例》第52条已经明确了该条的行政处罚权由城市管理行政执法部门行使。湖里区城管局作为讼争行政处罚行为执法机关，主体适格。《厦门市环境保护条例》于2004年6月5日实施，徐某于2019年6月10日取得厦门市湖里区汤小姐和她朋友的餐饮店的营业执照，即厦门市湖里区汤小姐和她朋友的餐饮店在《厦门市环境保护条例》实施之后设立，属于《厦门市环境保护条例》第35条规定的"新设"。徐某经营过程中存在炒、烤等行为，可能产生油烟污染，湖里区城管局系针对徐某在禁设地点经营可能产生油烟污染的餐饮业项目之事实作出行政处罚决定，并非针对徐某超标排放油烟，徐某是否通过安装油烟净化装置以减少油烟污染并非湖里城管局作出行政处罚决定所依据的事实。上述事实有现场照片、现场勘验笔录及其他证据材料为证，事实清楚。根据《厦门市环境保护条例》第35条第4项之规定，徐某的经营场所属禁止新设可能产生油烟污染餐饮业区域。根据该条例第52条第5项之规定,违反本条例第35条规定,在禁止地点新设可能产生油烟、噪声污染的餐饮业和单位食堂项目的,责令关闭,并处5000元以上5万元以下罚款。故湖里区城管局对其作出的处罚,有事实和法律依据。徐某所提出的关于执法主体及处罚过重问题,没有法律依据,其请求,本院不予支持。[1]

(三) 案件办结后的指导事项

油烟污染、噪声扰民等问题具有反复性,很难根治,因此,综合行政执法机关应当加大指导力度,不断进行柔性引导,变事后处罚为事前预防,防止餐饮企业再次扰民。一是制作规范操作标准,编制油烟排放目录,宣传指导合法经营。通过制定餐饮油烟净化设施安装及操作运维等规范标准,编制发布餐饮环保先进技术、优质设备产品推广目录,推动餐饮行业及从业者规范自律。将宣传教育融入日常监管,坚持边执法、边普法、边指导,讲解餐饮油烟相关政策法规,引导商户强化主体责任,提升环保理念,自觉安装、规范使用油烟净化器,达到群防群治的良好效果。二是加强日常监管,进行回访排查。采取不定时间、不定地点的方式,利用油烟监测设备对城区餐饮油烟排放进行现场检测。同时充分利用油烟在线监测平台,对城区大中型餐饮门店油烟排放情况、净化器与风机运行状态进行实时监测,对发现的问题及时整改督办。

延伸阅读

——南京四部门制定加强餐饮油烟防治的指导意见。2020年12月28日,为了巩固提升南京市餐饮业环保专项整治成效,加强规范餐饮油烟污染防治,实现餐饮行业有效管理、长效监管,经市政府同意,南京市生态环境局、市场监督管理局、城市管理局、商务局联合印发了《关于加强南京市餐饮油烟防治的指导意见》。该意见明确了各级政府、市区相关部门的职责分工,提出了监管执法的具体要求,指导各部门、街道(镇)开展餐饮油烟防治业务工作;负责环境影响登记表备案管理,加强事前指导,实行餐饮油烟治理告知承诺制度,对超标准排放油烟行为进行查处。

---

[1] 参见福建省厦门市中级人民法院[2020]闽02行终200号行政判决书。

第九章 噪声污染执法事项及要点指引

噪声污染已成为世界公害之一。从2003年开始,每年的4月16日正式确定为"世界噪声日"。近年来,因噪声污染等侵害所导致的纠纷频频发生,噪声污染问题日趋严重。执法机关应当以人为本,切实采取有效措施,确保居民安居乐业。社会公众在生活和从事生产经营活动中应当遵守法律规定,切实维护群众"安宁权",保障健康舒适宜居的环境。本章专门分析噪声污染引发的相邻纠纷,为街道综合行政执法实践提供办案指引。

一、常见类型梳理

噪声污染随处可见:工业生产、建筑施工、交通运输和社会生活都会产生各种噪声。噪声污染侵害人们安宁生活、生产、工作和学习的权利,损害人们的身心健康。因此,噪声污染问题日益成为市民反映和投诉的热点,也是综合行政执法机关执法的重点问题之一。环境噪声,是指在工业生产、建筑施工、交通运输和社会生活中所产生的干扰周围生活环境的声音。据此,环境噪声分为工业企业噪声、交通噪声、建筑施工噪声和社会生活噪声等。

（一）常见噪声类型

工业噪声是指工业生产过程中由于机器或设备运转以及其他活动所产生的噪声。工业企业噪声主要是由机器、机械的撞击和摩擦引起的,如织布机、磨球机、碎石机、冲床、打夯、电锯,也有由空气扰动或者其他气流引起的,如通风机、汽轮机等。建筑施工噪声是指在建筑施工过程中产生的干扰周围生活环境的声音。在城市生活中,建设公用设施如地下铁道、高速公路、桥梁、敷设地下管道和电缆等,以及从事工业与民用建筑的施工现场,都大量使用各种不同性能的建筑机械,使原来相对比较安静的环境成为噪声污染严重的场所。交通运输噪声主要指机动车辆、铁路机车、机动船舶、航空器等交通运输工具在运行时所产生的干扰周围生活环境的声音。

> **延伸阅读**

——**工业噪声扰民**。福州市仓山生态环境局执法人员根据群众投诉线索，对福州慧志鞋材有限公司夜间噪声扰民的问题进行调查。现场检查发现，该公司噪声污染防治措施不完善，且经现场监测，其厂区北侧边界噪声监测结果为53分贝，超过《工业企业厂界环境噪声排放标准》中规定的夜间噪声排放限值。

2022年9月28日，漳州市龙文生态环境局开展"静夜守护"夜间巡查，发现漳州多特制针有限公司厂界噪声较大，执法人员立即对其开展测管联动检查。检查时，该公司正在生产，车间内78台机器中49台正在作业，经现场监测，其西北侧厂界、西南侧厂界噪声值分别为77分贝和62分贝，超过《工业企业厂界环境噪声排放标准》中规定的夜间排放限值。[1]

——**建筑施工噪声污染**。在中铁五施工局（集团）有限公司（本案以下简称"中铁五局"）、中铁五局集团路桥工程有限责任公司（本案以下简称"路桥公司"）施工期间，距离施工现场约20至30米的吴某金养殖场出现蛋鸡大量死亡、生产软蛋和畸形蛋等情况。吴某金聘请三位动物医学和兽医方面的专家到养殖场进行探查，认为蛋鸡不是因为疫病死亡，而是在突然炮声或长期噪声影响下受到惊吓，卵子进入腹腔内形成腹膜炎所致。吴某金提起诉讼，请求中铁五局、路桥公司赔偿损失150万余元。本案中，吴某金能够证明其开办养鸡场在先，二被告施工行为在后，在二被告施工期间其养殖的蛋鸡出现异常死亡，并提交专家论证报告及其自行记载的蛋鸡死亡数量，但是难以举证证明损害的具体数额。人民法院理性参考专家意见，结合案件具体案情，依正当程序合理确定损失数额。终审判令中铁五局、路桥公司赔偿吴某金45万余元。[2]

——**交通运输噪声污染**。市民周某居住的房屋位于东台市境内的新204国道20米建筑控制区内，属于2011年国道建筑控制区划定前已经存在的合法建筑物。因噪声污染较大，周某认为休息生活受到了很大影响，导致精神

---

[1] 参见《静夜守护 治理噪声，我们在行动——整治工业企业噪声扰民典型案例》，载 https://gov.sohu.com/a/602779715_121106994，访问日期：2023年6月16日。

[2] 参见最高人民法院发布的环境侵权典型案例"吴某金诉中铁五局（集团）有限公司、中铁五局集团路桥工程有限责任公司噪声污染责任纠纷案"。

受到伤害。周某多次向江苏省盐城市公路管理处反映，但问题一直未能解决。经委托，东台市环境监测站对周某房屋周边进行环境噪声监测，其监测结果为：昼间65.7分贝，低于标准值70分贝；夜间64.9分贝，高于标准值55分贝。故周某提起诉讼要求盐城市公路管理处对其居住的住房所造成的影响排除噪声污染，消除危险，赔偿精神损失费13万元。人民法院审理认为，江苏省盐城市公路管理处作为204国道（盐城段）的管理人，在该公路营运过程中如发现有噪声超标情况，应采取积极措施进行处理，保证公路噪声不扰民，盐城市公路管理处应在204国道（盐城段）与周某住房之间设置隔音设施，使周某住宅的噪声达到符合国家规定标准的程度。同时，周某因噪声影响休息导致精神受到伤害符合日常生活经验法则，遂判决：①盐城市公路管理处于判决生效后90日内在204国道（盐城段）与周某住房之间设置隔音设施，使周某住宅的噪声达到符合国家规定标准的程度；②盐城市公路管理处于判决发生法律效力之日起30日内赔偿周某精神损害抚慰金1万元。南京市中级人民法院二审维持了一审判决。[1]

（二）社会生活噪声

社会生活噪声，是指人为活动所产生的除工业噪声、建筑施工噪声和交通运输噪声之外的干扰周围生活环境的声音，包括来自文化娱乐场、商业经营、公共场所、邻里四个方面的噪声。为了防治社会生活噪声污染，改善声环境质量，专门制定了《社会生活环境噪声排放标准》（GB 22337-2008）。此标准适用于对营业性文化娱乐场所、商业经营活动中使用的向环境排放噪声的设备、设施的管理、评价与控制。

延伸阅读

——**娱乐场所噪声治理**。2012年11月，区执法机关接到辖区某茶楼对一酒吧环境噪声污染的投诉后，组织检查执法人员和环境检测人员先后于2012年11月23日、12月20日和12月22日22时5分至23时5分，对该酒吧环境噪声及环境噪声污染防治情况实施了现场检查（勘查）和采样检测，其夜

---

[1] 参见江苏法院2020年度环境资源典型案例"周某诉江苏省盐城市公路管理处噪声污染责任纠纷案"。

间场界4个检测点环境噪声排放值分别达到58.9分贝、55.4分贝、52.9分贝、56.9分贝，均超过国家《社会生活环境噪声排放标准》（GB 22337-2008）规定的环境噪声排放标准。区执法机关于2012年12月22日制作了检测报告，认定该酒吧夜间噪声达58.9分贝，超过国家规定的排放标准，其行为违反了《环境噪声污染防治法》第43条第2款规定，并依据该法第59条规定，于2013年1月18日对酒吧作出责令改正违法行为决定书：责令其立即停止超标排放环境噪声的违法行为，限于2013年2月28日前，采取隔音降噪措施进行整改，并于2013年2月28日前将改正情况书面报告。

某台球俱乐部位于某娱乐会所的上方，系上下楼相邻关系。某娱乐会所系从事歌舞娱乐场所，安装了大量音响设备，场所未对顶部（天花板）采取隔音措施，其经营时间一般为21时至次日凌晨。因此，自营业以来该娱乐场所产生的噪声严重影响了台球俱乐部。经委托监测机构对该娱乐会所经营过程中产生的噪声、振动进行检测，发现因该娱乐会所噪声影响，导致某台球俱乐部的室内噪声值均较大幅度超过《社会生活环境噪声排放标准》的夜间限值。该台球俱乐部认为某娱乐会所在经营中发出的噪声形成了噪声污染，影响其经营活动，遂向法院提起噪声污染侵权诉讼，要求该娱乐会所立即停业或采取整改措施停止噪声污染，并赔偿经营损失。

——邻里噪声污染。2009年底，荆某租用一房屋居住，房屋带有一院落。邻居姜某与荆某房屋前后相邻，仅一墙之隔。荆某经常在租用的院落内进行钢铁切割作业，产生的噪声让姜某不堪忍受，生活环境受到影响。姜某先后向村委会及当地环境保护主管部门反映，但问题并未得到解决。无奈之下，姜某向法院提起民事诉讼，请求判决荆某停止侵害，排除妨碍，并赔偿精神损失。经审理，法院判令荆某立即停止侵权、排除妨害，并赔偿精神损害抚慰金2000元。[1]

二、法律规范分析

综合行政执法实践中，噪声污染执法事项成为当前投诉的重点之一。噪声污染类纠纷主要涉及以下法律规范。

---

[1] 参见最高人民法院发布的人民法院环境保护行政案件"姜某波与荆某噪声污染责任纠纷案"。

(一)《民法典》

《民法典》在所有权部分设专章"相邻关系"规范不动产相邻权利人之间的关系。《民法典》第288条明确规定,不动产的相邻权利人应当按照有利生产、方便生活、团结互助、公平合理的原则,正确处理相邻关系。《民法典》第294条明确规定,不动产权利人不得违反国家规定弃置固体废物,排放大气污染物、水污染物、土壤污染物、噪声、光辐射等有害物质。因此,此类纠纷的处理原则法律规定得很明确,即"有利生活、方便生活、团结互助、公平合理"。以此为指导,正确处理各方面的邻里关系,不能为了一时利益而违反规定、引起纠纷。不动产的相邻各方在对各自不动产行使所有权或使用权时,可以对相邻不动产的所有权或者使用权进行适当的扩展或限制,相邻建筑物的所有人或利用人之间须负有一定的容忍义务,但扩展和限制需要有一定限度。

延伸阅读

——**娱乐场所噪声治理**。2011年2月,胡某平将某小区一楼两间门面房改造成冷冻库。2013年3月6日,潘某购买该小区二楼房屋,该房屋正处于胡某平的冷冻库上方。潘某认为胡某平冷冻库机械设备工作时产生的声音较大,影响其生活、学习。2022年6月13日上午,该县环境检测站对位于该小区一楼的胡某平冷冻库边界及敏感点进行噪声监测。噪声主要来源于冷冻压缩机。监测结果显示边界及敏感点(主卧)噪声均超过国家规定标准,其中潘某家主卧昼间噪声为47.5分贝(噪声标准昼间不超过45分贝,夜间不超过35分贝)。2022年7月5日,潘某委托某检测技术有限公司对其房屋进行室内噪声监测,该技术有限公司于7月5日作出了检测报告。潘某遂根据该检测报告认为胡某平冷冻库制冷设备工作时产生噪声,要求胡某平停止侵害,排除妨害,赔偿损失5万元。

经审理,法院认为,《民法典》第294条规定:"不动产权利人不得违反国家规定弃置固体废物,排放大气污染物、水污染物、土壤污染物、噪声、光辐射、电磁辐射等有害物质。"本案中,经环保部门及第三方检测机构监测,胡某平的冷冻库压缩机作为被测主要声源,在正常连续工作时,潘某居住卧室室内噪声指标超过《社会生活环境噪声排放标准》(GB 22337-2008)及《声环境质量标准》(GB 3096-2008)规定的排放限值,胡某平应对由此造成的噪声污染承担责任，依据上述法律规定，胡某平应停止侵害行为。对于潘某主张的赔偿损失，因其未能举证证明其损失与噪声污染之间存在因果关系，故本院对其主张的损失赔偿不予支持。[1]

(二)《噪声污染防治法》

为了防治噪声污染，保障公众健康，保护和改善生活环境，国家专门制定了《噪声污染防治法》。该法按照噪声污染的类别，分别从工业噪声、建筑施工噪声、交通运输噪声、社会生活噪声等污染防治进行了系统规范。

1. 工业噪声污染防治

工业噪声是指在工业生产活动中产生的干扰周围生活环境的声音。工业噪声污染的防治主要分为两个部分：一是工业企业的基本义务。①工业企业选址应当符合相关规划要求；在噪声敏感建筑物集中区域，禁止新建排放噪声的工业企业，改建、扩建工业企业的，应当采取有效措施防止工业噪声污染。(第35条规定) ②企业事业单位和其他生产经营者应当采取有效措施，减少振动、降低噪声，依法取得排污许可证或者填报排污登记表。实行排污许可管理的单位，不得无排污许可证排放工业噪声。(第36条规定) ③实行排污许可管理的单位应当按照规定，对工业噪声开展自行监测，保存监测记录；按照国家规定，安装、使用、维护噪声自动监测设备，与主管部门的监控设备联网。(第38条规定) 二是违法行为的法律责任。工业噪声污染防治的法律责任条款主要集中在第73条至77条，具体如下：①违法建设噪声敏感建筑行为的处罚。建设单位建设噪声敏感建筑物不符合民用建筑隔声设计相关标准的，由监管部门责令改正，处建设工程合同价款2%以上4%以下的罚款；建设单位在噪声敏感建筑物禁止建设区域新建与航空无关的噪声敏感建筑物的，由监管部门责令改正，处建设工程合同价款2%以上10%以下的罚款，并报经政府批准，责令拆除。(第73条规定) ②违法新建排放噪声企业的行为。在噪声敏感建筑物集中区域新建排放噪声的工业企业的，由监管部门责令停止违法行为，处10万元以上50万元以下的罚款，并报经政府批准，责令关闭；在噪声敏感建筑物集中区域改建、扩建工业企业，未采取有效措施防止工业噪声污染的，由监管部门责令改正，处10万元以上50万元以下

---

[1] 参见黄冈市中级人民法院［2023］鄂11民终1295号民事判决书。

的罚款,拒不改正的报经政府批准,责令关闭。(第74条规定)③违法排放工业噪声的行为。无排污许可证或者超过噪声排放标准排放工业噪声的,由监管部门责令改正或者限制生产、停产整顿,并处2万元以上20万元以下的罚款;情节严重的,报经政府批准,责令停业、关闭。(第75条规定)④未依法监测、未依法安装使用监测设备的行为。未按照规定对工业噪声开展自行监测、未保留原始监测记录、未向社会公开监测结果的,未按照规定安装、使用、维护噪声自动监测设备或未与生态环境主管部门的监控设备联网的,由监管部门责令改正,处2万元以上20万元以下罚款;拒不改正的,责令限制生产、停产整治。(第76条规定)

2. 建筑施工噪声污染防治

建筑施工噪声是指在建筑施工过程中产生的干扰周围生活环境的声音。建筑施工噪声污染的防治主要分为两个部分:一是建设单位、施工单位的基本义务。①建设单位应当按照规定将噪声污染防治费用列入工程造价,在施工合同中明确施工单位的噪声污染防治责任;施工单位应当按照规定制定噪声污染防治实施方案,采取有效措施,降低噪声;建设单位应当监督施工单位落实噪声污染防治实施方案。(第40条规定)②在噪声敏感建筑物集中区域施工作业,应当优先使用低噪声施工工艺和设备;在噪声敏感建筑物集中区域施工作业,建设单位应当按照国家规定,设置噪声自动监测系统,与监督管理部门联网,保存原始监测记录(第41、42条规定)③在噪声敏感建筑物集中区域,禁止夜间进行产生噪声的建筑施工作业,但抢修、抢险施工作业等除外。(第43条规定)二是违法行为的法律责任。①未将噪声污染防治费用列入工程造价、未制定实施噪声污染防治实施方案、未依法实施噪声监测行为的处罚。建设单位未按照规定将噪声污染防治费用列入工程造价的,施工单位未按照规定制定噪声污染防治实施方案或者未采取有效措施减少振动、降低噪声的,在噪声敏感建筑物集中区域施工作业的建设单位未按规定设置噪声自动监测系统,未与监督管理部门联网或未保存原始监测记录的,由监管部门责令改正,处5000元以上5万元以下的罚款;拒不改正的,处5万元以上20万元以下的罚款。(第78条规定)②违法排放建筑施工噪声的行为。超过噪声排放标准建筑施工噪声的;未按规定取得证明,在噪声敏感建筑物集中区域夜间进行产生噪声的建筑施工作业的,由监管部门责令改正,处1万元以上10万元以下的罚款;拒不改正的,可以责令暂停施工。(第77条规定)

3. 交通运输噪声污染防治

交通运输噪声是指机动车、铁路机车车辆、城市轨道交通车辆、机动船舶、航空器等交通运输工具在运行时产生的干扰周围生活环境的声音。交通运输噪声污染的防治主要分为两个部分：一是相关主体的基本义务。①新建公路、铁路线路选线设计，应当尽量避开噪声敏感建筑物集中区域；新建民用机场选址与噪声敏感建筑集中区域的距离应当符合标准要求；新建、改建、扩建经过噪声敏感建筑物集中区域的高速公路、城市高架、铁路和城市轨道交通线路等，建设单位应当设置声屏障或者采取其他减少振动、降低噪声的措施，符合相关规范标准。（第45、46条规定）②机动车的消声器和喇叭应当符合国家规定，禁止驾驶拆除或者损坏消声器、加装排气管等擅自改装的机动车以轰鸣、疾驶等方式造成噪声污染。（第47条规定）③机动车、铁路机车车辆、城市轨道交通车辆、机动船舶等交通运输工具运行时，应当按照规定使用喇叭等声响装置。（第48条规定）④公路养护管理单位、城市道路养护维修单位应当加强对公路、城市道路的维护和保养，保持减少振动、降低噪声设施正常运行；城市轨道交通运营单位、铁路运输企业应当加强对城市轨道交通线路和城市轨道交通车辆、铁路线路和铁路机车车辆的维修和保养，保持减少振动、降低噪声设施正常运行，并按规定进行监测，保存原始监测记录。（第51条规定）⑤民用机场管理机构会同航空运输企业、通用航空企业、空中交通管理部门等单位，采取低噪声飞行程序、起降跑道优化、运行架次和时段控制、高噪声航空器运行限制或者周围噪声敏感建筑物隔声降噪等措施；民用机场管理机构应当按照国家规定，对机场周围民用航空器噪声进行监测，保存原始监测记录，监测结果定期向民用航空、生态环境保护部门报送。（第54条规定）二是违法行为的法律责任。①驾驶违法拆除或损坏、改装机车引起噪声污染行为的处罚。驾驶拆除或者损坏消声器、加装排气管等擅自改装的机动车轰鸣、疾驶，机动车运行时或按规定使用声响装置，或者违反禁止机动车行驶和使用声响装置的路段和时间规定的，由公安机关交通管理部门依法处罚；铁路机车车辆、城市轨道交通车辆、机动船舶等交通运输工具运行时未按照规定使用声响装置的，由有关部门责令改正，处5000元以上1万元以下的罚款。（第79条规定）②相关单位未履行降低噪声的行为。公路养护管理单位、城市道路养护维修单位、城市轨道交通运营单位、铁路运输企业未履行维护和保养义务，未保护减少振动、降低噪声设施正常运行的；城市轨道交通运营单位、铁路运输企业未按照规定进行监测或者未保存原始监测记录的；民用机场管理机构、航空运输企业、通用航空企业未采取措施防止、减轻民用航空器噪声污染的；民用机场管理机构未按照国家规定对机场周围民用航空器噪声进行监测，未保存原始监测记录或者监测结果未定期报送的，由有关部门责令改正，处5000元以上5万元以下的罚款；拒不改正的，处5万元以上20万元以下的罚款。（第80条规定）

4. 社会生活噪声污染防治

社会生活噪声是指人为活动中产生的除工业噪声、建筑施工噪声和交通运输噪声之外的干扰周围生活环境的声音。社会生活噪声污染的防治主要分为两个部分：一是相关主体的基本义务。①文化娱乐、体育、餐饮等场所的经营管理者应当采取有效措施，防止、减轻噪声污染。（第61条规定）②使用空调器、冷却塔、水泵、油烟净化器、风机、发电机、变压器、锅炉、装卸设备等可能产生社会生活噪声污染的设备、设施的企业事业单位和其他经营管理者等，应当采取优化布局、集中排放等措施，防止、减轻噪声污染。（第62条规定）③禁止在商业经营活动中使用高音广播喇叭或者采用其他持续反复发出高噪声的方法进行广告宣传。对商业经营活动中产生的其他噪声，经营者应当采取有效措施，防止噪声污染。（第63条规定）④在街道、广场、公园等公共场所组织或者开展娱乐、健身等活动，应当遵守公共场所管理者有关活动区域、时段、音量等规定，采取有效措施，防止噪声污染；不得违反规定使用音响器材产生过大音量。（第64条规定）⑤家庭及其成员应当培养形成减少噪声产生的良好习惯，乘坐公共交通工具、饲养宠物和其他日常活动尽量避免产生噪声对周围人员造成干扰，互谅互让解决噪声纠纷，共同维护声环境质量。使用家用电器、乐器或者进行其他家庭场所活动，应当控制音量或者采取其他有效措施，防止噪声污染。（第65条规定）⑥对已竣工交付使用的住宅楼、商铺、办公楼等建筑物进行室内装修活动，应当按照规定限定作业时间，采取有效措施，防止、减轻噪声污染。（第66条规定）⑦新建居民住房的房地产开发经营者应当在销售场所公示住房可能受到噪声影响的情况以及采取或者拟采取的防治措施，并纳入买卖合同。新建居民住房的房地产开发经营者应当在买卖合同中明确住房的共用设施设备位置和建筑隔声情况。（第67条规定）⑧居民住宅区安装电梯、水泵、变压器等共用设施设备的，建设单位应当合理设置，采取减少振动、降低噪声的措施，符合民用建筑隔声设计相关标准要求。已建成使用的居民住宅区电梯、水泵、变压器等共用设施设备由专业运营单位负责维护管理，符合民用建筑隔声设计相关标准要求。（第68条规定）二是违法行为的法律责任。社会生活噪声污染防治的法律责任条款主要集中在第81、82条，具体如下：①商业经营活动中违法排放噪声的行为。超过噪声排放标准排放社会生活噪声的；在商业经营活动中使用高音广播喇叭或者采用其他持续反复发出高噪声的方法进行广告宣传的；未对商业经营活动中产生的其他噪声采取有效措施造成噪声污染的，由监管部门责令改正，处5000元以上5万元以下的罚款，拒不改正的，处5万元以上20万元以下的罚款，并可报政府批准，责令停业。（第81条规定）②一般违法造成生活噪声的行为。在噪声敏感建筑物集中区域使用高音广播喇叭的；在公共场所组织或者开展娱乐、健身等活动，未遵守公共场所管理者有关活动区域、时段、音量等规定，未采取有效措施造成噪声污染，或者违反规定使用音响器材产生过大音量的；对已竣工交付使用的建筑物进行室内装修活动，未按照规定在限定的作业时间内进行，或者未采取有效措施造成噪声污染的；其他违反法律规定造成社会生活噪声污染的，由监管部门说服教育，责令改正，拒不改正的，给予警告，对个人可处200元以上1000元以下的罚款，对单位可处2000元以上2万元以下的罚款。（第82条规定）

（三）《治安管理处罚法》

该法第58条明确规定，违反关于社会生活噪声污染防治的法律规定，制造噪声干扰他人正常生活的，处警告；警告后不改正的，处200元以上500元以下罚款。在行政管理实践中，部分行政法规对噪声污染防治进行了规定，如《娱乐场所管理条例》第7条第2款明确规定，娱乐场所的边界噪声，应当符合国家规定的环境噪声标准；《民用机场管理条例》第59条规定，在民用机场起降的民用航空器应当符合国家有关航空器噪声和涡轮发动机排出物的适航标准。

> **延伸阅读**
>
> ——**社会生活噪声也属治安管理范围**。2019年10月19日晚10点20分，某市公安局某分局下辖派出所接到报警电话，投诉某小区15楼有人持续放音响，声音大，严重影响邻居的正常生活。随后派出所派警至该小区涉事房间进行检查，并制作了检查笔录，对相关音响进行了扣押，并依法制作了证据

保全清单及决定向当事人送达。民警当场进行了警告,并告知若不改正将进行处罚。随后民警对报警人也进行了询问并制作了询问笔录,事后当事人表示将改正,民警遂交还了相关音响。

三、执法办案指引

噪声类案件的执法重点应当以前述法律要件为基础,重点做好以下取证工作,按照法定程序依法进行处罚。

（一）办案过程中的取证事项

围绕法律规定的违法行为要件,关键是查明是否存在违法噪声污染行为,因此需要重点做好以下证据收集工作:一是当事人基本信息。涉及企业时,需要查明营业执照、企业法人登记信息等。二是现场检查笔录、询问笔录、现场照片。此类案件需要执法人员进行现场检查,查看是否存在相应的违法行为,因此执法人员需要作好检查笔录、询问笔录,必要时现场拍摄照片等。具体要求在证据部分已经涉及,这里就不再赘述。三是检测报告。噪声排放是否达标,不能凭感官进行主观评判,往往需要委托第三方进行现场检测。通过现场检测,得出的检测报告是衡量噪声污染的重要证据。对于检测报告一定要留意检测报告的合法性问题,审查是否符合检测规范要求,必须是有效的检测结果。

延伸阅读

——**检测报告引争议,法院依法审查**。2019年7月24日,上海杨浦区生态环境局对一公司违法排放噪声行为进行查处。经环境监测站检测认定该公司位于延吉中路某号,冷藏室使用时间为夜间22点至次日凌晨4点,其夜间500赫兹倍频带声压级的室内噪声排放值为30分贝,超过《社会生活环境噪声排放标准》规定的500赫兹倍频带声压级的室内噪声排放标准29分贝。该行为违反了《上海市社会生活噪声污染防治办法》第6条第3款的规定,生态环境局遂依据该办法第18条第2项的规定作出处罚决定。处罚决定作出后,该公司不服提起行政诉讼,认为杨浦区生态环境局检测时只设一个检测点不符合规定,检测报告不符合《社会生活环境噪声排放标准》。杨浦区生态环境局称,结构传播固定设备室内噪声是边界噪声的一种传播方式,是特殊的检测要求，不是噪声的一种分类。目前法律当中没有对结构传播固定设备室内噪声设立单独处罚，说明社会生活噪声排放标准当中包括了结构传播固定设备室内噪声，其属于边界噪声范围。

经审理，法院认为，社会生活噪声污染属于《环境噪声污染防治法》规定的四种环境噪声污染（即工业噪声污染、建筑施工噪声污染、交通运输噪声污染和社会生活噪声污染）之一。该法第44条第2款规定，在商业经营活动中使用空调器、冷却塔等可能产生环境噪声污染的设备、设施的，其经营管理者应当采取措施，使其边界噪声不超过国家规定的环境噪声排放标准。针对社会生活中所产生的噪声污染本市制订了《上海市生活噪声污染防治办法》，规定由环境保护部门予以处罚。杨浦区生态环境局以《社会生活环境噪声排放标准》为判定依据，认定上诉人边界噪声超标。该标准对营业性文化娱乐场所和商业经营活动中可能产生环境噪声污染的设备、设施边界噪声排放限值和测量方法进行了规定，《社会生活环境噪声排放标准》第4条为环境噪声排放限值，其中第4.1条为边界噪声排放限值，明确了边界噪声排放限值及测量及评价依据；并进一步在《社会生活环境噪声排放标准》第4.2条结构传播固定设备室内噪声排放限值中明确，在社会生活噪声排放源位于噪声敏感建筑物内的情况下，噪声通过建筑物结构传播至噪声敏感建筑物室内时，按相应方法检测噪声敏感建筑物内等效声级、倍频带声压级，确定是否符合排放限值。故结构传播固定设备室内噪声并不是独立于边界噪声或者其他单独的噪声种类，而是边界噪声在特殊情况下，即排放源与噪声敏感建筑处在同一建筑物内时，所需要运用的一种特别检测方法进行检测的特殊状态。本案中，涉案当事人之间属于楼上楼下关系，不能按《社会生活环境噪声排放标准》第4.1条边界噪声排放限值的普通方法直接测定边界噪声，而是符合《社会生活环境噪声排放标准》第4.2条规定的结构传播固定设备室内噪声排放限值的测量、认定方法的情形。因此，上海市杨浦区环境监测站作为有资质的专业环境检测机构，其检测时采用《社会生活环境噪声排放标准》第4.2条规定的结构传播固定设备室内噪声排放限值进行测量，并无不当。经检测，上诉人生产经营场所的设备噪声排放值超过《社会生活环境噪声排放标准》规定的限值，杨浦区生态环境局适用《上海市社会生活噪声污染防治办法》等规定，认定上诉人因商业经营活动排放社会生活噪声造成污染而对其作出行政处罚，适用法律正确。杨浦区生态环境局在作出行政处罚前，责令上诉人改正,告知上诉人处罚决定的事实、理由及依据,听取上诉人陈述、申辩意见后,作出被诉行政处罚决定,事实清楚、证据确凿,程序合法。上诉人认为测量的结构传播固定设备室内噪声不能作为处罚上诉人的依据,是对相关规定的误解。[1]

(二) 噪声污染防治涉及的标准

噪声污染案件中经常涉及《社会生活环境噪声排放标准》(GB 22337-2008)、《工业企业厂界环境噪声排放标准》(GB 12348-2008)、《声环境质量标准》(GB 3096-2008)、《建筑施工场界环境噪声排放标准》(GB 12523-2011)、《铁路边界噪声限值及其测量方法》(GB 12525-90)、《机场周围飞机噪声环境标准》(GB 9660-88)等相关国家标准。其中《社会生活环境噪声排放标准》规定了营业性文化娱乐场所和商业经营活动中可能产生环境噪声污染的设备、设施边界噪声排放限值和测量方法。该标准适用于对营业性文化娱乐场所、商业经营活动中使用的向环境排放噪声的设备、设施的管理、评价与控制。《工业企业厂界环境噪声排放标准》规定了工业企业和固定设备厂界环境噪声排放限值及其测量方法,该标准适用于对工业企业噪声排放的管理、评价及控制。机关、事业单位、团体等对外环境排放噪声的单位也按本标准执行。工业企业厂界环境噪声指在工业生产活动中使用固定设备等产生的、在厂界处进行测量和控制的干扰周围生活环境的声音。《声环境质量标准》规定了 5 类声环境功能区的环境噪声限值及测量方法。该标准适用于声环境质量评价与管理。机场周围区域受飞机通过(起飞、降落、低空飞越)噪声的影响,不适用于本标准。《建筑施工场界环境噪声排放标准》规定了建筑施工场界环境排放限值及测量方法,该标准适用于对周围有噪声敏感建筑物的建筑施工噪声排放的管理、评价及控制。市政、通信、交通、水利等其他类型的施工噪声排放可参照本标准执行。《铁路边界噪声限值及其测量方法》规定了城市铁路边界处铁路噪声的限值及测量方法,该标准适用于对城市铁路边界噪声的评价。《机场周围飞机噪声环境标准》规定了机场周围飞机噪声的环境标准,适用于机场周围受飞机通过所产生噪声影响的区域。

---

[1] 上海市第二中级人民法院 [2020] 沪 02 行终 185 号行政判决书。

延伸阅读

——《社会生活环境噪声排放标准》的适用。

案例1：2018年6月，郑某俊多次向芗城区城管局举报和投诉因A7酒吧长期超标排放噪声，严重影响了其正常休息，请求依法对A7酒吧的行为进行查处。7月4日，芗城区城管局组织对A7酒吧排放的噪声进行检测，检测结果超出规定值，于同月24日对其作出行政处罚决定，责令立即停止噪声污染行为并处罚款。8月16日，芗城区城管局再次对A7酒吧的噪声进行检测，噪声排放依然超出规定值，于9月19日对其作出行政处罚决定，责令立即停止噪声污染行为并处罚款。10月15日，郑某俊向芗城区城管局申请公开对A7酒吧进行检测的《检测报告》，以及芗城区城管局对A7酒吧作出的行政处罚及责令整改的相关行政文书。芗城区城管局征求第三方意见，A7酒吧、健研检测集团有限公司和厦门威正检测技术有限公司均不同意公开相关的材料。芗城区城管局于11月1日以郑某俊申请公开的信息涉及商业秘密、个人隐私，公开后可能损害第三方合法权益，第三方不同意公开为由在《关于办理的情况说明》中未向郑某俊提供A7酒吧噪声测试报告及行政处罚决定书等信息的原件复印件。同时，芗城区城管局在该情况说明中载明："2018年7月4日，根据第三方机构给出的检测结果，A7酒吧经营场所边界噪声排放为60.5分贝、57.3分贝，A7酒吧测量结果超出规定值，按照行政处罚程序，我局于7月24日对其作出行政处罚决定，责令立即停止噪声污染行为并处罚款；2018年8月16日，根据第三方机构给出的检测结果，A7酒吧经营场所边界噪声排放为58.1分贝，A7酒吧测量结果超出规定值，按照行政处罚程序，我局于9月19日对其作出行政处罚决定，责令立即停止噪声污染行为并处罚款。"[1]

案例2：2016年12月28日，杨某向所在区环境保护部门投诉附近一家饭店噪声扰民。2019年1月4日，该区环境监测站监测人员在区环保部门执法人员陪同下至杨某住所室内监测。监测该饭店噪声级昼间测量值为41.6分贝。次日，再次对该饭店噪声进行监测，并制作了社会生活环境噪声监测结果统计表，监测结果：测点位置为该饭店边界外1米，等效声级昼间测量值为76.5分贝，背景噪声测量值为54.8分贝，超标量为21.5分贝。表中另注明：背景值与监测

---

[1] 参见漳州市中级人民法院[2020]闽06行终52号行政判决书。

值相差>10dB（A），据《社会生活环境噪声排放标准》（GB 22337-2008）中第5.7.1条的规定，测量值不作修正。

——**相关标准适用错误**。2017年5月23日，廖某通过区长信箱投诉湖南科技职业学院食堂鼓风机噪声超标。雨花区环保局接到投诉后于同月25日到湖南科技职业学院进行执法检查。经查，该院食堂油烟管道风机老化，噪声超标。雨花区环保局当场出具《环境现场监察文书》，出具了初步处理意见：责令该单位于5月31日前整改到位，确保噪声达标排放；逾期不整改将依据相关法律、法规予以处理。6月6日，雨花区环保局作出《关于湖南科技职业学院食堂鼓风机咋跟抽风泵似的噪声扰民的回复》，告知了对廖某投诉事项的调查处理结果。

6月12日，雨花区环保局到湖南科技职业学院食堂，对其是否按照监察文书的要求整改到位进行检查，并通过视频照片的方式予以了记录。10月11日，雨花区环保局委托崇德公司对湖南科技职业学院食堂进行昼间噪声检测，检测结果为57分贝。采样点位于食堂北面敏感点窗外1米处，采样方法参照《社会生活环境噪声排放标准》。10月22日、11月10日、11月15日、12月14日，廖某多次向12369网络投诉平台或区长信箱等举报湖南科技职业学院食堂未按要求整改，环评验收弄虚作假，区环保局玩忽职守、不作为等问题。12月25日，雨花区环保局对廖某作出《关于举报湖南科技职业学院食堂灶台风机噪声扰民的答复函》，就廖某提出的六个问题进行了答复。2018年1月11日，廖某向长沙市环保局提出复议申请。其中一项为确认环保部门在噪声监测中测点布设不符合规范的行为违法。

《环境噪声污染防治法》第23条规定："在城市范围内向周围生活环境排放工业噪声的，应当符合国家规定的工业企业厂界环境噪声排放标准。"《工业企业厂界环境噪声排放标准》规定：本标准适用于工业企业噪声排放的管理、评价及控制。机关、事业单位、团体等对外环境排放噪声的单位也按本标准执行。本案中，湖南科技职业学院作为事业单位，食堂作为该学院的一部分，其对外环境排放噪声的应适用上述标准。崇德公司作出的《检测报告》引用了《社会生活环境噪声排放标准》，系适用标准错误，雨花区环保局以该《检测报告》为依据认定被投诉单位噪声排放达标不当。

（三）办案过程中的部门协作

《噪声污染防治法》第8条规定，地方人民政府生态环境主管部门对本行政区域噪声污染防治实施统一监督管理。各级住房和城乡建设、公安、交通运输、铁路监督管理、民用航空、海事等部门,在各自职责范围内,对建筑施工、交通运输和社会生活噪声污染防治实施监督管理。基层群众性自治组织应当协助地方人民政府及其有关部门做好噪声污染防治工作。第72条第1款规定,生产、进口、销售超过噪声限值的产品的,由县级以上人民政府市场监督管理部门、海关进行处理。第73条第1款规定,建设单位建设噪声敏感建筑物不符合民用建筑隔声设计相关标准要求的,由县级以上地方人民政府住房和城乡建设主管部门进行处罚。因此,噪声污染的治理涉及多个职能部门,需要共同协作。根据法律规定,噪声污染防治的监管部门主要是生态环境主管部门,但在实际中许多地方将相关职权划转到城市管理执法部门,还有些地方规定由公安机关负责。实行街道综合行政执法改革后,许多地方赋权由街道综合行政执法机关负责。

> **延伸阅读**
>
> **——噪声扰民的查处主体较多。**
>
> **案例1**:2020年6月13日晚,王某针对万和益康大药房音箱扰民情况报警,沈阳市公安局大东分局东山公安派出所于当晚出警后,依据《沈阳市环境噪声污染防治条例》第49条第1款,作出当场处罚决定书,查明万和益康大药房在2020年6月13日多次违法使用高音喇叭招揽来往顾客,给予万和益康大药房法定代表人罚款200元人民币的行政处罚。
>
> **案例2**:2019年6月3日,上海市杨浦区生态环境局接到信访投诉,反映某公司生产经营场所设备排放噪声扰民。经现场检查和委托环境检测后,杨浦区生态环境局对该公司的行为予以立案。杨浦区生态环境局在向该公司进行调查询问后,于6月28日作出责令改正决定,责令其改正违法行为,达标排放噪声。7月24日,杨浦区生态环境局对该公司发出行政处罚事先告知书,随后于7月30日作出行政处罚决定。
>
> **案例3**:胡某系西安市浐灞生态区某小区的业主。2019年5月30日,胡某向西安浐灞生态区城市管理局递交了一份投诉某广场舞生活噪声违法行为扰民问题的书面申请书,认为晚上7点半到9点20有人长期在城市建成区地段中间翡冷翠商业街使用大功率功音响,影响其生活及健康,要求该部门根据西安市环境噪声污染防治条例的相关规定还大家一个安静、健康的生活学

习环境。9月3日,胡某又向西安市城市管理和综合执法局递交了一份请求对2019年5月30日的投诉给予书面回复的投诉材料,要求西安市城市管理和综合执法局给予一个合理的解释并对反映的问题做一书面回复。9月4日,胡某向西安市生态环境局递交了落款时间为2019年5月30日的投诉某广场舞生活噪声违法行为扰民处置问题的材料,要求环保部门对于制造广场舞生活噪声违法扰民处置问题进行书面回复。9月23日,西安市生态环境局向胡某作出一份《关于广场舞噪声扰民投诉的回复》,认为胡某反映的广场噪声扰民和商业街使用大功率功放音响问题,属于《环境噪声污染防治法》所调整的"社会生活噪声"。《西安市环境噪声污染防治条例》中,将该类污染的监管职权划归西安市城管执法部门,该条例第4条第2款规定:城市管理部门负责城市建成区街道、广场、公园等公共场所宣传庆典、文化娱乐、体育健身等活动中,使用音响、抽打陀螺、甩响鞭等方式产生噪声以及临街商业门店使用音响产生噪声的监督管理。建议胡某向辖区城管部门反映此类问题,也可以直接拨打12345市民投诉热线进行投诉。作为全市生态环境主管部门,该局也会将胡某反映的问题转交城管部门查处。此外,胡某也曾因该噪声干扰向公安机关报警,并对2019年3月24日报警后公安机关不履行法定职责,以西安市公安局浐灞生态区分局为被告向本院提起行政诉讼,要求公安机关履行查处职责。[1]

比如关于社会生活噪声污染的防治,公安机关应当积极履行职责,依法处理干扰他人正常生活、工作和学习的行为。《治安管理处罚法》第58条明确规定,违反关于社会生活噪声污染防治的法律规定,制造噪声干扰他人正常生活的,处警告;警告后不改正的,处200元以上500元以下罚款。《噪声污染防治法》第87条第1款也规定,违反本法规定,产生社会生活噪声,经劝阻、调解和处理未能制止,持续干扰他人正常生活、工作和学习,或者有其他扰乱公共秩序、妨碍社会管理等违反治安管理行为的,由公安机关依法给予治安管理处罚。

---

[1] 参见西安铁路运输中级人民法院[2020]陕71行终887号行政裁定书。

> 延伸阅读

——公安机关查处生活噪声的职责。王某与高某、刘某均为北京市平谷区某小区居民，双方系楼上楼下关系，高某、刘某系楼上，王某系楼下。自2016年11月以来，王某因楼上声响扰民多次报警，平谷区公安分局下辖兴谷派出所依法出警进行调查核实相关情况。2018年1月，王某主张高某、刘某在居住期间恶意制造噪声，影响其正常生活并导致其身体健康状况恶化，向北京市平谷区人民法院提起民事诉讼，要求高某、刘某停止扰民行为并赔偿其精神损失。2018年8月2日，平谷区法院作出民事判决书，判决驳回王某的诉讼请求。王某上诉后，北京市第三中级人民法院于10月30日作出民事判决，改判高某、刘某于判决生效之日起立即停止对王某的扰民行为，并赔偿王某精神损失费5000元。2019年3月12日，王某到平谷区公安分局下辖的兴谷派出所报案称：2018年12月至2019年3月间，其小区的高某、刘某故意制造噪声干扰其正常生活，平谷区公安分局下辖兴谷派出所当日受理为行政案件，当日，平谷区公安分局下辖兴谷派出所对王某进行询问。3月14日，平谷区公安分局下辖兴谷派出所调取某小区某号楼单元电梯录像。3月15日，平谷区公安分局下辖兴谷派出所对王某之弟王某某进行询问。3月21日，平谷区公安分局下辖兴谷派出所传唤高某，并制作询问笔录，拍摄高某住所家具布局情况照片。4月4日，王某向平谷区公安分局下辖兴谷派出所提供扰民光盘1张、扰民时间表1张、判决书1份，平谷区公安分局制作询问笔录、接受证据清单。4月10日，平谷区公安分局下辖兴谷派出所呈报并经平谷区公安分局批准，延长办案期限30日。4月19日，平谷区公安分局下辖兴谷派出所对该小区物业工程部经理陈某进行询问，对某小区某号楼某单元居民刘某进行询问。2019年4月30日，平谷区公安分局下辖兴谷派出所询问刘某并制作笔录。2019年5月9日，平谷区公安分局下辖兴谷派出所询问王某并制作笔录，后平谷区公安分局作出京公平不罚决字〔2019〕000011号、000012号不予行政处罚决定，因王某指认刘某、高某的违法事实不能成立，决定对刘某、高某不予行政处罚，并送达王某与刘某、高某。[1]

---

[1] 参见北京市第三中级人民法院〔2021〕京03行终297号行政判决书。

(四) 正确适用裁量基准

行政机关特别是上级业务主管部门公布的裁量基准,是执法实践中应当予以适用的重要依据之一,综合行政执法机关应当严格适用。实际上,裁量基准具有规范效力和适用效力。这种效力首先对内作用,执法机关应当结合实际案情严格执行。裁量基准还具有对外效力,在执法活动中相对人可以据之进行判断。如果行政执法机关未能适用,也未作出合理说明,则作出的行政处罚将不具有合法性、合理性。正如学者所言,"行政机关制定的行政裁量权基准,并不是行政机关内部使用的参考标准,不是为精准执行而制定的内部工作指南。行政裁量权基准,作为一种依法制定的行政依据,它对外、对内都具有法律约束力。它的法律约束力,无论是正面的还是反面的,都会辐射到行政相对人、行政机关和人民法院"。[1]在司法实践中,对于行政机关制定的裁量基准人民法院是认可的。经审查确认合法,具有法律约束力。因而,如果行政决定没有依据行政裁量权基准作出,人民法院可以依法确认违法或撤销或直接变更。

> **延伸阅读**
>
> **——裁量基准的适用。**

案例1: 杨浦生态环境局接到信访投诉,经现场检查和委托环境检测后,于2019年6月3日对光明随心订公司违反《上海市社会生活噪声污染防治办法》的行为予以立案。杨浦生态环境局在向光明随心订公司进行调查询问后,于6月28日作出责令改正决定,责令其改正违法行为,达标排放噪声。2019年7月24日,杨浦生态环境局对光明随心订公司发出行政处罚事先告知书。光明随心订公司提出申辩,认为杨浦生态环境局检测时只设一个检测点不符合规定;噪声系因设备发生故障所致;光明随心订公司已按要求在规定期限内积极整改。杨浦生态环境局经审查,对光明随心订公司的申辩意见不予采纳,即于2019年7月30日作出行政处罚决定,认定光明随心订公司位于延吉中路某号某室生产经营场所的冷藏室处安装冷风机和风幕机各一台,冷藏室使用时间为夜间22点至次日凌晨4点,其夜间500赫兹倍频带声压级的室内噪声排放值为30分贝,超过《社会生活环境噪声排放标准》规定的500赫兹

---

[1] 胡建淼:《行政裁量权基准的属性、制定和适用》,载《中国司法》2022年第8期。

倍频带声压级的室内噪声排放标准29分贝。杨浦生态环境局认为光明随心订公司的行为违反了《上海市社会生活噪声污染防治办法》第6条第3款的规定，依据该办法第18条第1款第2项的规定作出处罚决定：①责令光明随心订公司改正边界噪声超标的行为；②罚款8000元整。光明随心订公司不服，向上海市杨浦区人民政府提出行政复议申请。杨浦区政府作出维持的行政复议决定后，该公司提起诉讼，请求撤销上述行政处罚决定和复议决定。经一审、二审，二审法院经综合考量，判决撤销原审判决，变更杨浦生态环境局作出的行政处罚决定第2项的罚款金额，撤销杨浦区人民政府作出的行政复议决定。[1]

本案涉及对行政裁量基准的审查适用。涉案违法事实成立，行政机关制定的裁量基准中有直接对应的处理标准，但行政机关未严格执行，也未作出说明。二审法院认定被诉处罚决定裁量不当，并直接参照行政裁量基准规定中对应的裁定表作出了变更判决。本案判决充分保障了相对人的合法权益，使争议得到彻底解决；为行政执法中如何正确行使行政裁量权有一定教益；对行政审判中如何审查和参照行政裁量基准，提供了实例参考。

案例2：2017年8月23日，历下区环保局执法人员接举报反映山东省济南市征兵接待处宾馆楼六楼楼顶一套六台中央空调室外机组噪声扰民，经现场检测，在南界外一米处，20时55分（昼间）噪声为64.7分贝，22时38分（夜间）63.4分贝，均超过《工业企业厂界环境噪声排放标准》表1中一类区排放极限。另查明，原告山东省征兵接待处系1990年5月10日成立的非公司法人，2004年10月27日，其营业执照被吊销。随后历下区环保局进行了调查询问、现场勘查等调查程序。8月25日，历下区环保局向征兵接待处送达了《责令改正违法行为决定书》，依据《山东省环境噪声污染防治条例》第36条第1款之规定，责令原告自接到决定书之日起，15日内对其违法行为予以整改，并告知救济途径及期限，可在接到决定书之日起60日内向历下区政府复议办公室申请行政复议；或者在收到决定书之日起6个月内直接向历下区人民法院提起诉讼。8月26日，针对历下区环保局责令改正违法行为决定书的要求，征兵接待处向历下区环保局出具了《山东省军区征兵接待处空

---

[1] 2020年上海法院行政审判典型案例"某电子商务有限公司诉上海市杨浦区生态环境局行政处罚及上海市杨浦区人民政府行政复议案"。

调机组整改方案》，提出了具体的整改方案、整改时间。8月28日，历下区环保局向征兵接待处送达了《行政处罚告知书》，告知原告拟作出行政处罚的事实、理由、依据及拟作出的处罚决定，并告知原告7日内有进行陈述、申辩的权利。9月4日，历下区环保局下达《行政处罚决定书》，并于同日向其送达。山东省征兵接待处不服，于2017年9月30日向被告历下区政府申请行政复议。历下区政府于2017年10月11日决定予以受理，并于同日向原告送达了《行政复议申请受理决定书》，次日向历下区环保局送达了历下政复办答字[2017]58号《行政复议答复通知书》。因案情复杂，历下区政府于11月29日作出历下政复延字第58号《延期审理通知书》，并送达给山东省征兵接待处和历下区环保局。被告历下区政府于2017年12月27日作出《行政复议决定书》，维持了济历下环罚字[2017]第63号《行政处罚决定书》。征兵接待处不服向人民法院提起行政诉讼。经审理，人民法院撤销了区政府作出的《行政复议决定书》，变更了区环境保护局作出的《行政处罚决定书》，将罚款3万元变更为1万元。区环境保护局不服该判决，依法向济南市中级人民法院提起上诉。

经审理，二审法院认为，《行政诉讼法》第77条第1款规定："行政处罚明显不当，或者其他行政行为涉及对款额的确定、认定确有错误的，人民法院可以判决变更。"确定行政处罚的正当性标准，是行政法治发展的必然趋势，2014年《行政诉讼法》修正后，将明显不当的行政处罚增加为可由人民法院判决变更的情形，即法院在对行政行为进行合法性审查后，又将行政处罚的合理性纳入司法审查范围，促使行政机关依法合理行使行政管理职权。一审法院在对本案上诉人作出的环境行政处罚决定进行合法性审查后，又根据相关案情对处罚幅度作出合理性评判，具有法律依据。但根据《行政诉讼法》第77条的规定，人民法院在审理行政处罚案件时适用变更判决的情形通常只限于行政机关作出的行政处罚明显不当，这种明显不当应理解为超出了普通大众的认知和接受程度，以至于具有正常理性的普通人均能发现这种不公正性。主要表现行为为处罚畸重畸轻，即行政机关实际作出的行政处罚与被处罚人违法行为应受到的行政处罚相差悬殊，轻错重罚或重错轻罚，或相同情况不同对待，或不同情况不能分情况对待等。行政机关作为组织管理国家行政事务的执行机关，在作出行政处罚时常常考虑行政程序的公平性和行政管理的效能性。行政机关在行使自由裁量权时一般根据违法事实、性质、情节、社会危害程度等因素确定具体裁量标准和适用条件，也常常涉及一些技术性、专业性问题和对行政目标、效率、资源等因素的综合考量，人民法院在审查行政机关的自由裁量权过程中应保持必要的谦抑，恪守司法审查有限原则，尊重行政机关初始判断权，避免以绝对化的正当性标准去评价行政程序和行政自由裁量权。

《环境行政处罚办法》第6条规定："行使行政处罚自由裁量权必须符合立法目的，并综合考虑以下情节：（一）违法行为所造成的环境污染、生态破坏程度及社会影响；（二）当事人的过错程度；（三）违法行为的具体方式或者手段；（四）违法行为危害的具体对象；（五）当事人是初犯还是再犯；（六）当事人改正违法行为的态度和所采取的改正措施及效果。同类违法行为的情节相同或者相似、社会危害程度相当的，行政处罚种类和幅度应当相当。"环保噪声检测是环保部门运用专业检测仪器在不同时间对污染源进行的现场或在线检测，具有一定的专业技术性，环保行政部门作出的行政处罚是在以检测声级与标准值之间的差距基础上根据违法事实、性质并结合社会环境、行政目标等因素的综合考量，其处罚结论承载着政府发挥行政管理和为社会公众提供行政服务的目的。人民法院在司法审查中要注意考虑审判权行使的界限，把握必要的限度。参照《山东省环境保护厅行政处罚裁量基准（2018年版）》对环境噪声超标的违法程度划分，边界噪声超标7分贝以下为较重，边界噪声超标7分贝至16分贝以下为严重，边界噪声超标16分贝以上为特别严重。本案上诉人通过检测得出被上诉人的中央空调室外机组边界噪声昼间为64.7分贝（标准为55分贝，超标9.7分贝），夜间为63.4分贝（标准为45分贝，超标18.4分贝），均超出国家规定的噪声排放标准，当事人对此事实并无异议，被上诉人的违法程度属于特别严重，上诉人对其予以顶格处罚并无不当。根据上诉人提交的2017年辖区内噪声超标案件情况，上诉人对所查处的2017年噪声超标处罚对象均作出责令改正环境违法行为，并处3万元罚款的处罚决定，涉案处罚决定体现了根据同一时期同类违法行为相似、处罚种类及幅度相当原则。故，一审法院将本案处以3万元的处罚决定变更为1万元不妥。因此，二审法院撤销了一审法院的行政判决。[1]

---

[1] 参见济南市中级人民法院［2019］鲁01行终155号行政判决书。

第十章 违法建筑执法事项及要点指引

违法建筑执法事项是综合行政执法的"重头戏"。统筹城乡空间布局，改善民生人居环境，促进城乡经济社会全面协调可持续发展，必须加强城乡规划管理，依法查处违法建筑。执法实践中，违法建筑可谓"野火烧不尽，春风吹又生"，在各地普遍存在。"违法建筑的预防与处理，事关法律体系及财产权体系的和谐，关涉对公权权威的维护，对私权的尊重，以及社会主义和谐社会建设与社会稳定。"[1]因此，违法建筑的处理与拆除，关系民生保障与城镇化可持续发展，意义重大。特别是进入新时代，人民群众对美好生活品质、对健康舒适宜居环境的向往更为强烈，街道综合行政执法就更应当突出"以民为本""依法治理"。本章专门分析违法建筑执法事项，试图为街道综合行政执法提供办案引导。

一、常见类型梳理

违法建筑是指违反建设规划、土地使用、城市容貌、环境卫生等法律法规的规定进行建设的建筑物。现实执法中一般多指未取得建设工程规划许可证或者未按建设工程规划许可证的规定进行建设的建筑。虽然也有"违章建筑"的称谓，但规范准确起见，以"违法建筑"为适。早期的规定比如1998年施行的《城市房屋权属登记管理办法》第23条、2001年施行的《城市房屋拆迁管理条例》第22条等均涉及"违章建筑"的规定。近些年来，法律用语更多地使用"违法建筑"，比如《水法》第65条"限期拆除违法建筑物、构筑物"，《国有土地上房屋征收与补偿条例》第24条"对认定为违法建筑和超过批准期限的临时建筑"，2012年施行的《行政强制法》第44条"对违法的建筑物、构筑物、设施等需要强制拆除的"等，均使用"违法建筑"的称

---

[1] 蒋拯：《违法建筑处理制度研究》，法律出版社2014年版，第2页。

谓。建筑物一般是指供人居住、工作、学习、生产、经营、娱乐、储藏物品以及进行其他社会生活的工程建筑。与之相对应的是构筑物，比如水塔、水池、过滤池等，它不具有供人类居住的功能。基于不同的违法类型，执法时的法律依据、处理原则会有所不同，比如农村违法建筑与城镇违法建筑，前者应相对从轻，后者应相对从重；已建成违法建筑与在建违法建筑，前者应相对从轻，后者应相对从重等。违法建筑不仅影响城市的美观，而且存在较大的安全隐患，严重威胁了居民的合法权益和人身安全。近些年来，违法建筑查处问题成为综合行政执法机关处理的重点问题之一。对于违法建筑的查处，不仅要依法采用强制手段进行拆除，同时还应当兼顾各方利益，进行利益衡量，以实现社会利益最大化。

从违法的表现形式看，违法建筑可区分为违反规划型、违法用地型、违规施工型、擅自搭建型、临建超期型等。

(一) 违反规划的违法建筑

根据《城乡规划法》的规定，县级以上地方人民政府城乡规划主管部门依法负有对未取得建设工程规划许可证或者未按照建设工程规划许可证规定内容建设的违法建筑物认定和处理的职权。因此，对违法建筑物的认定和处理属于行政机关的主管范围，在综合行政执法的体制下，相关街道拥有对应职权。故人民法院应避免通过司法程序代行政职权而直接认定和处理违法建筑物。

延伸阅读

——接道办处理违建。

案例1：2007年，天津西于庄公司系金潞园项目征收区域的管理者，该管理区域内存在不少私搭乱建现象。2019年1月5日，因拆迁需要成立金潞园项目指挥部。指挥部发现征收范围内部分区域集中存在连片无契证房屋，向西于庄公司函询情况。2019年1月10日，西于庄公司答复称该区域原为公司职工养殖牲畜区域，后因养殖衰落而荒废，至2000年左右开始出现无合法手续私自搭建房屋的情况。金潞园项目指挥部收到后，请求天津市红桥区人民政府西于庄街道办事处予以查处。涉案房屋位于上述连片无契证房屋区域内，系原告陈某购买并使用，未办理所有权登记，购电证地址为：天津市红桥区集安××号，该地名不是地名办设定登记地名，本案中未特指涉案房屋予以沿用。2019年4月3日，被告西于庄街道办事处以涉案房屋系违法建筑为由,拆除涉案房屋,但未向原告送达任何法律文书。陈某不服向人民法院提起行政诉讼。因程序违法,依法理应予撤销。但被诉拆除行为已经实施完毕,不具有可撤销的内容,法院遂判决确认西于庄街道办的拆除行为违法。

案例2:2010年7月,株洲市石峰区田心街道东门社区民主村小东门散户户主沈某湘,在未经被告株洲市规划局等有关单位批准的情况下,将其父沈某如遗留旧房拆除,新建和扩建新房,严重影响了原告叶某祥的通行和采光。原告于2010年7月9日向被告株洲市规划局举报。该局于2010年10月对沈某湘新建扩建房屋进行调查、勘验,于2010年10月23日,对沈某湘作出了株规罚告(石峰)字[2010]第462号行政处罚告知书,告知其建房行为违反《城乡规划法》第40条,属违法建设。依据《城乡规划法》第68条之规定,限接到告知书之日起,5日内自行无偿拆除,限期不拆除的,将由株洲市石峰区人民政府组织拆除。该告知书送达沈某湘本人,其未能拆除。原告叶某祥于2010年至2013年通过向株洲市石峰区田心街道东门社区委员会、株洲市规划局、株洲市石峰区人民政府举报和请求依法履行强制拆除沈某湘违法建筑行政义务,采取申请书等请求形式未能及时解决。2013年3月8日,被告株洲市规划局以株规罚字[2013]字第6021号对沈某湘作出行政处罚决定书。认定沈某湘的建房行为违反《城乡规划法》第40条和《湖南省实施〈中华人民共和国城乡规划法〉办法》第25条之规定,属违法建设。依据《城乡规划法》第64条和《湖南省实施〈中华人民共和国城乡规划法〉办法》第51条之规定,限沈某湘接到决定书之日起,3日内自行无偿拆除。如限期不自行履行本决定,将由石峰区人民政府组织实施强制拆除。由于被告株洲市规划局、株洲市石峰区人民政府未能完全履行拆除违法建筑法定职责,原告于2013年6月5日向法院提起行政诉讼。经审理,人民法院判决被告株洲市石峰区人民政府在3个月内履行拆除沈某湘违法建设法定职责的行政行为。[1]

(二)非法占地的违法建筑

建筑是依附于土地的,是建设在土地之上的。因此此类违法建筑的产生根源在于非法占地,主要是违反了《土地管理法》的相关规定所建造的建筑。

---

[1] 参见人民法院出版社编:《最高人民法院发布的典型案例汇编》(2009—2021)(行政·国家赔偿·司法救助卷),人民法院出版社2021年版,第238页。

根据占用土地的性质不同，可以分为非法占用国有土地、非法占用集体土地、非法占用农用地等新建建筑物等。一般而言，对国有土地上的违法建筑的管理比集体土地上的严格，其违法建筑的违法性的严重。从执法的角度而言，在确保国有土地的建设行为处于可控范围之内，还要加大对集体土地上违法建筑的查处力度。

延伸阅读

——整治非法占地。

案例1：青岛某公司在西海岸新区灵山卫街道办事处福辉路南侧三林蒋村庄改造项目西标段硬化地面、建设房屋，经执法人员现场核查，该项目于2022年8月26日开始，进行建设时所涉及土地未取得土地审批手续。经山东瑞智飞控科技有限公司测绘并经区自然资源局确认，非法占用1722平方米土地（合2.58亩，现状地类：旱地1722平方米。规划地类：城镇用地1722平方米。）所占用的土地1722平方米土地符合土地利用总体规划。非法占用的1722平方米土地属青岛市隐珠街道办事处林家庄村农民集体所有。该公司以上行为违反了《土地管理法》第2条第3款、第44条第1款，依法应予处罚。根据《土地管理法》第77条第1款、《土地管理法实施条例》第57条第1款之规定，西海岸新区综合行政执法局分别给予该公司罚款3 370 300元、罚款1 722 000元的处罚决定。[1]

案例2：2018年5月，江苏省某生态养殖公司未经批准擅自占用某村集体土地（耕地）约1894平方米建设房屋和水泥地坪。当地自然资源和规划局针对其违法用地行为进行现场制止并下达《责令停止国土资源违法行为通知书》后，违法行为人并未停止建设，随后自然资源和规划局作出行政处罚决定书：拆除在非法占用土地上新建的建筑物800平方米、构筑物1094平方米。经催告履行期限届满之后，该生态养殖公司仍未履行，自然资源和规划局于2019年5月向当地人民法院申请行政非诉执行，人民法院裁定准予执行之后，依据当地"裁执分离"管理办法，依法交由属地镇政府进行拆除。[2]

---

[1] 李静：《青岛诚通建筑工程有限公司琅琊分公司因非法占用土地被罚509.23万元》，载https://baijiahao.baidu.com/s?id=1768479454272647359&wfr=spider&for=pc，访问日期：2023年6月13日。

[2] 《盱眙县检察官以案释法：对非法占用耕地说：不！》，载http://www.jsjc.gov.cn/yaowen/202306/t20230605_1518228.shtml，访问日期：2023年6月13日。

案例 3：2019 年 2 月，汉寿县水利局未经自然资源行政主管部门批准，擅自在龙阳街道粟公堤社区动工修建马家铺泵站。经现场勘测：在建 1 个调压井，占地面积 120 平方米；4 条箱涵，占地面积 624 平方米；1 栋泵房，占地面积 917 平方米；1 栋副厂房，占地面积 136 平方米；硬化水泥坪 267 平方米。泵站占地总面积为 2064 平方米，其中农用地（坑塘水面）1147 平方米，建设用地（农村宅基地）917 平方米。12 月 24 日，汉寿县自然资源局对汉寿县水利局非法占用土地修建马家铺泵站一案立案调查。2020 年 1 月 10 日，汉寿县自然资源局对汉寿县水利局下达了汉自然资罚字〔2020〕第 1 号行政处罚决定书，依法作出如下行政处罚：责令退还非法占用的土地，没收在非法占用的 2064 平方米土地上新建的建筑物及其附属设施；并处罚款人民币 10 320 元。

（三）擅自搭建

当前，城市周边特别是远郊地区大量存在的私搭乱建、超面积建房等违法建设行为，不仅使土地资源不能得到有效利用，而且普遍存在着消防安全、居住安全等重大隐患。因此，执法机关定期开展违法建设行为集中整治，对于优化生活环境、提升生活品质具有重要意义。

> **延伸阅读**
>
> ——**拆除私自搭建**。蒋某系杨浦区某小区一楼某室业主。2018 年 10 月，蒋某在其一楼房屋北侧的庭院内，依靠原有西北两侧防盗围墙搭建了一处简易结构建筑物，材质为白色铝合金、玻璃、绿色雨布等，面积约 21.76 平方米。2020 年 5 月，杨浦区城管局以蒋某违法搭建为由对其作出责令限期拆除违法建筑决定。蒋某不服，向杨浦区政府提起行政复议。杨浦区政府复议维持原行政行为。蒋某仍不服，认为在其产权范围搭建雨棚无须申请规划许可，诉至上海市静安区人民法院，要求撤销上述责令限期拆除违法建筑决定和行政复议决定。

（四）临建超期

在城乡规划实践中，临时建设和临时用地规划管理的具体办法一般是由省级人民政府制定的。临时建设应当在批准的使用期限内自行拆除。

> **延伸阅读**

——**拆除临时建筑**。2002年10月8日,原告张某堂与平泉县平泉镇黄杖子村村民签订土地承包合同,用于养牛、酿酒。2002年10月25日,以旺旺肥牛养殖场的名义取得临时用地规划许可证,使用期限为2年,同日经平泉县人民政府批准取得临时占地审批手续,建成2486.89平方米的临时建筑。原告张某堂持有承德大洋酒业有限公司企业法人营业执照,税务登记证等酒类生产、销售、流通的相关证照。2011年8月16日,平泉县城北新区城中村改造项目涉及地上附着物分户估价结果报告,对原告张某堂上述建筑进行估价。2013年3月13日,平泉县城市管理行政执法局检查发现原告张某堂临时建筑超出临时建设许可证使用期限,立案调查。在现场检查中,原告张某堂承认总建筑2486.89平方米的临时建筑已超出临时建设工程规划许可证的使用期限,平泉县城市管理行政执法局于2013年3月16日作出平城管罚字〔2013〕第207号限期拆除决定:限当事人张某堂于2013年3月22日前自行拆除上述违法建(构)筑,原告张某堂未履行,平泉县城市管理行政执法局于2013年3月24日向被告平泉县人民政府作出《关于行政强制拆除张某堂超期临时建筑的请示》,被告平泉县人民政府同日作出平政〔2013〕37号《关于对张某堂超期临时建筑实施强制拆除的批复》,同意对原告张某堂超期临时建筑依法实施强制拆除。2013年4月1日,被告平泉县人民政府制定《关于强制拆除张某堂超期临时建筑的实施方案》,组织城管、公安、国土、建设等14个部门参与,于4月2日组织实施,并组织公证处现场公证,清点登记物品,现场同步录像,实施拆除。4月6日,平泉县住房和城乡规划局经过勘察,认定原告张某堂的超期临时建筑已依法全部拆除。4月7日,平泉镇人民政府,原告张某堂,平泉县公证处三方对现场清点登记的物品进行交接,原告张某堂签字接收。[1]

(五) 其他类型

在行政执法实践中,除前述几种类型外,还存在公路边违法建筑、河道内违法建筑等形态。

---

[1] 参见河北省承德市中级人民法院〔2014〕承行终字第00072号行政判决书。

> **延伸阅读**

——**公路违法建筑**。2014年12月底,冯某未经有关部门批准,擅自在省道207线某段东侧的公路建筑控制区内修建自用房屋。河南省鹿邑县公路局巡查发现该行为后于同年12月30日作出决定,要求冯某在2015年1月9日前自行拆除该违法建筑物。截至1月9日,冯某未履行该决定,并乘巡察人员离开之机继续建房。同日,鹿邑县公路局向冯某送达了交通运输行政强制执行催告书,催告冯某于1月18日前自行拆除尚未建成的房屋。截至1月18日,冯某仍未履行该决定。3月2日,鹿邑县公路局作出要求冯某自行拆除违法建筑物的公告和交通运输行政强制措施决定,要求冯某在7月6日前自行拆除尚未建成的房屋。在公告期内,冯某乘巡察人员离开之机继续实施建房行为。4月22日,鹿邑县公路局以冯某违反公告要求为由,采取代履行强制执行措施,强制拆除冯某在公路建筑控制区内的尚未建成的房屋。冯某不服,提起行政诉讼,请求确认该代履行行为违法并对其予以国家赔偿。[1]

——**河道违法建筑**。2006年以来,王某红等在黄河河道上建设养殖场。石嘴山市惠农区人民检察院调查发现,上述养殖场的建筑未经相关行政部门审批,属于在河道管理范围内修建阻碍行洪建筑物、构筑物的乱建行为,违反了国家河道管理规定,严重影响黄河行洪、防洪安全;石嘴山市惠农区农业农村和水务局对上述情况存在未履行监管职责的问题。惠农区检察院遂于2019年7月向惠农区农水局发出检察建议。2019年11月,惠农区检察院提起环境行政公益诉讼,请求确认惠农区农水局未依法履行河道监管职责的行为违法,判令惠农区农水局依法履行监管职责,及时恢复土地原状。2019年11月26日,惠农区检察院收到惠农区农水局回复并经实地查看后,认为惠农区农水局已经履行了对涉案养殖场的违法建筑设施拆除的法定监管职责,遂撤回了该项诉讼请求,保留确认违法的诉讼请求。[2]

二、法律规范分析

综合行政执法实践中,违法建筑的查处主要涉及《城乡规划法》《土地管

---

[1] 参见河南省周口市中级人民法院〔2015〕周行终字第105号行政判决书。
[2] 参见最高人民法院发布的黄河流域生态环境司法保护典型案例之十"石嘴山市惠农区人民检察院诉石嘴山市惠农区农业农村和水务局行政公益诉讼案"。

理法》《行政强制法》等法律规定,也有些违法建筑涉及《公路法》《铁路法》《防洪法》《水法》《港口法》《防震减灾法》等特别法的规定。下面简要分述如下:

(一) 城乡规划法

城乡规划是一个综合体系,包括城镇体系规划、城市规划、镇规划、乡规划和村庄规划等。《城乡规划法》第40条第1款规定,在城市、镇规划区内进行建筑物、构筑物、道路、管线和其他工程建设的,建设单位或者个人应当向城市、县人民政府城乡规划主管部门或者省、自治区、直辖市人民政府确定的镇人民政府申请办理建设工程规划许可证。这是一条义务性规范,行为主体为建设单位或者个人;客观方面要求在城市、镇规划区内进行相关工程建设的,应当申请办理建设工程规划许可证;如果违反规定没有办理将面临相应的法律后果。第64条规定,未取得建设工程规划许可证或者未按照建设工程规划许可证的规定进行建设的,由县级以上地方人民政府城乡规划主管部门责令停止建设;尚可采取改正措施消除对规划实施的影响的,限期改正,处建设工程造价5%以上10%以下的罚款;无法采取改正措施消除影响的,限期拆除,不能拆除的,没收实物或者违法收入,可以并处建设工程造价10%以下的罚款。据此条规定,未取得建设工程规划许可证进行建设的,责令停止建设,区分两种不同情形区别对待:一是尚可采取改正措施消除影响的,责令限期改正并处罚。"责令限期改正是指除要求违法行为人立即停止违法行为外,还必须在规定的期限内采取改正措施,消除其违法行为造成的危害后果,恢复合法状态。对于未取得建设工程规划许可证进行开发建设,而又符合规划的,建设单位应当依照本法的规定补办建设工程规划许可证,对已建成的应当予以改建使其符合城乡规划;不能通过改建达到符合城乡规划要求的,应当予以拆除。"[1]二是无法采取改正措施的,限期拆除或没收并处罚。没收后的产权属于公有,由当地政府另行安排使用。如果违法建筑已经出让,无法没收的,则要没收有关当事人的违法收入。需要注意的是,司法实践中一般要求执法机关提供证据证明涉案房屋等建筑对城乡规划实施产生的影响达到了必须拆除的程度。而对于何为"尚可采取改正措施消除对规划实施的影响"并无具体的规定,需要执法机关予以细化、阐明。具有参照

---

[1] 安建主编:《中华人民共和国城乡规划法释义》,法律出版社2009年版,第132~133页。

意义的是《广州市违法建设查处条例》第 18 条明确了具体的情形，比如有下列情形之一，应当认定为无法采取改正措施消除对规划实施影响的违法建设：未取得建设工程规划许可证，且违反控制性详细规划的强制内容、规划条件或者城乡规划技术标准建设的建筑物、构筑物或超过合理误差的建筑部分；已取得建设工程规划许可证，但不按照建设工程规划许可证许可的内容进行建设，超过合理误差的建筑部分；未经批准进行临时建设，或者临时建筑物、构筑物批准期限不拆除的等。《城乡规划法》第 66 条规定，建设单位或者个人有下列行为之一的，由所在地城市、县人民政府城乡规划主管部门责令限期拆除，可以并处临时建设工程造价一倍以下的罚款：未经批准进行临时建设的；未按照批准内容进行临时建设的；临时建筑物、构筑物超过批准期限不拆除的。第 68 条规定，城乡规划主管部门作出责令停止建设或者限期拆除的决定后，当事人不停止建设或者逾期不拆除的，建设工程所在地县级以上地方人民政府可以责成有关部门采取查封施工现场、强制拆除等措施。

在违反规划类案件中，认定涉案建筑系违法建筑的关系在于：未取得相关规划许可而建设或者未按照建设工程规划许可证的规定进行建设的；一般情况下，违法建筑没有进行所有权登记。此类违法建筑行政执法机关可以依法强制拆除，但应当履行听取相对人的陈述和申辩、作出责令限期拆除决定、催告及强制执行决定、公告等法定程序，而径行强制拆除涉案房屋，则会构成程序违法。

（二）土地管理法

非法占地情形下的违法建筑涉及《土地管理法》的适用。第 77 条第 1 款规定，未经批准或者采取欺骗手段骗取批准，非法占用土地的，由县级以上人民政府自然资源主管部门责令退还非法占用的土地，对违反土地利用总体规划擅自将农用地改为建设用地的，限期拆除在非法占用的土地上新建的建筑物和其他设施，恢复土地原状，对符合土地利用总体规划的，没收在非法占用的土地上新建的建筑物和其他设施，可以并处罚款；对非法占用土地单位的直接负责的主管人员和其他直接责任人员，依法给予处分；构成犯罪的，依法追究刑事责任。占用土地必须经具有相应审批权的自然资源主管部门审批后才能实施。本条规定对在非法占用的土地上新建的建筑物和其他设施区分了两种不同进行处理：一是对违反土地利用总体规划擅自将农用地改为建设用地的，责令限期拆除在非法占用的土地上新建的建筑物和其他设施，恢复土地原状。二是对符合土地利用总体规划的，没收在非法占用的土地上新建的建筑物和其他设施。

需要注意的是，规划管理与土地管理系两项不同的内容，既相互联系又有区别。规划许可与用地审批不能相互替代。在非法占用土地形成违法建筑的情形下，针对行政强制执行问题不同于违反规划的违法建筑，《土地管理法》有特别的规定。根据《土地管理法》第 83 条的规定，责令限期拆除在非法占用的土地上新建的建筑物和其他设施的，建设单位或者个人必须立即停止施工，自行拆除；对继续施工的，作出处罚决定的机关有权制止。建设单位或者个人对责令限期拆除的行政处罚决定不服的，可以在接到责令限期拆除决定之日起 15 日内，向人民法院起诉；期满不起诉又不自行拆除的，由作出处罚决定的机关依法申请人民法院强制执行，费用由违法者承担。据此，《土地管理法》没有赋予行政机关强制执行的权力，非法占用土地上的违法建筑应当依法向人民法院申请强制执行。根据最高人民法院《关于适用〈中华人民共和国行政诉讼法〉的解释》（法释〔2018〕1 号）第 156 条的规定，没有强制执行权的行政机关申请人民法院强制执行其行政行为，应当自被执行人的法定起诉期限届满之日起 3 个月内提出。逾期申请的，除有正当理由外，人民法院不予受理。因此，非法占地违法建筑的强制拆除应当在作出处罚的起诉期限后的 3 个月向人民法院提出申请强制执行。

（三）行政强制法

《行政强制法》第 34 条规定，行政机关依法作出行政决定后，当事人在行政机关决定的期限内不履行义务的，具有行政强制执行权的行政机关依照本章规定强制执行。第 44 条规定，对违法的建筑物、构筑物、设施需要强制拆除的，应当由行政机关予以公告，限期当事人自行拆除。当事人在法定期限内不申请行政复议或者提起行政诉讼，又不拆除的，行政机关可以依法强制拆除。第 53 条规定，当事人在法定期限内不申请行政复议或者提起行政诉讼，又不履行行政决定的，没有行政强制执行权的行政机关可以自期限届满之日起 3 个月内，依照本章规定申请人民法院强制执行。

一般而言，在行政强制执行中如何分清行政机关自行强制执行与申请人民法院强制执行，这是一个核心问题。根据《行政强制法》的规定，除了法律规定行政机关直接强制执行，其余的申请人民法院执行。[1]因此，根据该法第44条的规定，针对违法建筑的强制拆除，行政机关具有强制权。为进一步明确此项原则，最高人民法院于2013年3月27日专门作出批复即《关于违法的建筑物、构筑物、设施等强制拆除问题的批复》（法释〔2013〕5号），明确"根据行政强制法和城乡规划法有关规定精神，对涉及违反城乡规划法的违法建筑物、构筑物、设施等的强制拆除，法律已经授予行政机关强制执行权，人民法院不受理行政机关提出的非诉行政执行申请"。这是因为，《行政强制法》第34条规定了具有行政强制执行权的行政机关可以强制执行，第53条明确了没有行政强制执行权的行政机关可以申请人民法院强制执行。对于违法的建筑物、构筑物、设施等，《行政强制法》规定了行政机关可以依法强制拆除，《城乡规划法》第64条、第65条、第68条也已经授权人民政府采取有关强制执行权。故在法律已经授予行政机关强制执行权的情况下，人民法院不受理行政机关提出的非诉行政执行申请。

组织实施强制拆除的程序要求较为严格，即作出行政处罚决定（如责令限期拆除决定）—催告履行义务程序（告知当事人享有陈述申辩权）—强制拆除决定（告知当事人享有复议权、诉讼权）—强制拆除违法建筑公告（限期自行拆除）—组织实施强制拆除。具体内容在拆除程序中详细论述。

延伸阅读

——**强制拆除**。2017年11月21日，天津市和平区小白楼街道办向张某作出津和平小白楼街行拆字〔2017〕002号《责令限期拆除决定书》，认为其在和平区唐山道××号实施搭建建筑物的行为，违反了《城乡规划法》第64条和《天津市城乡规划条例》第74条之规定，决定责令其对上述地点搭建的建筑物于7日内自行拆除。因张某未按《责令限期拆除决定书》的要求自行拆除上述建筑物，小白楼街道办于2018年4月11日作出津和平小白楼街行催字〔2018〕001号《履行行政决定催告书》，并于当日邮寄给张某，又于2018年4月13日直接送达张某。张某收到后提出申辩，2018年4月24日，小白楼街道办作出答复，并于当日将答复书送达张某；小白楼街道办又于2018年5月8日作出津和平小白楼街行催字〔2018〕002号《履行行政决定催告书》，并

---

〔1〕 参见信春鹰主编：《中华人民共和国行政强制法释义》，法律出版社2011年版，第19页。

于当日直接送达。张某收到后提出申辩，2018年5月16日，被告小白楼街道办作出答复，并于当日将答复书送达。小白楼街道办于2018年9月6日进行了公告，此后张某仍未将建筑物拆除，小白楼街道办于2019年10月15日作出津和平小白楼街行强字［2019］001号《行政强制执行决定书》，并于当日直接送达张某。本案中，天津和平区小白楼街道办事处作出《责令限期拆除决定书》后依法向再审申请人送达了《履行行政决定催告书》，并于2018年9月进行了公告，在经催告后再审申请人仍不履行责令限期拆除决定，后被申请人作出涉案《行政强制执行决定书》，该做法符合《行政强制法》第35条、第37条、第44条的规定。被诉行政强制执行决定事实清楚、证据充分、适用法律正确、符合法定程序。[1]

（四）公路法

《公路法》第56条规定，除公路防护、养护需要的以外，禁止在公路两侧的建筑控制区内修建建筑物和地面构筑物；需要在建筑控制区内埋设管线、电缆等设施的，应当事先经县级以上地方人民政府交通主管部门批准。第81条规定，违反本法第56条规定，在公路建筑控制区内修建建筑物、地面构筑物或者擅自埋设管线、电缆等设施的，由交通主管部门责令限期拆除，并可以处5万元以下的罚款。逾期不拆除的，由交通主管部门拆除，有关费用由建筑者、构筑者承担。

（五）水域管理法律

《防洪法》第22条第2款规定，禁止在河道、湖泊管理范围内建设妨碍行洪的建筑物、构筑物，倾倒垃圾、渣土，从事影响河势稳定、危害河岸堤防安全和其他妨碍河道行洪的活动。第55条规定，违反本法第22条第2款、第3款规定，有下列行为之一的，责令停止违法行为，排除阻碍或者采取其他补救措施，可以处5万元以下的罚款：①在河道、湖泊管理范围内建设妨碍行洪的建筑物、构筑物的；②在河道、湖泊管理范围内倾倒垃圾、渣土，从事影响河势稳定、危害河岸堤防安全和其他妨碍河道行洪的活动的；③在行洪河道内种植妨碍行洪的林木和高秆作物的。

《水法》第37条规定，禁止在江河、湖泊、水库、运河、渠道内弃置、

---

[1] 参见天津市高级人民法院［2020］津行申421号行政裁定书。

堆放阻碍行洪的物体和种植阻碍行洪的林木及高秆作物。禁止在河道管理范围内建设妨碍行洪的建筑物、构筑物以及从事影响河势稳定、危害河岸堤防安全和其他妨碍河道行洪的活动。第38条规定，在河道管理范围内建设桥梁、码头和其他拦河、跨河、临河建筑物、构筑物，铺设跨河管道、电缆，应当符合国家规定的防洪标准和其他有关的技术要求，工程建设方案应当依照防洪法的有关规定报经有关水行政主管部门审查同意。因建设前款工程设施，需要扩建、改建、拆除或者损坏原有水工程设施的，建设单位应当负担扩建、改建的费用和损失补偿。但是，原有工程设施属于违法工程的除外。第65条第1款和第2款规定，在河道管理范围内建设妨碍行洪的建筑物、构筑物，或者从事影响河势稳定、危害河岸堤防安全和其他妨碍河道行洪的活动的，由县级以上人民政府水行政主管部门或者流域管理机构依据职权，责令停止违法行为，限期拆除违法建筑物、构筑物，恢复原状；逾期不拆除、不恢复原状的，强行拆除，所需费用由违法单位或者个人负担，并处1万元以上10万元以下的罚款。未经水行政主管部门或者流域管理机构同意，擅自修建水工程，或者建设桥梁、码头和其他拦河、跨河、临河建筑物、构筑物，铺设跨河管道、电缆，且防洪法未作规定的，由县级以上人民政府水行政主管部门或者流域管理机构依据职权，责令停止违法行为，限期补办有关手续；逾期不补办或者补办未被批准的，责令限期拆除违法建筑物、构筑物；逾期不拆除的，强行拆除，所需费用由违法单位或者个人负担，并处1万元以上10万元以下的罚款。

《河道管理条例》第25条规定，在河道管理范围内进行下列活动，必须报经河道主管机关批准；涉及其他部门的，由河道主管机关会同有关部门批准：采砂、取土、淘金、弃置砂石或者淤泥；爆破、钻探、挖筑鱼塘；在河道滩地存放物料、修建厂房或者其他建筑设施；在河道滩地开采地下资源及进行考古发掘。第44条规定，违反本条例规定，有下列行为之一的，县级以上地方人民政府河道主管机关除责令其纠正违法行为、采取补救措施外，可以并处警告、罚款、没收非法所得；对有关责任人员，由其所在单位或者上级主管机关给予行政处分；构成犯罪的，依法追究刑事责任：①在河道管理范围内弃置、堆放阻碍行洪物体的；种植阻碍行洪的林木或者高秆植物的；修建围堤、阻水渠道、阻水道路的。②在堤防、护堤地建房、放牧、开渠、打井、挖窖、葬坟、晒粮、存放物料、开采地下资源、进行考古发掘以及开展集市贸易活动的。③未经批准或者不按照国家规定的防洪标准、工程安全标准整治河道或者修建水工程建筑物和其他设施的。④未经批准或者不按照河道主管机关的规定在河道管理范围内采砂、取土、淘金、弃置砂石或者淤泥、爆破、钻探、挖筑鱼塘的。⑤未经批准在河道滩地存放物料、修建厂房或者其他建筑设施，以及开采地下资源或者进行考古发掘的。⑥违反本条例第27条的规定，围垦湖泊、河流的。⑦擅自砍伐护堤护岸林木的。⑧汛期违反防汛指挥部的规定或者指令的。

（六）铁路法

《铁路法》第46条第3款规定，在铁路弯道内侧、平交道口和人行过道附近，不得修建妨碍行车瞭望的建筑物和种植妨碍行车瞭望的树木。修建妨碍行车瞭望的建筑物的，由县级以上地方人民政府责令限期拆除。种植妨碍行车瞭望的树木的，由县级以上地方人民政府责令有关单位或者个人限期迁移或者修剪、砍伐。

（七）湿地保护法

《湿地保护法》第20条第1款规定，建设项目确需临时占用湿地的，应当依照《土地管理法》《水法》《森林法》《草原法》《海域使用管理法》等有关法律法规的规定办理。临时占用湿地的期限一般不得超过2年，并不得在临时占用的湿地上修建永久性建筑物。第52条规定，违反本法规定，建设项目擅自占用国家重要湿地的，由县级以上人民政府林业草原等有关主管部门按照职责分工责令停止违法行为，限期拆除在非法占用的湿地上新建的建筑物、构筑物和其他设施，修复湿地或者采取其他补救措施，按照违法占用湿地的面积，处每平方米1000元以上1万元以下罚款；违法行为人不停止建设或者逾期不拆除的，由作出行政处罚决定的部门依法申请人民法院强制执行。

三、执法办案指引

针对违法建筑的查处，应当是常态性、日常性工作。综合行政执法机关应当加大执法的时限性与合理性，将对违法建筑、构筑物的查处作为日常性工作，定期组织巡查，严格执法，常抓不懈。本部分将围绕执法实务中的常见问题列出指引要点，既包括事实认定，又涉及法律适用。

（一）违法建筑认定的取证事项

围绕法律规定的违法行为要件，关键是查明是否构成违法建筑，因此需要重点做好以下证据收集工作：一是当事人基本信息。这是解决被处罚的对象问题，即谁实施了违法行为。公民、法人或其他组织均存在法定的信息，比如居民身份证信息、企业法人登记信息等。这是重点查明违法建筑由谁管理或使用，是谁所建的问题。二是现场外观照片、平面位置图、检查笔录、询问笔录。此类案件均需要执法人员进行现场检查，以勘验、拍照、录音等形式进行取证，因此需要作好检查笔录、询问笔录，必要时现场拍摄照片等。重点解决违法建筑的客观情况问题，也是案件的主要事实。三是函询文件。综合执法机关虽然具有调查权和处罚权，但对违法建筑的认定却缺乏专业支撑。因此，为了慎重准确起见，执法实践中一般应当通过向自然资源与规划部门进行函询，调查相关建筑物是否取得规划许可证，以及是否存在可以采取改正措施消除对规划实施的影响等，以确定案涉建筑是否属于违法建筑等。未经自然资源与规划部门进行认定，不得直接按违法建筑予以拆除。四是违法建筑的面积、位置情况。个别执法机关取证工作走过场，作出限期拆除通知前，没有到现场进行检查、勘查，或者仅在建筑物外面拍照，没有现场勘查，没有制作询问笔录，致使证据不足。还有些执法机关在作出限期拆除前，没有认真调查核实违法建筑的面积、建设时间、违法部分与合法部分的区分等重要事实，特别是建设建设面积的认定需要认真核实，必要时由专业机构测量。

> **延伸阅读**
>
> **——违法建筑查处的取证事项。**

案例1：2014年9月，陈某在启东市汇龙镇东洲新村进行搭建房屋。2020年7月7日，市执法局向陈某作出《核查通知书》，认为其擅自搭建行为涉嫌违反城乡规划法的规定，要求其携带相关文件配合调查。7月12日，市执法局制作了调查询问笔录和现场检查笔录。随后市执法局函告自然资源和规划局等部门协助案涉调查事宜。市自然资源和规划局、审批局函复称陈某搭建的建筑物未办理相关建设手续、未受理和颁发建设工程行政许可。收到函复后，市执法局作出《行政处罚事先告知书》处罚，告知拟对陈某作出限期自行拆除所搭建违法建筑物的行政处罚，同时告知其享有陈述申辩和要求听证的权利。之后，市执法局作出行政处罚决定，要求其限期拆除违法建筑。

案例 2：在魏某诉平阴县综合行政执法局行政处罚一案中，决定书内容为：责令魏某将非法占用的 664.6 平方米集体土地退还给村委会；没收在非法占用的 602.2 平方米集体农用地上新建的建筑物及其他设施；拆除在 62.4 平方米基本农田上新建的建筑物及其他设施，恢复土地原状；处罚罚款合计 15 120.4 元。在庭审过程中，县综合执法局向法院提交了如下证据：①《案件移交函》；②自然资源局的鉴定书；③《中桥口村占地勘测图》；④询问笔录及责令改正通知书；⑤勘验笔录、影像证据；⑥行政处罚告知书及送达回执；⑦听证笔录及行政处罚听证报告；⑧行政处罚决定书及送达回执等证据材料。[1]

违法建筑的面积、位置情况一定要清楚、明确，否则在后续的处罚决定中将比较被动，无法依法进行处罚。比如责令限期拆除违法建筑，不仅要明确违法建筑的具体位置、范围等内容，还应当对相关建设进行甄别。因为处罚对相对人设定了限期拆除的义务，必须对应拆除设施的占地面积、位置予以明确，以便相对人可以依照处罚决定主动履行。如果在前期取证阶段无法对违法建筑的占地面积、位置与其他无须拆除的部分予以明确区分，则必然导致相对人无法准确履行拆除违建设施的法律义务，也会导致后续的处罚决定存在事实不清的问题。

> **延伸阅读**
> ——合法建筑与违法建筑应合理区分。
> **案例 1**：违法建筑限期拆除决定对应拆除设施的占地面积、位置与其他无须拆除的部分应明确区分。2019 年 8 月，常德航众商品混凝土有限公司未经自然资源行政主管部门批准，擅自占用鼎城区黄土店粮食购销站国有土地 2385 平方米和黄土店镇官仓村集体土地 1741 平方米，修建了一栋活动板房和一条 10 万立方米混凝土生产线，其行为违反了《土地管理法》第 2 条、第 44 条的规定，属于非法占地行为。2020 年 1 月 9 日，鼎城区自然资源局对常德航众商品混凝土有限公司非法占地一案立案调查。2020 年 4 月 7 日，鼎城区自然资源局向常德航众商品混凝土有限公司下达了常鼎自然资罚字〔2020〕09 号行政处罚决定书，依法作出如下行政处罚：责令 15 日内将非法占用的

---

[1] 参见山东省济南市市中区人民法院〔2020〕鲁 0103 行初字 321 号行政判决书。

1741平方米集体土地退还给黄土店镇官仓村民委员会,将非法占用的2385平方米国有土地退还给黄土店粮食购销站;限期15日内自行拆除在非法占用水田上新建的建(构)筑物,恢复土地原状,违法占用的建设用地上新建的建(构)筑物和其他设施由违法当事人与黄土店镇官仓村委会和黄土店粮食购销站协商处置;并处罚款人民币63 655元。2021年1月19日,常德市鼎城区自然资源局向人民法院申请强制执行常鼎自然资罚字[2020]09号《行政处罚决定书》。经审理,人民法院裁定不准予执行常鼎自然资罚字[2020]09号《行政处罚决定书》。

法院认为:行政机关作出的行政处罚决定应当事实清楚、证据确实充分,程序合法,适用法律正确,并无明显不当。行政处罚决定中对行政相对人设定了拆除义务的,必须对应拆除设施的占地面积、位置予以明确无误的表述,以便行政相对人可以依照处罚决定主动履行。如果在处罚决定文书中对应拆除设施的占地面积、位置与其他无须拆除的部分未明确区分,则将导致行政相对人无法准确履行拆除违建设施的法律义务,属于事实不清及无法履行的行政处罚,因此不应准予进入司法执行的范围。具体到本案,申请执行人常德市鼎城区自然资源局对被执行人常德航众商品混凝土有限公司作出的《行政处罚告知书》《行政处罚听证告知书》《行政处罚决定书》中,对于应予拆除部分,均表述为"限15日内自行拆除在非法占用水田上新建的设施,恢复土地原状",而未具体、准确说明应拆除设施的占地面积、位置,被执行人根本无法按上述法律文书履行。同理,对于行政处罚决定罚款的内容,由于申请执行人未明确区分被占耕地面积,因此行政相对人对于罚款结果的得出亦无法清晰获知。[1]

案例2:2002年2月,张某取得拆迁安置房,安置地点为四方新村门面房,建筑面积为126.38平方米。随后在未申请办理建设工程规划许可证的情况下,张某擅自将126.38平方米的安置房扩建为195平方米,并在安置房的上面及周边新建2、3、4号彩钢瓦棚。2017年6至7月,秦淮区执法局对涉案建筑物进行现场调查、拍照取证,认为上述四处建筑物涉嫌违法建设,并在《案件调查及现场勘查记录》《行政执法案卷照片证据附贴页》中记录了四处建筑物的面积、结构、位置、外立面图等信息,其中1号建筑为砖墙结

---

[1] 参见湖南省常德市鼎城区人民法院[2021]湘0703行审11号行政裁定书。

构、面积为195平方米，2号建筑为板墙彩钢瓦结构、面积为75平方米，3号建筑为板墙彩钢瓦结构、面积为110平方米，4号建筑为板墙彩钢瓦结构、面积为65平方米，涉案建筑合计面积为445平方米。10月9日，秦淮区执法局就涉案建筑物涉嫌违法建设一案予以立案。10月17日，秦淮区执法局就涉案建筑物向张某作出并送达了《限期拆除告知书》，告知其违法情况，并拟作出限期拆除决定。11月8日，秦淮区执法局作出宁城法秦限拆字［2017］第284375号《限期拆除决定书》，限张某在收到决定书之日起3日内自行拆除涉案建筑物，并告知了相关的行政复议、诉讼权利及期限。因张某在国外，待其回国后执法局于2019年1月4日将《限期拆除决定书》直接送达。张某不服该决定，请求法院撤销《限期拆除决定书》。

法院认为，行政机关在纠正违法建设行为时，应当区分违法建筑的具体情形；在存在选择不同处理方式的情形下，应当采用对相对人权益损害最小的方式，做到处理结果和处理目的合理得当。本案中，涉案拆迁安置房虽经扩建为195平方米，但张某扩建时保留东、西、南墙，未改变房屋主体结构，仅在房屋南侧外侧搭建楼梯和楼梯间，在房屋北侧进行扩建。扩建之后，拆迁安置房与扩建部分未完全混同，不影响秦淮区执法局作区分处理。因此，根据张某涉案违法建设行为的社会危害程度，秦淮区执法局将包括拆迁安置房在内的1号建筑未作区分、一概认定为违法建筑，并责令限期全部拆除，明显超出了必要限度，不具有合理性，对张某的合法权益产生了不利影响。具体而言，张某取得拆迁安置房后，未依据《城乡规划法》第40条第1款的规定申请办理建设工程规划许可证，擅自将126.38平方米的拆迁安置房扩建为195平方米，同时在拆迁安置房的上面及周边新建2、3、4号彩钢瓦棚。南、北侧扩建部分及新建的三处彩钢瓦棚明显属于无法采取改正措施消除影响的情形，依法应当拆除。因此，本案中，涉案445平方米的建筑可以区分处理，秦淮区执法局作出《限期拆除决定书》，将拆迁安置房之外的建筑认定为无法采取改正措施消除影响、应当拆除的违法建筑，并责令张某自行拆除正确；将拆迁安置房认定为无法采取改正措施消除影响、应当拆除的违法建筑，认定事实不清，主要证据不足，法律适用错误，《限期拆除决定书》的该部分内容依法应当撤销。[1]

---

［1］ 参见江苏省高级人民法院［2021］苏行再31号行政判决书。

(二) 违法建筑认定中的注意事项

针对前述法律的种种规定，对于违法建筑的认定应当综合考量，不宜以是否取得规划许可手续、非法占用土地等为唯一的评判标准。实践中，未取得土地审批手续或未取得建设工程规划许可证的原因较多，不能将其与违法建筑直接等同一律要求强制拆除，尤其是城乡接合部、城中村、老旧城区等区域的房屋情况较为复杂，存在不少因历史原因未依法办理审批许可手续或未办理不动产权证的建筑。如果单纯、机械地适用《城乡规划法》《土地管理法》等则不利于问题的妥善解决。基于维护政府公信力、保护当事人依赖利益、合理行政的考量，不宜将所有相关的建筑定性为违法建筑，采用一刀切的方式予以强制拆除。

关于违法建筑的构成要件是认定的关键。什么是违法建筑，符合哪些条件才能被认定为违法建筑？根据前述法律规定，执法实践中违法建筑的构成要件主要包括以下方面：一是必须违反《城乡规划法》《土地管理法》等相关的法律法规的规定。违法性是界定违法建筑的基础要件，也是违法建筑的根本标准。这里的法只能是法律、法规和规章。二是客观上表现为未取得建设工程规划许可证、未履行法定的审批报批手续进行建设的违法行为。三是违法建筑客观存在，以现实的建筑物、构筑物等为前提。四是主观方面存在过错。只要违反法律法规规定进行建设，一般就推定建设者主观上存在故意或过失。

1. 未取得规划许可证的建筑不宜统一定性为违法建筑

执法实践中，不能简单一刀切，将未取得规划许可证的建筑等同于违法建筑。房屋来源、建造年代等是评价未取得规划许可证的重要因素。部分建筑由于历史原因未取得规划审批手续，但该原因并不能归咎于相对人，而系特定历史情况下政策因素所致，此时行政机关对该建筑的合法性进行判断时应当进行综合考量，不宜以是否取得规划许可手续为唯一的评判标准，进而将该建筑直接认定为违法建设，否则将会对政府公信力造成负面影响，不利于社会治理和经济发展。

延伸阅读

——未取得规划许可证的建筑。北京市四方特种油品厂（本案以下简称"四方油厂"）系1992年4月20日注册成立的股份合作集体所有制企业，且系北京市科学技术委员会认定的高新技术企业,四方油厂的产品合作单位包括合作近20年的承担国家重要的军工科研任务的中核集团公司下属核工业理化工程研究院。四方油厂股东分别为李某元、李某(澳大利亚籍华人)、李某1(德国、新西兰籍华人)。2000年,北京市通州区原徐辛庄镇人民政府响应国家号召,批复富豪村建立村工业大院。在此背景下,四方油厂股东李某(乙方)与富豪村经济合作社(甲方)于2001年3月1日签订《租赁土地合同》,约定甲方将富豪工业大院内原轴承厂路北、壁富路西侧部分土地租赁给乙方使用,自行投资兴建厂房等设施。租赁土地面积为东西长89米、南北宽173米,合计15 397平方米,共23亩。租赁期限50年,自2001年3月1日至2051年2月28日止。2001年3月,北京市通州区原徐辛庄镇人民政府作出《关于四方油厂建厂批复》,同意四方油厂进驻富豪工业大院,自行投资建厂,厂区占地面积15 334平方米,初期建筑厂房面积1080平方米,办公用房面积240平方米,生活用房面积240平方米,科研楼面积500平方米,总建筑面积2060平方米。合同签订后,四方油厂在上述承租土地上建设了涉案建筑,并从事相关生产经营活动。2019年7月9日,宋庄镇政府在涉案建筑处张贴《谈话通知书》,要求涉案建筑所有权人于2019年7月9日10时30分前往宋庄镇城管分队谈话。2019年7月10日,宋庄镇政府在涉案建筑处张贴《公告》,主要内容为:该建筑所有权人,经查,你(单位)在富豪村西所建设的房屋,结构为砖混、钢结构,涉嫌违法建设,现宋庄镇政府通知你(单位)自本公告日期起3日内,请该建筑所有权人携带身份证明、用地证明及相关部门审批的有关材料,到宋庄镇政府拆违办公室接受调查,提出陈述、申辩理由。逾期不接受调查的,视为放弃陈述、申辩权利,宋庄镇政府将依据《城乡规划法》第41条、第65条,对上述建设进行依法拆除。2019年8月20日,市规自委作出《规划情况函》,主要内容为:经查,位于富豪村西北壁富路西富豪小学西北侧一院内一层及部分二层三层的砖混彩钢结构建筑,未依法取得建设工程规划许可证或乡村建设规划许可证。2020年8月11日,宋庄镇政府作出《限期拆除决定书》,主要内容为:经查,该建筑物所有权人在富豪村西北,壁富路西富豪小学西北侧所建设的一层及部分二层三层建筑物(建筑面积约23 568平方米)未取得建设工程规划许可证,宋庄镇政府依据《城乡规划法》第65条之规定,限你(单位)务必于2020年8月14日前自行拆除上述违法建设和清理屋内物品,逾期仍不自行拆除和清理屋内物品所造成一切后果自负，届时宋庄镇政府将组织实施强制拆除。如不服本决定，可以在接到本决定书之日起60日内，向区政府申请行政复议，也可以在接到本决定书之日起6个月内直接向通州区人民法院提起行政诉讼。2020年8月13日，宋庄镇政府作出《搬家通知》，要求涉案建筑各承租户于2020年8月18日前自行将属于自己的财产搬离涉案建筑，逾期未自行搬离的在拆除过程中造成的一切财产损失自行承担。2020年8月15日，宋庄镇政府作出《催告书》，主要内容为：该建筑物所有权人，宋庄镇政府于2020年8月11日向你（单位）送达《限期拆除决定书》，你（单位）在规定期限内未履行行政决定规定的义务。根据《行政强制法》第35条之规定，现依法向你（单位）催告，请你（单位）自收到本催告书起2日内自觉履行《限期拆除决定书》规定的内容，逾期仍未履行义务的，将依法强制执行。2020年8月17日，宋庄镇政府作出《强制拆除决定书》。2020年8月21日至2020年8月26日，宋庄镇政府对四方油厂位于北京市通州区宋庄镇富豪村西北、壁富路西富豪小学西北侧院内建筑实施了强制拆除行为。四方油厂因不服宋庄镇政府实施的强制拆除行为，向法院提起行政诉讼。

经审理，法院认为：根据四方油厂提交的北京市通州区原徐辛庄镇人民政府出具的《关于村工业大院建设的批复》《关于发展经济的优惠政策》《关于四方油厂建厂批复》，可以证明四方油厂建设涉案建筑具有特殊背景，系当时政府招商引资而来，涉案建筑由于历史原因未取得规划审批手续，但该原因不能归咎于四方油厂，而系特定历史情况下政策因素所致，宋庄镇政府对涉案建筑的合法性进行判断时，应当进行综合考量，不宜以是否取得规划许可手续作为唯一的评判标准，进而将涉案建筑直接认定为违法建设，否则将会对政府公信力造成负面影响，不利于社会治理和经济发展。宋庄镇政府在未考虑特定历史因素的情况下，认定涉案建筑为违法建设，存在认定事实不清的情形。因此，法院最终确认通州区宋庄镇人民政府强制拆除前述建筑物的行为违法。[1]

2. 无证房屋不一定为违法建筑

由于各种复杂的原因，无证房屋是一个较为普遍的现象。部分建筑由于

---

[1] 参见北京市通州区人民法院［2020］京0112行初578号行政判决书。

历史原因未取得权属证书，不能笼统定性为违法建筑。特别是在房屋征收过程中，对因历史原因形成的没有建设审批手续和产权证照的房屋，行政机关应当在征收之前依法予以甄别，作出处理，不能简单将无证房屋一律认定为违法建筑，不予征收补偿；违法拆除因历史原因形成的无证房屋造成损失的，也不能简单以无证房屋即为违法建筑为由，不予行政赔偿。无证房屋并不等同于违建，在征收中是否能够获得补偿，应该按什么标准补偿，这是一个重大的现实问题。特别是在城中村改造过程中，城中村的建筑更多地侧重事实行为和政策性文件的支撑，缺乏法律上的明确规定。如果不考虑相关建筑的年限、历史原因等因素，简单地认定为违法建筑并责令限期无偿拆除，则偏离了法律的初衷，且不利于信赖利益的保护和纠纷的实质化解。进一步而言，现实中的"小产权房"就是明证。虽然没有法律的明确规定，但其并非违法建筑。

延伸阅读

——**无证房屋**。1996年4月1日，广西壮族自治区贵港市贵城镇三合村民委员会同意划拨一块长10米、宽4.4米、面积44平方米的集体宅基地给易某昌建房。1997年7月8日，贵港市政府向易某昌颁发贵国用［1997］字第××号国有土地使用证。2000年1月10日，贵港市土地管理局给易某昌换发新证，该证注明土地类型为国有划拨土地，土地使用人为易某昌，土地用途为住宅，土地等级为一等三级，使用权面积44平方米。2006年4月16日，易某昌、梁某与赖某芳签订《宅基地转让契约书》，约定将涉案土地转让给赖某芳。2006年5月2日，赖某芳与梁某龙签订《宅基地转让契约书》，将涉案土地转让给梁某龙。两次转让行为均未办理土地使用权变更登记。2013年11月10日，贵港市政府作出贵政通［2013］23号《关于征收高铁站前广场建设项目范围内房屋的决定》，梁某的房屋被划到了勘测定界图的红线内。只是从征收决定所附的补偿安置方案来看，梁某并不能确定自己应该按哪个等级来补偿。2014年2月28日，贵港市政府印发《关于印发贵港市中心城区房屋征收与补偿暂行办法的通知》，其中载明：对因历史原因造成手续不全的房屋，本着尊重历史、照顾现实的原则，只办理有国有（集体）土地使用证和属于本村组（社区）集体经济组织一户一宅的房屋征收，四层（含）以下建筑面积或四层以上的建筑总建筑面积200平方米（含）以内的部分，在房屋征收期限内签订协议书的，根据房屋建成的年限，按《贵港市中心城区房屋市场指导价格》规定的补偿标准一定比例给予补助;不签订协议书的,按违法建筑依法拆除。征收房屋过程中,梁某不同意房屋征收补偿安置方案,未与征收部门签订房屋征收补偿协议。2015年12月起,贵港市住房与城乡规划建设委员会对项目范围内未签订房屋征收补偿协议的房屋进行评估。2017年2月21日,港北区政府将梁某房屋强制拆除。实施强制拆除前,港北区政府对其屋内物品及房屋设施情况进行录像,并制作建筑物财物登记表。根据录像反映,在港北区政府对梁某龙房屋进行强制拆除前,梁某对室内物品已进行过清理和撤离,房内仅剩下抽油烟机、床等少量日常生活用品。2017年3月3日,梁某提起本案行政诉讼,请求确认港北区政府强制拆除其房屋的行为违法,恢复房屋原状,无法恢复房屋原状的,应当按照现行市场价格,赔偿房屋价值损失3 282 240元及屋内物品损失50万元,包括电视机、微波炉、名贵药材、烟酒、名表、金银首饰等财物。经审理,人民法院确认强制拆除房屋行为违法,并赔偿损失共计817 203元。[1]

3. 区分实体违建与程序违建

在某些地区,程序违建是指建筑物并未妨碍都市计划,建造者得依一定程序申领建筑执照;实质违建则指建筑物无从依程序补正,使其变为合法的建筑物。[2]对于不同的违法建筑形态,综合行政执法机关应当根据建设行为发生时是否属于规划区,是否违反规划许可制度等事实,结合具体规划条件等内容,审查判断是否属于可采取改正措施消除影响的情形,合理区分程序违法和实质违法,并作出相应处理决定。实体违建是指涉及的建筑物违反了《城乡规划法》《土地管理法》等法律的禁止性规定,无法通过补办手续合法化。程序违建则是指没有实质上违反法律的禁止性规定,只是未办理审批手续,违反了程序性规定的建筑物等。区分"程序违建"和"实质违建",既符合现行法律规定,又契合违法建筑的实际现状。未经规划审批、登记办证的实体违建涉及事实调查、法律适用和价值判断,需要综合行政执法机关运用专业知识和实践经验,综合考虑规划情况、建筑安全隐患等因素进行判断。因此,执法机关应当根据实际情况判断,正视违法建筑的现状,平衡实际价

---

[1] 参见最高人民法院行政裁定书(2018)最高法行申5424号。
[2] 参见王泽鉴:《民法物权》(1)(通则·所有权),中国政法大学出版社2001年版,第116页。

值与公共利益，而不是一拆了之。也就是说，即便未取得建设工程规划许可证等进行建设，虽已构成程序违法，但并不必然导致建筑属于"无法采取改正措施消除影响"应予以拆除的建筑。如属可采取改正措施消除影响的程序违建，可通过罚款、补办手续等行政处罚进行处理，同时责令补办许可转化为合法建筑；对于无法采取改正措施消除影响的实质违建，则作出限期拆除的决定。

延伸阅读

——**程序违建**。2018年12月13日，西安市规划局长安分局作出《关于华新彩印厂内违法建设的认定函》，主要内容为：该厂内搭建简易结构棚一层三幢，该建筑建设方未取得《建设工程规划许可证》，属于违法建设；根据《城乡规划法》第64条、《西安市城乡规划条例》第68条之规定，对该违法建设予以拆除。12月21日，长安城管局派出工作人员进行现场勘验和调查询问，并向原告华新彩印公司发出《责令停止行政违法行为通知书》，华新彩印公司副厂长李某某在相应笔录和通知书上签字。12月24日，华新彩印公司出具介绍信，介绍李某某负责处理涉案房屋事宜，并随后提交了《关于完善我司厂房建设手续的紧急请求》和2000年1月9日核发的《长安县临时建筑施工许可证》，称涉案建筑为2000年建设的石棉瓦厂房，由于年久老化于2012年翻建改造为钢构厂房。2019年1月8日，城管局作出《行政处罚预先告知书》，告知拟作出行政处罚的内容和陈述、申辩权。随后华新彩印公司又提交了《关于完善我司厂房建设手续的紧急请求》。1月29日，城管局作出《行政处罚决定书》，并送达原告华新彩印公司。华新彩印公司对该行政处罚决定书不服向人民法院提起行政诉讼。经审理，法院撤销了该行政处罚决定。

法院认为：结合庭审举证、质证的其他证据材料，可以确认涉案建筑未取得西安市规划局长安分局核发的《建设工程规划许可证》。但依据《西安市城乡规划条例》第68条的规定，违章建筑分为程序违建和实质违建两种，对于前者，建筑物并未实质妨碍规划，建造者得依一定程序补办相应手续或改正措施消除对规划实施的影响，对于后者则应当依照法定程序限期拆除。在本案中，第三人西安市自然资源和规划局未对本案是否属于可以采取改正措施、消除影响的情形加以考量，径行建议"对该违法建设予以拆除"明显不当。被告市城管局依据该认定函作出涉案《行政处罚决定书》，主要证据不足,应予撤销。[1]

(三) 违法建筑拆除中的程序问题

程序合法是行政执法的基本要求,也是行政法的基本原则之一。正当程序原则有利于保障人权,促进民主发展和法治进程。程序合法是尊重行政相对人人格,体现政府公正形象,严格依法行政,实现形式和实质正义的保障。综合行政执法机关应当按照法定程序,严格执行法律规定的步骤、顺序、方式等,确保相对人的程序性权利。根据《行政强制法》的规定,强制拆除程序包括催告、听取意见和申辩、作出强制拆除决定、送达程序、公告、执行等。催告是强制拆除行为的第一道程序。催告是在限期拆除决定作出后,当事人不履行拆除义务,行政执法机关督促当事人在一定期限内履行义务,否则将承担被强制执行后果的一种程序。作为强制执行决定的前置程序,催告必须以书面方式作出。催告书应当载明履行义务的期限、履行义务的方式、当事人享有的陈述权和申辩权等。催告书一般直接送达当事人,也可采用留置送达、邮寄送达等。当事人收到催告书后有权进行陈述和申辩。行政机关应当充分听取当事人的意见,事实、理由或者证据成立的,行政机关应当采纳。经催告当事人逾期仍不履行限期拆除决定的,且当事人陈述和申辩的意见中没有提出正当理由足以令行政机关采信的,综合执法机关可以作出强制执行决定。强制执行决定书应当以书面形式作出,并且必须与限期拆除决定相一致。强制执行决定书应当载明下列事项:当事人基本信息、强制执行的理由和依据、强制执行的方式和时间、申请复议或提起诉讼的途径和期限等。强制执行决定书一般直接送达当事人,当事人拒绝接收或无法直接送达的,可以采取留置送达、邮寄送达等方式。公告是强制拆除执行程序的又一道重要程序。公告是向社会公开相关信息,限期当事人自行进行拆除。在强制拆除违法建筑时,将公告与催告相结合,在强制执行前公告,限期当事人自行拆除,当事人逾期拒不拆除的,在正式强制拆除前还应当催告。"公告和催告的目的都是催促当事人在一定期限内自行拆除,但作用有所偏重,为了保障强制拆除的效果,把工作做到位,宜将公告与催告结合起来,给当事人自动履

---

[1] 参见西安铁路运输中级人民法院[2020]陕71行终1130号行政判决书。

行义务更多机会和时间。"[1]当事人在法定期限内既不申请行政复议或者提起行政诉讼,又不拆除的,行政机关依法强制拆除。

从完整的过程分析,违法建筑强制拆除行为的启动到执行完毕,其程序主要包括三个告知程序、三个决定行为。限期拆除告知书(告知违法事实、处罚依据、陈述权、申辩权和听证权等)—限期拆除决定书(限当事人×日内自行拆除,告知复议权、诉讼权)—履行限期拆除决定催告书(催告当事人×日内自行拆除,并告知陈述权和申辩权)—强制拆除决定书(决定强制拆除的方式时间,告知复议权、诉讼权)—强制拆除违法建筑公告书(公告相关事宜,督促当事人自行拆除,逾期不拆除将实施强制拆除)—实施强制拆除行为。具体程序详见下图:

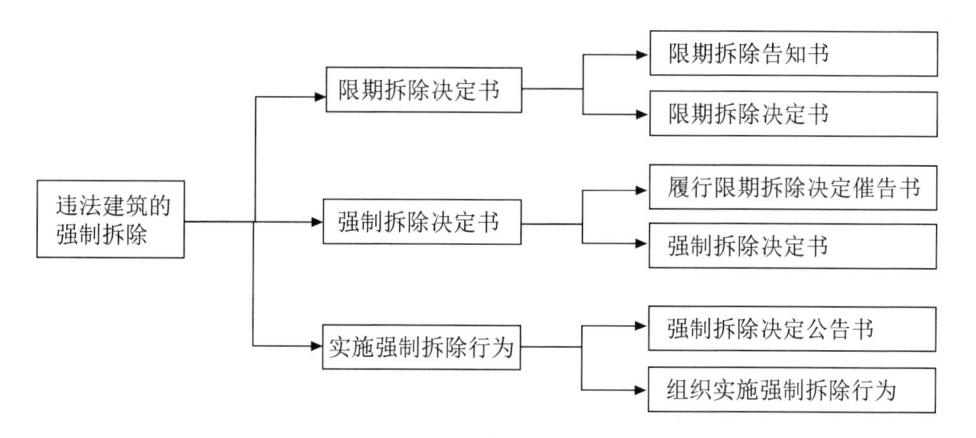

```
                          ┌─── 限期拆除告知书
           ┌─限期拆除决定书─┤
           │              └─── 限期拆除决定书
           │
违法建筑的   │              ┌─── 履行限期拆除决定催告书
强制拆除  ──┼─强制拆除决定书─┤
           │              └─── 强制拆除决定书
           │
           │              ┌─── 强制拆除决定公告书
           └─实施强制拆除行为┤
                          └─── 组织实施强制拆除行为
```

从程序角度分析,上述程序主要有三次告知程序,对应三份告知书。第一份告知书,主要告知当事人拟作出行政处罚决定的事实、理由及依据,并告知当事人享有陈述、申辩及听证的权利。陈述、申辩及听证权的告知是重要的程序性权利,如果缺失将构成程序违法。第二份告知是催告书,事先催告当事人履行义务,并告知当事人享有陈述、申辩权。对当事人提出的事实、理由和证据,执法机关应当进行记录、复核。第三份告知是公告书,告知实施强制拆除的时间、依据、当事人的权利义务等。一般提前5日在现场进行公告,并送达当事人。

---

[1] 全国人大常委会法制工作委员会行政法室编:《〈中华人民共和国行政强制法〉释义与案例》,中国民主法制出版社2012年版,第170页。

相较于违法建筑的强制拆除，合法建筑（主要是房屋）的强制搬迁则与之明显不同，具体如下图所示：

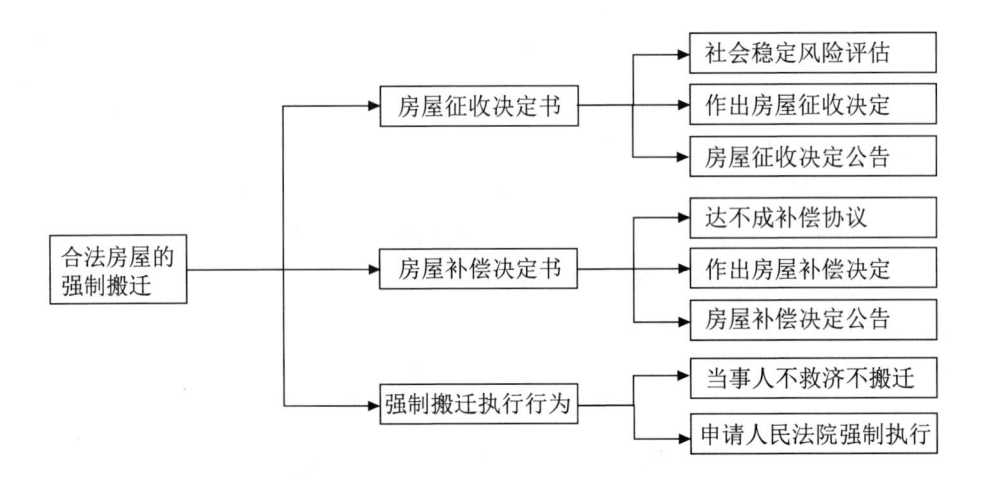

```
                    ┌─→ 房屋征收决定书 ──┬─→ 社会稳定风险评估
                    │                    ├─→ 作出房屋征收决定
                    │                    └─→ 房屋征收决定公告
合法房屋的           │
强制搬迁  ──────────┼─→ 房屋补偿决定书 ──┬─→ 达不成补偿协议
                    │                    ├─→ 作出房屋补偿决定
                    │                    └─→ 房屋补偿决定公告
                    │
                    └─→ 强制搬迁执行行为 ┬─→ 当事人不救济不搬迁
                                         └─→ 申请人民法院强制执行
```

从行政行为角度分析，实施强制拆除行为至少包括限期拆除决定、强制拆除决定、实施强制拆除行为等不同阶段性行为。因拆除对相对人的影响重大，为充分保障相对人的合法权益，不同阶段的不同行为都具有可救济性，即相对人可依法提起行政复议或行政诉讼。由于三个行为密切相关，因此复议机关或法院审查的重点有所不同。比如限期拆除通知作为强制拆除过程的基础性行为，主要审查违法建筑的认定是否准确、采取强拆的方式是否合适、限期拆除通知的作出及送达程序是否合法等；对强制拆除决定主要审查是否经过催告程序、强制执行的范围与是否与限期拆除通知一致、强制拆除方式是否合法、强制拆除决定是否依法送达等；对强制拆除行为则着重审查是否履行通知当事人到场、是否制作财物清单、制作笔录并设置录像等程序性义务、执行范围是否与限期拆除通知和强制拆除决定一致等。

延伸阅读

——**违法建筑拆除的基本程序**。

案例1：2015年5月7日，福建省福清市自然资源和规划局对施某和的违法建设行为进行查处，作出《限期拆除告知书》，告知施某和拟对其作出限期拆除违法建设的处罚。5月14日，市资源和规划局作出《限期拆除决定书》，限施某和于3天内自行拆除违法建设，并告知其申请行政复议及提起行政诉讼的权利与期限。5月25日，市资源和规划局作出《履行限期拆除决定催告书》，催告施某和于10日内自行拆除违法建设，并告知其陈述和申辩的权利。6月15日，市资源和规划局作出《限期拆除违法建设公告书》，督促施某和在同年6月30日前自行拆除违法建设，逾期不拆除的，将依法实施强制拆除。6月15日，市资源和规划局作出《行政强制执行决定书》，决定于6月30日起开始强制执行。[1]

案例2：2011年，陈某金在湖南省临武县县环城南路旁工业园区建有临时建筑，其中一大一小两个临时厂棚，建筑面积86平方米，另有其他附属设施。2014年县城管局工作人员巡查发现陈某金涉嫌违法建房，属违法建设行为。2014年7月10日，县城管局作出《行政处罚告知书》，限陈某金在7日内自行拆除涉案违规临时建筑，并清理好现场。同时告知陈某金享有陈述、申辩及申请听证权。7月15日，县城管局将该告知书送达陈某金。之后经过现场勘查、调查询问，认定陈某金临时建筑未办理规划许可手续，擅自建设，违反《城乡规划法》第40条的相关规定。9月12日，县城管局作出《行政处罚决定书》，限陈某金在收到该决定书7日内自行拆除涉案违法临时厂棚，并清理好现场。决定书中告知陈某金享有申请行政复议权及诉权，并于9月29日将邮寄送达陈某金。2015年1月8日，县城管局作出《履行行政处罚决定催告书》，催告陈某金在10日内自行拆除涉案违规临时建筑，并清理好现场，告知陈某金陈述、申辩权。1月15日，县城管局将该催告书当面送达陈某金。1月22日，县城管局作出《强制拆除决定书》，决定于1月26日起对陈某金依法强制拆除涉案违法临时厂棚，并告知陈某金有申请复议和提起诉讼的权利，并于1月23日将该决定书当面送达陈某金。1月22日，针对涉案违法临时厂棚临武县城管局作出《关于强制拆除违法建筑的公告》，并于次日将公告张贴并送达陈某金。2月5日，县城管局对陈某金的临时厂房进行财物登记，并进行公证。随后，经研究对陈某金的涉案违法建设实施强制拆除，并成立强制拆除工作专项领导小组，县城管局等部门的工作人员200人参与了涉案强制拆除行动。[2]

---

[1] 参见最高人民法院［2019］最高法行申3919号行政裁定书。
[2] 参见最高人民法院［2018］最高法行申952号行政裁定书。

此外，违法建筑的拆除时间一般适宜选择工作日。根据《行政强制法》的规定，行政机关不得在夜间或者法定节假日实施行政强制执行。如果执法机关选择在不适宜的时间，就违反了行政强制法的立法意旨，将构成程序违法。最高人民法院［2017］最高法行申6988号行政裁定认为，"为了防止行政强制执行过于扰民，保障当事人正常的生活休息权利，故行政强制执行一般应当在正常工作时间进行。根据国务院《全国年节及纪念日放假办法》的规定，法定节假日不包含公休日，但对于法定节假日与公休日连休形成小长假的情形，行政机关在此期间实施行政强制执行，不仅侵害当事人的休息权，亦违反行政强制法的立法本意，属程序违法，应予禁止"。

（四）违法建筑处理中的不作为问题

行政执法机关作出责令限期自行拆除违法建筑的决定后，当事人逾期不拆除的，行政机关应当按照法定程序在合理期限内采取强制措施予以拆除。如果执法机关怠于履行强制拆除职责，造成违法建筑长期存续，则相关利害关系人可以依法起诉要求行政机关强制拆除违法建筑。如果行政机关履职不到位，构成不完全履行法定职责，则法院会判决要求行政机关依法履职到位。

> **延伸阅读**
>
> **——执法机关怠于履职构成不作为。**
>
> **案例1**：原告杨某居住的房屋在射阳县合德镇兴北三村黄某房屋的正南方。2006年7月至8月，案外人黄某未经城市规划主管部门批准，擅自建设平房、阳光房。后原告向被告射阳住建局等部门投诉，被告于2013年9月10日立案查处，于2013年10月10日作出了行政处罚决定，限案外人黄某15日内自行改正，并按照工程造价5%的标准罚款450元。该处罚决定作出后，案外人未提起行政复议和行政诉讼，也未自行改正。原告之后又多次向被告射阳住建局及射阳县人民政府举报，要求拆除案外人违法建筑。被告射阳住建局表示曾于2014年7月15日书面向射阳县人民政府请示强制拆除该户违法建筑。另查明，射阳县人民政府于2013年12月25日对各镇（区）人民政府（管委会）、县各委、办、局、直属单位下发射政发［2013］156号《关于责成县住房和城乡建设局等有关部门和单位对违法建筑实施查封施工现场强制拆除的通知》，决定对射阳住建局已作出责令停止建设或限期拆除的决定后，当事人不停止建设或逾期不拆除的，责成射阳住建局牵头组织，所属镇（区）

人民政府（管委会）、县经信委、公安局、监察局、国土局、卫生局、安监局、城管局、消防大队、供电公司、水务公司等有关部门和单位配合，对违法建筑实施查封施工现场、强制拆除等措施。本案中，被告于2013年10月10日即作出要求案外人黄某限期改正的处罚决定，在案外人未申请行政复议亦未提起行政诉讼且拒不履行的情况下，直至原告2015年3月提起本案诉讼，被告在近1年半的时间内未依法对涉案违章建筑进行强制拆除，其行为显然不当，已构成怠于履行法定职责，应予纠正。据此，射阳县人民法院依法作出行政判决，责令被告射阳县住房和城乡建设局于本判决生效之日起3个月内对射阳县合德镇兴北三村的违法建设依法处理。[1]

案例2：2010年7月，株洲市石峰区田心街道东门社区民主村小东门散户户主沈某湘，在未经被告株洲市规划局等有关单位批准的情况下，将其父沈某如遗留旧房拆除，新建和扩建新房，严重影响了原告叶某祥的通行和采光。原告于2010年7月9日向被告株洲市规划局举报。该局于2010年10月对沈某湘新建扩建房屋进行调查、勘验，同月，对沈某湘作出了株规罚告（石峰）字［2010］第462号行政处罚告知书，告知其建房行为违反《城乡规划法》第40条，属违法建设。依据《城乡规划法》第68条之规定，限接到告知书之日起，5天内自行无偿拆除，限期不拆除的，将由株洲市石峰区人民政府组织拆除。该告知书送达沈某湘本人，其未能拆除。原告叶某祥于2010年至2013年通过向株洲市石峰区田心街道东门社区委员会、株洲市规划局、株洲市石峰区人民政府举报和请求依法履行强制拆除沈某湘违法建筑行政义务，采取申请书等请求形式未能及时解决。2013年3月8日，被告株洲市规划局以株规罚字［2013］第6021号对沈某湘作出行政处罚决定书。认定沈某湘的建房行为违反《城乡规划法》第40条和《湖南省实施〈中华人民共和国城乡规划法〉办法》第25条之规定，属违法建设。依据《城乡规划法》第64条和《湖南省实施〈中华人民共和国城乡规划法〉办法》第51条之规定，限沈某湘接到决定书之日起，3日内自行无偿拆除。如限期不自行履行本决定，依据《城乡规划法》第68条和《湖南省实施〈中华人民共和国城乡规划法〉办法》第54条及株政发［2008］36号文件规定，将由石峰区人民政府组织实施强制拆除。由于被告株洲市规划局、株洲市石峰区人民政府未能完全履

---

［1］ 参见盐城市中级人民法院［2016］苏09行终81号行政判决书。

行拆除违法建筑法定职责,原告于2013年6月5日向法院提起行政诉讼。

经审理,法院认为:被告株洲市石峰区人民政府于2010年12月接到株洲市规划局对沈某湘株规罚告字[2010]第004号行政处罚告知书和株规罚字[2013]第0021号行政处罚决定书后,应按照株洲市规划局的授权积极履行法定职责,组织实施强制拆除违法建设。虽然被告株洲市石峰区人民政府在履行职责中对沈某湘违法建设进行了协调等工作,但未积极采取措施,其拆除违法建设工作未到位,属于不完全履行拆除违法建筑的法定职责。根据《城乡规划法》第68条和《行政诉讼法》第54条第3款的规定,判决被告株洲市石峰区人民政府在3个月内履行拆除沈某湘违法建设法定职责的行政行为。[1]

(五)违法建筑处理中的自由裁量问题

一般而言,综合行政执法机关应当遵循过罚相当原则,结合违法行为的事实、性质、情节以及社会危害程度,正确行使自由裁量权。在具体执法中,执法机关应当视违法建筑的具体情节作出责令停止建设、限期改正、罚款、限期拆除、没收实物或者违法收入等处罚。在自由裁量权的行使过程中,应当兼顾行政目的实现与相对人权益的保护,应当充分考虑所采取的措施是否对相对人的居住安全与正常生活产生过度侵害。如果行政目标的实现可能对相对人的权益造成不利影响,则这种不利影响应被限制在尽可能小的范围和限度内。比如根据《城乡规划法》第64条的规定,针对违法建筑的处置有三种不同的方式:一是限期改正,即部分拆除,恢复至违法建设前的样态;二是限期拆除,违法建筑无法通过采取改正措施消除影响的,只能采取全部拆除的方式;三是没收实物或违法收入。以上三种方式是逐步递进的,存在着在拆除与保留之间作出选择。综合执法实践中,违法建筑的处罚应当坚持以拆除为原则,保留为例外。综合执法机关应当结合违法建筑的具体情况作出责令停止建设、限期改正、罚款、限期拆除、没收实物等处理。以保留为例外,主要基于以下考量:一方面,对违法建筑的处置应当符合社会利益最大化原则。所谓利益最大化,就是需要进行利益平衡。在各方利益发生冲突的情况下,需要权衡各种不同的利益,综合考虑优先保护哪一种利益。因此,

---

[1] 参见最高人民法院发布的征收拆迁十大典型案例之十"叶某祥诉湖南省株洲市规划局、株洲市石峰区人民政府不履行拆除违法建筑法定职责案"。

执法机关应当采用"两害相权取其轻"的标准进行判断。利益衡量需要综合不同情景、不同利益。在存在选择不同处置方式的情形下，应当采用对相对人权益损害最小的方式，做到执法的结果与执法的目的合理得当。例如在规划的公共绿地中发现了违法建筑，如果该建筑不造成相邻关系的影响，以处罚再加上没收的方式处置该建筑，并在合适的地方补建公共绿地，也是一种社会利益损失最优化的处置方式。又如，不按建设工程规划许可证建设的一幢违法建筑，挡住了北侧一住户的日照，如果消除日照影响则要拆除三层楼，这就产生了日照赔偿与拆除三层楼的利益权衡问题。故针对执法实践中未取得建设工程规划许可证的城镇违建，尚可采取改正措施消除对规划实施的影响的，应优先选择限期改正；无法采取改正措施消除影响的，才可限期拆除或没收。

延伸阅读

——**违法建筑的查处应合理行使裁量权**。2016年12月23日，海淀城管局香山执法监察队在检查中发现，刘某艳于2016年3月间对涉案房屋进行了翻建。于是海淀城管局进行了现场检查及勘验，经测量该房屋东西长16.1米、南北宽11米，总建筑面积为177.1平方米。海淀城管局拍摄了外观照片，绘制了平面位置图，当日对刘某艳进行询问，告知了刘某艳所享有的相应权利，听取了刘某艳的陈述和申辩。同时，海淀城管局对刘某艳建设涉案房屋的行为予以立案。2017年1月5日，北京市规划和国土资源管理委员会向海淀城管局出具了《关于北京市海淀区香山北辛村后街14号所建的一处建筑物规划审批情况的函》，函称："经查，位于北京市海淀区香山北辛村后街所建的一处建筑物（建筑面积177.1平方米），未依法取得建设工程规划许可证。"2017年4月28日，海淀城管局作出限期拆除决定书，并于当日通过留置、现场张贴及网站公告送达上述限拆决定。刘某艳不服限拆决定依法向人民法院提起行政诉讼。历经一审、二审，法院撤销了限期拆除决定。

法院认为：本案中，刘某艳所建房屋虽确属未批先建，但刘某艳系在原有宅基地上翻建，房屋用途系自住，房屋也未超过原有面积，更未加盖，且需强调的是，该房屋系刘某艳及其子刘某泽的唯一居所。如有权机关在确认该房屋为违建后直接作出限期拆除决定并最终履行，则刘某艳及其家人必将面临流离失所的可预见结局。针对上述情况，合议庭认为，法律并非仅是条文中所罗列的惩处性规定，其最终目的是维护人民的权益，保障社会的正常运行。尤其是相对人在原房屋严重影响居住安全与生活质量进行翻建的情况下，违法建设的查处机关应当充分考虑其所作行政行为是否会对违法建设人的居住安全与正常生活产生过度侵害，即应当平衡规划程序与安居利益，采用适用的处理。针对刘某艳所面临的困境，海淀城管局应先选择采取责令限期补办规划手续等改正措施后，再针对相应改正的情况酌情作出决定。现直接作出限期拆除决定必然将对刘某艳的权益造成过度损害，应属明显不当，故对海淀城管局作出的被诉限拆决定依法应予撤销。[1]

——**违法建筑处置中的利益衡量**。2012年10月10日，江苏省苏州市姑苏区城市管理行政执法局作出行政处罚决定书，认定张某于2012年3月在焦言浜15号有未取得建设工程规划许可证进行建设的违法行为，违反了法律规定，限其15日内自行拆除。张某未对处罚决定申请行政复议及提起行政诉讼，亦未履行拆除义务。2013年11月12日，姑苏区政府作出《行政强制执行催告书》，催告张某收到上述催告书之日起10日内，自行拆除焦言浜15号未经规划批准的违法建筑。上述催告书于2014年2月12日送达张某。因张某未履行拆除义务，姑苏区政府于2014年2月27日作出《强制执行决定》，要求张某自决定书送达之日起15日内，自行履行处罚决定规定的拆除义务，逾期未履行的，将对焦言浜15号的违法建筑实施强制拆除。上述决定书于2014年2月28日向张某送达。但张某仍未履行拆除义务。2014年8月31日，姑苏区政府组织有关部门对焦言浜15号的违法建筑实施拆除，但因张某阻碍执行人员执行，当日执行工作无法进行。在此期间，张某的邻居赵某梅认为张某在焦言浜15号搭建的违法建筑严重影响了其正常生活，在张某未履行处罚决定所规定的自行拆除义务的情况下，向人民法院提起行政诉讼，认为姑苏区政府一直未履行拆除该违法建筑的法定职责，属行政不作为。2015年2月3日，姑苏区政府对焦言浜15号违法建筑组织实施了强制执行，拆除了焦言浜15号的二楼建筑。

针对焦言浜15号现存建筑的实际状况，不论是判令上诉人姑苏区政府继续履行拆除违法建筑职责，还是按照赵某梅的主张拆除焦言浜15号现存的建筑使之恢复原状，均会导致张某合法利益遭受不必要的损害和社会财富的浪费，亦与《城乡规划法》规定的对违法建筑区分情况作出处理和《行政强制

---

[1] 参见北京市第一中级人民法院［2018］京01行终367号行政判决书。

法》确立的适当原则不符。

法院认为，根据《行政强制法》第 5 条的规定，行政强制的设定和实施，应当适当。采取非强制手段可以达到行政管理目的的，不得设定和实施行政强制。《城乡规划法》第 64 条对已建成的违法建筑，以是否可采取改正措施消除对规划实施的影响为标准，分别规定了不同的处理方式。本案中，张某持有的国有土地使用权证和房屋所有权证可以证明，其对焦言浜 15 号原有一层房屋具有合法权益。2012 年 3 月，张某在未取得建设工程规划许可的情形下，自行在原址落地翻建焦言浜 15 号建筑，将原有平房翻建为两层楼房。针对本案的具体案情，结合《城乡规划法》与《行政强制法》确立的适当原则，行政机关在采取强制措施，实现纠正违法建设行为行政管理目的时，应当区分违法建设行为的具体情形，做到执行的结果与执行的目的合理得当。根据本案中张某违法行为的社会危害程度，姑苏区政府在执行《9013 号处罚决定》的过程中，强制拆除了焦言浜 15 号二楼的超高违建部分已经能够实现纠正违法行为的目的。[1]

——**执法机关应当合理证明"无法采取改正措施消除影响"**。汪某某系仁怀市苗家印象酒旅生态庄园的经营者，属于个体工商户，经营场所位于仁怀市坛厂街道办事处枇杷村八卦园。2018 年 1 月，仁怀市苗家印象酒旅生态庄园修建涉案房屋，主要用于该庄园表演舞台。仁怀市综合执法局进行调查后，于 2018 年 5 月 10 日对原告作出仁综执（规）罚字〔2018〕第 05-022 号《行政处罚决定书》，认定汪某某在未获得建设行政主管部门审批许可的情况下，在仁怀市坛厂街道办事处枇杷社区组涉嫌违法修建房屋，违反了《城乡规划法》第 40 条的规定，根据《城乡规划法》第 64 条的规定，对汪某某作出如下行政处罚：对汪某某违法修建的建筑面积为 279.46 平方米的砖混结构一栋二层（二层为砖围钢架棚）处以限期拆除的行政处罚。汪某某不服，遂向习水县人民法院提起行政诉讼。经审理，二审法院依法撤销了该行政处罚决定。

二审法院经审理认为，本案争议的焦点有二：一是被上诉人将汪某某作为处罚对象是否合法；二是被上诉人责令汪某某限期拆除案涉建筑是否合法。关于被上诉人将汪某某作为处罚对象是否合法的问题，仁怀市苗家印象酒旅生态庄园是经登记的个体工商户，被上诉人所作调查笔录中，汪某某丈夫陈

---

[1] 参见最高人民法院〔2016〕最高法行申 3330 号行政裁定书。

述,案涉建筑是仁怀市苗家印象酒旅生态庄园修建,参照最高人民法院《关于适用〈中华人民共和国行政诉讼法〉的解释》第15条第2款"个体工商户向人民法院提起诉讼的,以营业执照上登记的经营者为原告。有字号的,以营业执照上登记的字号为原告,并应当注明该字号经营者的基本信息"的规定,对案涉违建的处罚,以个体工商户字号,即仁怀市苗家印象酒旅生态庄园为对象更为恰当。

关于被上诉人责令汪某某限期拆除案涉建筑是否合法的问题,根据《城乡规划法》第64条"未取得建设工程规划许可证或者未按照建设工程规划许可证的规定进行建设的,由县级以上地方人民政府城乡规划主管部门责令停止建设;尚可采取改正措施消除对规划实施的影响的,限期改正,处建设工程造价百分之五以上百分之十以下的罚款;无法采取改正措施消除影响的,限期拆除,不能拆除的,没收实物或者违法收入,可以并处建设工程造价百分之十以下的罚款"的规定,对违法违规建设的处罚,应根据是否能消除对规划的影响而采取不同的措施。本案中,被上诉人未提供案涉建筑所在区域的详细规划,不足以证明案涉建筑对规划造成了不可消除的影响,因此,被诉处罚决定证据不足、事实不清,根据《行政诉讼法》第70条"行政行为有下列情形之一的,人民法院判决撤销或者部分撤销,并可以判决被告重新作出行政行为:(一)主要证据不足的"的规定,应予撤销。[1]

(六)拆除违法建筑中的赔偿问题

根据《行政强制法》第8条第1款的规定,公民、法人或者其他组织因行政机关违法实施行政强制受到损害的,依法有权要求赔偿。《国家赔偿法》第4条第4项则规定,行政机关及其工作人员违法行使行政职权造成财产损害的,受害人有取得赔偿的权利。因此,当事人请求行政赔偿,只有在合法权益受到损害时,才能够获得行政赔偿;没有合法权益可保护的,将不能获得行政赔偿。由于违法建筑不具有合法属性,违法建筑建造人或管理人提起行政赔偿或相邻关系纠纷请求权的,人民法院一般不会支持。故对违法建筑的强制拆除不会产生国家赔偿问题。然而需要引起注意的是,强制拆除的对

---

[1] 参见江必新主编:《行政处罚法条文精释与实例精解》,人民法院出版社2021年版,第89~91页。

象是违法建筑本身,而不包括其他合法财产。比如组成建筑物的建筑材料及建筑内的物品,则属于当事人的合法财产。故在依法实施强制拆除行为时,执法机关应当尊重当事人合法的财产权利。对于建筑物内的物品,行政机关应当采用公证、见证等方式,进行清点造册、制作现场笔录、妥善保管并及时移交。如行政机关未尽慎重、妥善之注意义务,若造成当事人合法财产损失的,则行政机关将承担举证不能的不利后果并负相应的赔偿责任。个别案例中要求更高,如最高人民法院〔2018〕最高法行申952号行政裁定书认为,"对于建筑物内的物品,行政机关应当采用公证、见证等方式,进行清点造册、制作现场笔录、妥善保管并及时移交。如行政机关未依法履行上述程序,造成当事人合法财产损失的,则该强制拆除行为应予确认违法"。一般而言,在强制拆除行为被确认违法的情况下,相对人会依法提起行政赔偿申请。但从法律上分析,只有被认定为合法建筑,才能给予赔偿。但现实中相对人提供的证据不能证明该建筑已被认定为合法建筑,故其要求赔偿违法建筑物的损失,缺乏事实和法律依据,人民法院一般不予支持。行政赔偿诉讼中,当事人对损失的事实承担举证责任,但若由于行政机关野蛮强拆等原因,造成相对人无法举证时除外。因此有些情况下,特别是在拆除涉诉建筑物程序违法的情形下,人民法院会酌情判决赔偿相对人建筑物内日用品等动产的损失。

> **延伸阅读**
>
> ——**违反法定程序强制拆除违法建筑造成损失须赔偿**。2013年4月1日,润森木业公司与南宁锦逢兰盛公司签订《场地租赁合同书》,租赁锦逢兰盛公司位于南宁市某街道石埠奶场的土地,作为木材加工场地。合同签订后,润森木业公司未经城乡规划主管部门审批同意,在该场地内建设四栋一层钢架结构房屋,及一栋两层砖混结构房屋,房屋总占地面积为788平方米,总建筑面积为916平方米。2014年7月3日,南宁高新区管委会以需要对涉案房屋进行规划检查为由,对润森木业公司发出南高管(规监)检通字〔2014〕第0703-3号《综合行政执法检查通知书》,要求润森木业公司持《建设用地规划许可证》《建设工程规划许可证》及施工红线图等有关手续,到南宁产业开发区规划监察大队接受检查。同日,南宁高新区管委会对润森木业公司建设的上述房屋进行现场勘查,并制作《现场勘验笔录》。2014年7月17日,南宁高新区管委会以润森木业公司未能提供上述房屋的规划审批手续,涉嫌

违法建设为由,予以立案。同日,南宁高新区管委会作出处告字[2014]第557号《行政处罚告知书》,告知润森木业公司,未经城乡规划部门批准,擅自在南宁市某街道石埠奶场建设房屋,违反《城乡规划法》第40条的规定,拟对涉案房屋作出限期拆除的处罚。如有异议,可在收到告知书后3日内提出陈述、申辩和申请复核。2014年7月24日,南宁高新区管委会作出南高新管处字[2014]第557号《行政处罚决定书》,认定润森木业公司建设的房屋属于违法建筑,责令其在收到决定书之日起1日内自行拆除,并告知申请行政复议和提起行政诉讼的权利和期限。2014年7月25日,南宁高新区管委会又作出高新管催字[2014]第557号《限期履行行政处罚决定催告书》,责令润森木业公司在收到催告书之日起1日内自行拆除违法建筑;逾期仍不履行的,将依法强制执行。2014年7月26日,南宁高新区管委会作出高新管强决字[2014]557号《行政强制执行决定书》,决定实施强制拆除。同日,南宁高新区管委会作出高新管强公字[2014]第557号《限期拆除违法建(构)筑物公告》,要求润森木业公司自公告之日起1日内自行拆除,如不履行拆除义务,将依法强制拆除。2014年7月30日,南宁高新区管委会对润森木业公司建设的违法建筑予以强制拆除。该公司不服强制拆除行为向人民法院提起行政诉讼。经审理,法院最终确认南宁高新区管委会强制拆除行为违法,并判决赔偿润森木业公司被拆除建筑物内的部分生产设备和物品损失及涉案建筑物的建筑材料残值损失52万元。

  法院认为,只有合法权益受到违法行政行为侵犯造成损害的,行政机关才依法承担行政赔偿责任;赔偿的范围限于直接损失,不包括将来可得利益损失;行政赔偿诉讼中,原告对损失的事实承担举证责任,但是由于被告违法强拆等原因,原告无法举证的除外。本案中,润森木业公司未取得相关建设许可擅自建设的建筑物、构筑物属于非法建筑,润森木业公司不享有合法权益,违法建筑物、构筑物本身被强制拆除,相关损失不属于国家赔偿的范围。但是南宁高新区管委会作出行政处罚决定、实施强制拆除行为,均没有给予润森木业公司合理的自行拆除时间,导致本可再利用的钢结构等建筑材料被直接强制拆除,上述可再利用的建筑材料残值,及建筑物内的机器设备和其他动产,属合法财产。南宁高新区管委会实施强制拆除时,没有依法进行登记保全,导致建筑物内生产设备及其他动产情况无法查清,应当承担举证不能的后果，酌定赔偿润森木业公司各项损失 52 万元。[1]

——**确认强拆行为违法后的赔偿问题**。2013 年 4 月 21 日和 6 月 21 日，义乌市人民政府的派出机构义乌市工业园区管委会根据义乌市委办公室和市府办公室联合下发的市委办［2013］40 号文件《义乌市"三改一拆"三年行动实施方案》的规定，两次将张某忠经营的义乌市杨梅岗农垦场土地的部分违法建筑拆除。张某忠、黄某英对强制拆除行为不服，提起诉讼，法院最终确认义乌市人民政府 2013 年 4 月 21 日、6 月 21 日对张某忠、黄某英经营的厂房实施行政强制拆除行为违法。在行政赔偿、补偿案件中，原告应当对行政行为造成的损害提供证据。因被告的原因导致原告无法举证的，由被告承担举证责任。根据上述规定，虽两再审申请人应对强制拆除行为造成其财产损失承担举证责任，但由于义乌市政府在强制拆除厂房时，并未遵守法定程序，考虑到双方的举证便利条件，故由义乌市政府承担证明其在拆除时已妥善保管并移交给两再审申请人相关的财产的举证责任，才符合上述法律的立法本意。义乌市政府向一审法院提交了 2013 年 4 月 21 日和 6 月 21 日的视频资料，用以证明拆除现场的状况及相关工作人员对厂房内相关设备、货物搬离并安置存放。义乌市政府拆除案涉厂房时，将厂房内机器设备、货物、原材料等搬离厂房并放置室外，但未进行书面清点登记及妥善保管、移交，对两再审申请人的相关财产造成一定损失，应予赔偿。两再审申请人未对被搬出的财物及时妥善保管处理，使财物损失进一步扩大，也应承担相应的责任。综上，本案赔偿数额根据双方在拆除案涉违法建筑中的各自责任，结合双方当事人提供的证据情况，运用逻辑推理和生产生活经验，本院酌情判定由义乌市政府赔偿两再审申请人的机器设备、货物、原材料损失人民币 28 万元。[2]

四、主要法律文书

结合违法建筑拆除实践，本部分主要将三公告、三决定的文书样式简要予以介绍。

---

［1］ 参见最高人民法院［2018］最高法行申 4658 号行政裁定书。
［2］ 参见最高人民法院［2019］最高法行赔申 482 号行政裁定书、浙江省高级人民法院［2020］浙行赔再 6 号行政赔偿判决书。

(一) 责令限期拆除告知书

责令限期拆除告知书

责拆告字［202×］×号

当事人：×××，性别，民族，身份证号码，联系电话；(法人名称，统一社会信用代码，主要负责人，联系电话)。

经群众举报，你(单位)可能存在×××违法行为。本街道办于×××年×月×日予以立案调查。经查，你(单位)未取得×××，进行建设，该行为违反了《中华人民共和国城乡规划法》第×条的规定，属违法建设。以上事实有以下证据证明：①×××；②×××等。前述行为已经违反了《中华人民共和国城乡规划法》第×条的规定，构成未经××××进行建设的违法事实。

根据《浙江省违法建筑处置规定》第14条和《浙江省行政程序办法》第52条、第53条的规定，如你对上述认定的违法事实、证据、处罚依据及处罚内容等有异议，务必在收到本告知书后，3日内向本街道办提出陈述、申辩意见或要求举行听证，逾期不提出陈述、申辩意见、又不要求举行听证的，视为放弃陈述、申辩和要求听证的权利，本街道办将依法作出责令限期拆除决定。

执法人员：×××、×××
联系电话：×××
办公地址：×××大楼

×××街道办事处
年　月　日

(二) 责令限期拆除决定书

责令限期拆除决定书

责拆决字［202×］×号

当事人：×××，性别，民族，身份证号码，联系电话；(法人名称，统一社会信用代码，主要负责人，联系电话)。

经查，你(单位)在×××位置存在×××违法行为。经现场勘查，该违法建筑为×××，占地面积约为××平方米，以上事实，有现场勘验笔录、现场照片、询问笔录等为证。该行为违反了《中华人民共和国城乡规划法》第×条的规定："……"。

现依据《中华人民共和国城乡规划法》第×条第×款第×项的规定"……"以及《××省×××办法》第×条第×款第×项的规定"……"，责令你（单位）：

①请你（单位）在收到本通知书起 15 日前自行拆除上述违法建设。

②如逾期未拆除，本单位将依法启动对该违法建设的强制拆除程序。

如不服本决定，可在收到本决定书之日起 60 日内向××区人民政府申请行政复议，也可以在接到本决定书之日起 6 个月内向××区人民法院起诉。行政复议和行政诉讼期间不停止本决定的执行。逾期不申请行政复议，也不提起行政诉讼，又不拆除的，将依法强制拆除。

执法人员：×××、×××

联系电话：×××

办公地址：×××大楼

附件：违法建筑平面图

×××街道办事处
年　月　日

（三）履行责令限期拆除决定催告书

履行限期拆除决定催告书

拆催字［202×］×号

当事人：×××，性别，民族，身份证号码，联系电话；（法人名称，统一社会信用代码，主要负责人，联系电话）。

本机关于202×年×月×日依法向你（单位）送达了《限期拆除告知书》（责拆告字［202×］×号），于202×年×月×日依法向你送达了《限期拆除决定书》（责拆决字［202×］×号）。你（单位）至今仍未履行拆除决定。根据《中华人民共和国行政强制法》第 35 条的规定，现依法向你（单位）发出催告，限你（单位）自收到本催告书 7 日内，自行拆除位于×××街×号×楼的建

（构）筑物。逾期仍未履行决定的，本机关将依法强制执行。

根据《中华人民共和国行政强制法》第36条的规定，你（单位）依法享有陈述权和申辩权，你（单位）可以在收到本催告书次日起3日内提出陈述和申辩，逾期不陈述、申辩的，视为放弃陈述和申辩的权利。

特此催告。

执法人员：×××、×××

联系电话：×××

办公地址：×××大楼

附件：违法建筑平面图

×××街道办事处
年　月　日

（四）强制拆除决定书

强制拆除决定书

强拆决字［202×］×号

当事人：×××，性别，民族，身份证号码，联系电话；（法人名称，统一社会信用代码，主要负责人，联系电话）。

你（单位）逾期不履行本机关作出的《限期拆除决定书》（责拆决字［202×］×号）规定的义务。本机关于202×年×月×日向你（单位）送达了《履行限期拆除决定催告书》（拆催字［202×］×号），你（单位）逾期仍不履行。依据……规定，现本机关决定于202×年×月×日实施强制拆除。

请你（单位）自收到本决定后2日内自行将违法建设内的相关物品予以清理，如未清理，产生的一切法律后果由你（单位）自行承担。你（单位）享有变卖可回收建筑材料并占有残值的权利，同时负有自行清除其余建筑垃圾的义务，如你（单位）自行回收清理，应在强制拆除前48小时内提出书面申请，并在强制拆除后的2日内将建筑材料清理完毕。未事先提出书面申请或者事先提出申请但未在限定期限内处置完毕的，本机关将予以清理，产生的一切法律后果由你（单位）自行承担。

如不服本决定，可自收到本决定书之日起 60 日内向×××区人民政府申请行政复议，也可以在收到本决定书之日起 6 个月内直接向×××区人民法院提起行政诉讼。行政复议和行政诉讼期间，不停止本决定的执行。但法律规定需要停止执行的除外。

执法人员：×××、×××

联系电话：×××

办公地址：×××大楼

×××街道办事处
年　　月　　日

(五) 强制拆除决定公告书

强制拆除决定公告书

强拆决告字［202×］×号

关于×××未取得×××进行建设，经本机关（单位）立案调查，作出强制拆除决定书（强拆决字［202×］×号），责令当事人在202×年×月×日前自行拆除位于×××位置的违法建筑物（或构筑物）和设施，×××逾期未履行拆除义务。

为维护行政执法的严肃性，依据《中华人民共和国行政强制法》第 44 条的规定，我街道办现对上述违法建设予以公告并督促当事人×××在收到《强制拆除决定书》之日起 3 日内自行拆除，逾期不拆除的，街道办将依据……有关法律法规的规定，于202×年×月×日（星期×）起对当事人×××位于××××的违法建筑物及相关配套设施依法实施拆除。

对于强制拆除活动，任何单位和个人不得阻挠、干涉，否则将依法追究其相应的法律责任。

特此公告。

×××街道办事处
年　　月　　日

（六）行政强制执行现场笔录

行政强制执行现场笔录

时间：　　年　月　日　时　分至　日　时　分

地点：

当事人姓名（单位名称）：　　　　　法定代表人（负责人）：

身份证号码（统一社会信用代码）：

电话：　　　　　　　住址：

见证人：　　　　　　身份证（或其他有效证件）号码：

单位或者住址：　　　　　　　　联系电话：

行政执法人员姓名：　　　　执法证件号：

行政执法人员姓名：　　　　执法证件号：

记录人姓名：

现场情况及告知事项：

_____（标的物情况，通知当事人到场及当事人是否到场情况，当场告知对当事人采取行政强制措施的理由、依据以及当事人依法享有的权利、救济途径及义务等）

当事人的陈述、申辩：

现场处理情况：

_____（现场处理经过，对当事人陈述、申辩意见的裁量理由，实施行政强制措施的过程、采取的方式方法及结果等内容）

强制执行情况：

音像记录情况：

当事人：_____（签名或盖章）日期：
若当事人拒绝签字，行政执法人员在此注明情况并签名：

行政执法人员：_____（签名或盖章）日期：

行政执法人员：_____（签名或盖章）日期：

行政机关现场监督人员：_____（签名或盖章）日期：

见证人：_____（签名或盖章）日期：

记录人：_____（签名或盖章）日期：

第十一章 室内装饰装修执法要点梳理

随着人民生活水平的提高，追求有品质、个性化的家居环境已经成为一种时代潮流，在此背景下室内装饰装修也日益进入公众视野。从哈尔滨利民学苑小区"私拆承重墙事件"导致240多户业主连夜紧急疏散，到肇庆暴力装修"打通42套房"，室内装饰装修问题成为社会关注热点，成为行政执法领域的重点执法事项。室内装饰装修过程中容易出现三种违法违规装修行为，比如破坏承重结构、封闭阳台、乱搭乱建（屋顶、露台、采光井乱搭乱建）等。本章专门分析室内装饰装修行为的相关法律问题，为街道综合行政执法实践提供办案指引。

一、室内装饰装修法律主体分析

室内装饰装修涉及的主体较多，既有相关的监督管理部门，也有行政相对人等。一般而言，房屋所有人、使用人、设计单位、装修企业、物业公司、街道办事处、住建部门、房地产管理部门、城市管理执法部门、公安机关等都是室内装饰装修法律关系的主体。

（一）装修人

《住宅室内装饰装修管理办法》中采用"装修人"的称谓，装修人主要是指业主或者住宅使用人。《建设工程质量管理条例》中采用的是"建设单位""房屋建筑使用者"来指称装修人。通俗地讲，装修人即房屋建筑所有人、使用人。按照"谁所有谁负责、谁使用谁负责"的原则，房屋建筑的所有人、使用人是室内装饰装修安全管理的第一责任人，应当严格遵守法律规范，否则将承担相应的法律责任。装修人委托企业承接其装饰装修工程的，应当选择具有相应资质等级的装饰装修企业。

根据《住宅室内装饰装修管理办法》第5条、第6条的规定，装修人的行为分为禁止行为和经批准行为两类。装修人从事住宅室内装饰装修活动时，必须严格遵守法律法规规定，禁止有下列行为：未经原设计单位或者具有相应资质等级的设计单位提出设计方案，变动建筑主体和承重结构；将没有防水要求的房间或者阳台改为卫生间、厨房间；扩大承重墙上原有的门窗尺寸，拆除连接阳台的砖、混凝土墙体；损坏房屋原有节能设施、降低节能效果；其他影响建筑结构和使用安全的行为等。同时有些行为需要经过批准，未经批准，不得有下列行为：搭建建筑物、构筑物；改变住宅外立面，在非承重外墙上开门、窗；拆改供暖管道和设施、拆改燃气管道和设施等。

如果违反前述禁止性规范，将依法承担法律后果：①违反本条例规定，涉及建筑主体或者承重结构变动的装修工程，没有设计方案擅自施工的，责令改正，处50万元以上100万元以下的罚款；房屋建筑使用者在装修过程中擅自变动房屋建筑主体和承重结构的，责令改正，处5万元以上10万元以下的罚款。（《建设工程质量管理条例》第69条）②将没有防水要求的房间或者阳台改为卫生间、厨房间的，或者拆除连接阳台的砖、混凝土墙体的，对装修人处500元以上1000元以下的罚款；擅自拆改供暖、燃气管道和设施的，对装修人处500元以上1000元以下的罚款；未经原设计单位或者具有相应资质等级的设计单位提出设计方案，擅自超过设计标准或者规范增加楼面荷载的，对装修人处500元以上1000元以下的罚款等。（《住宅室内装饰装修管理办法》第38条）

> **延伸阅读**
>
> **——装修人擅自破坏承重结构。**
>
> **案例1：** 2023年5月中旬，嘉定城管新成路街道中队接到物业上报，迎园社区某小区居民在装修过程中损坏了承重结构。公共安全无小事，执法人员立即到现场进行勘查，发现共有3处墙体被损坏，卫生间与主卧之间、主卧与次卧之间墙体缺失，厨房位置的墙被挖空了一半。执法人员分别约谈业主和装修负责人，业主表示装修公司告知其这几面不是承重墙，可以敲。装修负责人认为只有过梁是承重墙，装修都要敲几面墙。针对他们法律知识和安全意识的缺失，执法人员向他们普及了相关法律法规，擅自改变房屋的基础、承重墙体、梁柱、楼盖、屋顶等房屋原始设计承重构件、扩大承重墙上原有的门窗尺寸、拆除连接房屋与阳台的砖、混凝土墙体的，均构成损坏房

屋承重结构。为确定事实，保障当事人的合法权益，中队委托同济大学房屋质量检测站对上述墙体进行鉴定，根据房屋质量检测报告显示，3处被拆除的墙体均为房屋的承重构件。执法队员责令该业主限期修复并提供相应的房屋恢复报告。6月中旬经过复查，当事人已委托有修复资质的公司对损坏的墙体进行了修复，出具了验收报告。经过重大法制审核等程序，中队依据《上海市住宅物业管理规定》《上海市城市管理行政执法行政处罚裁量基准（七）》，依法对当事人予以行政处罚。当事人按时缴纳了罚款，本案结案。下一步，新成路街道城管中队将继续充分发挥物业、居委会在社区治理中的主体责任，强化联动沟通机制，规范住宅小区物业管理，加强法律法规宣传教育，认真处置每一起投诉及案件，为百姓的安居乐业砥砺奋进。

案例2：长江云新闻记者7月3日接到武汉市南湖保利公园九里社区居民爆料，该社区19栋16楼业主在装修自家房屋时私自拆除承重墙，导致该楼多户业主家中墙面开裂，居住安全受到威胁。据了解，该违规装修业主所在楼栋层高34层，每层有4户居民，加上隔壁单元，共有272户业主在此生活。记者在装修现场看到，该住户楼体承重墙的混凝土外层已经被大面积破拆，钢筋结构裸露在外，并且主体部分已被切割。爆料者孙先生向记者表示，在16楼业主拆除承重墙的当天下午，同楼层居民家中墙面出现裂纹，13楼业主家地面也出现裂痕，业主圈内正在上报家中墙体受损情况，针对16楼业主私自拆除承重墙的行为，广大业主十分愤怒。目前，正在联系房屋安全评估部门做进一步的房屋安全鉴定。记者了解到，上个月（6月26日），该住户利用中午时间装修曾被居民多次举报，物业公司随后向业主圈表示，将对其装修过程全程监督。既然是在"监督"之下，为何又会犯下如此大错？业主、装修队、物业，到底是谁"无知"？记者追踪了解到，迫于业主圈的愤怒声讨，16楼装修业主当天下午就对其承重墙拆除的钢筋部分进行了焊接、修补。可未经房屋安全评估部门检测，就草草进行"弥补"，业主们同样表示十分担忧：这样就能恢复到原貌吗？

案例3：李某系唐山市路北区居民，李某于2022年1月在唐山市路北区钢城春邑某单元某室装修过程中擅自变动房屋建筑主体和承重结构。经调查取证，市住房和城乡建设局以调查笔录等资料和其他书证、物证等为证据，依据《建设工程质量管理条例》第69条第1款、《唐山市住房和城乡建设局行政处罚自由裁量基准》第128条等的规定，对李某处以罚款5万元。

——杭州实行一码管理，整治"野蛮装修"。2023年，房产领域无疑是国人最敏感的神经，而承重墙问题又是涉房纠纷中最棘手的。如何真正落实装修安全问题，加强装修过程中的监管，对"野蛮装修"说不？2023年7月初，杭州市国有土地上住宅室内装饰装修"一码管理"应用系统上线，用数字化手段建立起更加完善的装修备案、过程监管、联动处置等机制，对城镇住宅室内装饰装修实现全链条闭环管理。据悉，这一系统为浙江省首创，在全国走在前列。那么，"装修码"如何申请？怎样预防"暴力装修"发生？各方具体责任怎么认定？记者专访了杭州市住保房管局安全处负责人，就其中大家最关心的一些热点问题进行解读。

7月13日，"杭州市国有土地上住宅室内装饰装修'一码管理'应用系统"正式上线。今后，杭州购房者在房屋过户后，就会第一时间收到一则短信，告知其装修备案所需资料、办理路径等相关事项，并同步推送业主信息至物业服务企业或居民委员会工作人员及房屋所在区、县（市）住建局，便于及时掌握"拟装修人"的装修动态。安全处负责人表示，其实杭州从2016年起就已经建立室内装饰装修备案管理机制，要求装修人事先进行装修备案，区、县（市）住建部门进行审核，据统计，目前全市装修系统备案件数已达12.14万件。但当前依然存在装修备案"应备未备"的情况，很多时候业主不知道去哪里备案，或者备案需要哪些材料。"装饰装修'一码管理'应用系统上线后，首先做到了对业主提醒与告知的工作。"

装修备案后，"一码管理"应用系统会自动生成"装修码"，业主只要打开浙里办APP中的"e房通"便可直接获取，按要求在装修现场进行张贴即可。"如果业主一直不申领张贴'装修码'，物业企业可以代为领取，并张贴至装修房屋门口。"如果业主在装修备案之后，仍私拆承重墙或者违规装修，该怎么办？除了物业或居委会的监管，装修房源的邻居也能实时监督，若发现有违规装修的行为，可打开浙里办APP中的"e房通"，点击"网上办事"，找到左上角扫码标志，扫"装修码"进行投诉；也可点"房屋坐落输入"，按要求输入相关信息，点"确定"即提交投诉。邻居可以扫码一键投诉，监管部门的反应速度也更快。接到投诉当天，小区物业或者居委会就会上门确定处理；如果遇到无法处理的情况，也能一键反馈给住建等执法部门，2日内执法部门须上门处理。安全处负责人说，业主装修启动后，物业或居委会工作人员将按照装修管理要求，分别在动工开始阶段、施工推进阶段和工作收尾阶段，分次通过扫描"装修码"入户巡查，对照系统上设置的重点内容，对是否按装修备案的图纸施工、是否有违规装修等情形进行不少于3次的巡查。物业和居委会工作人员会将多次巡查情况形成核验结果，通过"一码管理"应用系统上传至杭州市二手房交易系统并进行"标注"。如果业主拒不整改，或者违规装修整改不到位，该房屋在二次交易中将受影响。

（二）设计单位

设计单位承揽房屋室内装饰装修设计业务时，应按照工程建设强制性标准和其他技术标准进行设计。

根据《建设工程质量管理条例》第18条至第24条的规定，设计单位应当依法取得相应等级的资质证书，并在其资质等级许可的范围内承揽工程；设计单位必须按照工程建设强制性标准进行设计，并对其设计的质量负责；设计单位应当根据勘察成果文件进行建设工程设计等。

根据《建设工程质量管理条例》第60条至第63条的规定，设计单位违反前述规定行为的将承担以下法律责任：设计单位超越本单位资质等级承揽工程的，责令停止违法行为，对设计单位处合同约定的设计费1倍以上2倍以下的罚款；未取得资质承揽工程的，予以取缔，处合同约定的设计费1倍以上2倍以下的罚款；设计单位未根据勘察成果文件进行工程设计的，责令改正，处10万元以上30万元以下的罚款等。

（三）装饰装修企业

装饰装修企业必须经建设行政主管部门资质审查，取得相应的建筑企业资质证书，并在其资质等级许可的范围内承揽工程。

根据《住宅室内装饰装修管理办法》第10条至第12条的规定，装饰装修企业应当履行以下法定义务：必须按照工程建设强制性标准和其他技术标准施工，不得偷工减料，确保装饰装修工程质量；装饰装修企业应当遵守施工安全操作规程，按照规定采取必要的安全防护和消防措施，不得擅自动用明火和进行焊接作业，保证作业人员和周围住房及财产的安全；装饰装修企业从事住宅室内装饰装修活动，不得侵占公共空间，不得损坏公共部位和设施等。

如果违反前述禁止性规范，将依法承担法律后果：将没有防水要求的房间或者阳台改为卫生间、厨房间的，或者拆除连接阳台的砖、混凝土墙体的，对装饰装修企业处 1000 元以上 10 000 元以下的罚款；损坏房屋原有节能设施或者降低节能效果的，对装饰装修企业处 1000 元以上 5000 元以下的罚款；未经原设计单位或者具有相应资质等级的设计单位提出设计方案，擅自超过设计标准或者规范增加楼面荷载的，对装饰装修企业处 1000 元以上 10 000 元以下的罚款；违反国家有关安全生产规定和安全生产技术规程，不按照规定采取必要的安全防护和消防措施，擅自动用明火作业和进行焊接作业的，或者对建筑安全事故隐患不采取措施予以消除的，由建设行政主管部门责令改正，并处 1000 元以上 10 000 元以下的罚款；情节严重的，责令停业整顿等。（《住宅室内装饰装修管理办法》第 38 条、第 41 条）

> **延伸阅读**
>
> ——**违规装修被处罚**。杭州市拱墅区刀茅巷晶晶大厦某室房屋产权为肖某所有，属房屋使用安全责任人。2020 年 5 月，肖某将该房屋施工设计委托给杭州房先森装饰工程有限责任公司负责。经肖某确认设计方案后，双方于 5 月 29 日签订《杭州市装饰装修施工合同》，并约定有装修施工设计图，装修预算书。6 月 6 日，杭州房先森装饰工程有限责任公司进场施工。经核实该房屋设计施工图中变更楼梯涉及拆除原有楼梯、楼板，属于变动房屋建筑主体。因该房屋设计施工图中变更楼梯涉及拆除原有楼梯、楼板、现浇楼板等步骤不包含在装修预算书内，6 月 10 日，肖某通过该装修项目经理介绍，自行联系工人对房屋的楼板、楼梯进行拆除，至 6 月 19 日拱墅区城市管理行政执法局执法人员上门检查，房屋楼梯已经被拆除，原楼梯出口已经被封堵，该处长 3.6 米，宽 2 米；另一侧原房屋楼板被开孔，孔长 3.6 米，宽 1 米，楼板的钢筋已经被剪除。上述行为已经违反《浙江省房屋使用安全管理条例》第 10 条的规定。根据《浙江省房屋使用安全管理条例》第 37 条的规定，拱墅区城市管理行政执法局对杭州房先森装饰工程有限责任公司罚款 6 万元。
>
> ——**改动承重墙被行政处罚，业主与装修公司均有责**。赵某与装修公司签订施工合同，由该公司设计图纸、包工包料进行装饰装修。施工过程中，厨房门处的承重墙被改动。后昌平区住建委作出责令改正通知书、行政处罚决定书，要求赵某对被拆改的承重墙进行整改，并因赵某擅自变动房屋建筑主体结构，对其处以罚款。赵某按要求对墙体进行还原加固，为此支付了 1.1 万元，并缴纳罚款 8 万元。后赵某将装修公司诉至法院，要求公司赔偿还原

加固费用、罚款和修复损失。法院审理后认为，赵某和装修公司签订的施工合同是双方当事人的真实意思表示，且不违反法律法规的强制性规定，该合同合法有效。施工过程中，厨房门的承重墙被改动，对此作为发包方的赵某应当是知晓且同意的，其对于损失的发生存在过错。装修公司作为专业装饰装修企业，应当知道未经法定流程，不得擅自拆改承重墙，但其仍然进行拆改，因此其对于损失的发生亦存在过错，应承担相应的赔偿责任。对于赵某支出的罚款及还原加固费用，法院根据双方过错程度，酌定由装修公司承担50%的赔偿责任。最终法院判决装修公司赔偿赵某损失、还原加固费用等共计46 850元。

（四）物业服务企业

《住宅室内装饰装修管理办法》中使用的称谓是"物业管理单位"，其所指范围不仅包括物业服务企业，而且包括其他类别。而《物业管理条例》采用的是"物业服务企业"的称谓。需要说明的是，这里不作细化、规范区分，将两者在同一意义上使用。物业管理企业作为装饰装修工程管理工作的重点对象之一，负有告知通知、巡查检查、及时报告等法定义务。因此，物业管理企业应当加大巡查检查力度，及时指导督促物业小区业主对照法定标准，规范装修行为。发现违法装修行为，拒不停止或者整改的，依法报告相关监督管理部门。同时物业管理企业要积极回应市民关切，提升物业行业服务水平，加大装饰装修安全管理的普法宣传。

根据《住宅室内装饰装修管理办法》第15条至第17条的规定，物业管理企业应当履行以下法定义务：应当将住宅室内装饰装修工程的禁止行为和注意事项告知装修人和装修人委托的装饰装修企业；应当与装修人签订住宅室内装饰装修管理服务协议；应当按照住宅室内装饰装修管理服务协议实施管理，发现装修人或装饰装修企业有违法行为的应当立即制止，已经造成事实后果或者拒不改正的，应当及时报告有关部门依法处理，对装修人或者饰装修企业违反住宅室内装饰装修管理服务协议的，追究违约责任。

如果违反前述规定，将依法承担法律后果：物业管理单位发现装修人或者装饰装修企业有违反本办法规定的行为不及时向有关部门报告的，由房地产行政主管部门给予警告，可处装饰装修管理服务协议约定的装饰装修管理服务费2至3倍的罚款。(《住宅室内装饰装修管理办法》第42条)

> **延伸阅读**
>
> ——业主装修，物业应巡视监督。

案例1：为了保障所有业主的共同利益和生命安全，督促物业公司认真履职，七宝镇综合执法队开展了一次专项行动，检查违规装修情况。综合执法队在上半年检查行动中发现，有数家物业公司仍然心存侥幸，未能认真履职，导致个别小区在房屋装修过程中仍然存在拆除承重墙等损坏房屋承重结构的情况，以及建造"阳光房"等违规搭建现象，而物业则是不知情、知情不制止或是知情不上报。根据2022年上半年的工作情况，综合执法队整理出了12家未尽履职义务的物业公司，并于8月31日发放了12份《执法建议书》。《执法建议书》主要明确了物业公司日常工作中三点主要内容：①对于装修中的业主房屋，加强日常巡查力度并做好台账记录。②第一时间对违法行为及时劝阻和制止。③对劝阻无效的情况，立即上报居委会和政府各职能部门，如遇特殊情况，比如私接电线等也可上报规建办、综合执法队等其他有关部门。后续，执法队将持续关注12家物业公司的整改情况，随时派出督察员抽查物业公司备案情况和巡查记录，并随机前往几处装修现场，查验真实情况是否与巡察记录台账相符。对于整改落实情况较差的物业，综合执法队将依据《上海市住宅物业管理规定》处以1000元以上10 000元以下的罚款。对于拒不履职的物业公司，综合执法队会向物业主管部门七宝房屋管理所发出建议书，建议区房管局撤销这家物业公司的经营资质。"物业公司的守责履职，能够用最小的代价防止违法行为，第一时间消除安全隐患，防止挤占公共资源的行为发生，维护小区的良好环境。"综合执法队副队长说。"我们也呼吁，如果大家在生活中发现了违规装修、搭建的情况，一定要尽快向居委和物业反映。"

案例2：近日，上海市嘉定区菊园中队执法人员在嘉唐公路99弄某号某室发现上海一物业管理有限公司对业主的违法行为未予以制止。经查，嘉唐公路99弄某号某室阳台外面设备平台长1.2米，宽0.7米，共0.84平方米，已处于封闭状态。经询问，2023年3月下旬搭建完成，而物业公司至今未上报。执法人员当场开具《责令改正通知书》，要求其改正。之后，执法队员对现场进行复查，发现搭建位置未整改，物业服务企业对业主、使用人的违法行为未予以劝阻、制止，也未在规定时间内报告有关行政管理部门。

《上海市住宅物业管理规定》第59条规定："物业服务企业发现业主、使用人在物业使用、装饰装修过程中有违反国家和本市有关规定以及临时管理规约、管理规约行为的，应当依据有关规定或者临时管理规约、管理规约予以劝阻、制止；劝阻、制止无效的，应当在二十四小时内报告业主委员会和有关行政管理部门。有关行政管理部门在接到物业服务企业的报告后，应当依法对违法行为予以制止或者处理。"鉴于当事人物业服务企业对业主、使用人的违法行为未予以劝阻、制止，也未在规定时间内报告有关行政管理部门，执法部门对该物业企业做出相应处罚。可见，物业服务企业对业主、使用人的违法行为要起到监管责任，及时进行劝阻、制止，并报告有关行政管理部门，如未劝阻、制止，也未在规定时间内报告的，将受到行政处罚。

（五）行政监督管理部门

由于实行街道综合行政执法改革，法律法规规定的部门职责统一交由街道办事处行使，因此改革之后行政监督管理部门实际上是街道办事处。法定的主管部门本来较多，涉及住建部门、房地产管理部门、城市管理执法部门、公安机关等，统一之后相对单一。

根据《湖北省街道赋权事项指导清单》的规定，相应的赋权情况如下：原由区住房和城乡建设局实施的行政处罚权，比如对装修中擅自变动主体和承重结构行为的处罚、对未取得施工许可证或者开工报告未经批准擅自施工行为的处罚、对为规避办理施工许可证将工程项目分解后擅自施工行为的处罚等，交由街道办事处行使。鉴于室内装饰装修涉及的内容较为复杂，下面重点结合赋权事项中的建筑主体和承重结构变动查处问题专门进行论述。

延伸阅读

——**多地实行装饰装修告知制**。为了切实加强对装饰装修活动的管理，保障所有业主的共同利益和安全，在理顺上述法律关系的基础上，河南驻马店市实行装饰装修告知制度。

根据《建筑法》《建设工程质量管理条例》《住宅室内装饰装修管理办法》《民法典》《河南省物业管理条例》、住房和城乡建设部等部门《关于加强和改进住宅物业管理工作的通知》等有关法律、法规，结合我市实际，对驻马店市既有建筑装修装饰活动事项告知如下：

一、新建且随主体施工（主体施工许可不包含的）和既有建筑二次施工的装饰装修工程（投资额在 100 万元以上或建筑面积 500 平方米以上）应办理施工许可，对施工过程实现闭合管理，对逃避监管的工程不予办理竣工备案消防验收，严禁投入使用。

二、企业取得装饰装修专业施工资质证书方可承接装修施工，无装饰装修专业资质承揽装饰工程（含家装）施工的企业将依法予以查处。

三、从事装饰装修的设计人员应具备相应的专业能力，向装修人提供效果图和隐蔽管线施工图等，改变原结构和使用功能的应有专项设计方案并通过论证。

四、装饰装修企业应与装修人签订规范的施工合同，施工中的变更及增项施工前应得到装修人的确认。

五、装饰装修活动应当遵守城乡规划、环境保护、安全、消防等有关规定，不得损害国家利益、社会公共利益和他人的合法权益。

六、禁止使用质量不合格、国家明令淘汰或者不符合环境污染控制、节能等相关标准的装饰装修材料、构配件和设备。

七、物业管理单位应依据《住宅装饰装修管理办法》的规定，加强对本区域内装修活动的监管，接受各县（区）人民政府和行业主管部门的监督检查。

八、装饰装修企业和家装装修人应按要求到物业管理单位登记备案，装修行为接受物业管理单位的监管。

九、凡装修人将家装交给无装饰装修专业资质的，装修时向物业管理单位登记备案为"自主组织装修"（自装）的，出现装修纠纷由装修业主自行承担。

十、驻马店市装修装饰行业技术指导中心提供相关咨询。咨询电话：0396-2616239。

装修装饰活动中应禁止的行为：（一）不经原设计单位或者具有相应资质等级的设计单位提出设计方案，变动建筑主体（指建筑实体的结构构造，包括屋盖、楼盖、梁、柱、支撑、墙体、连接接点和基础等）和承重结构（指直接将本身自重与各种外加作用力系统地传递给基础地基的主要结构构件和其连接接点，包括承重墙体、立杆、柱、框架柱、支墩、楼板、梁、屋架、悬索等）；（二）将没有防水要求的房间或者阳台改为卫生间、厨房间；不按照防水标准制订施工方案，做闭水试验；（三）扩大承重墙上原有的门窗尺寸，拆除连接阳台的砖、混凝土墙体；（四）损坏房屋原有节能设施，降低节能效果；（五）搭建建筑物、构筑物，改变住宅外立面，在非承重外墙上开门、窗，不经城市规划行政主管部门批准；（六）拆改供暖、燃气等管道和设施，不经供暖管理、燃气管理单位批准；（七）擅自动用明火和进行焊接作业，不按照规定采取必要的安全防护和消防措施等；电工焊工不具有特种行业证件，施工现场所用临时电线混乱，易触电和火灾；（八）隐蔽工程（①排水工程；②电气管线工程；③地板基层；④护墙基层；⑤门窗套基层；⑥吊顶基层；⑦强电线缆；⑧网络综合布线线缆等）不做笔录、影像记录，不经有专业资质单位竣工验收等；（九）施工工地"四口"临边不采用密目式安全网等预防落物伤人的措施，高空坠落和物体打击伤害；（十）不严格执行本企业电气规章制度和安全操作规程和执行特种作业上岗证制度等引起触电等；（十一）不按标准做好机具使用前的验收、机具操作人员的教育持证上岗、严禁机具"带病"运转等造成人员伤害；（十二）易燃材料施工前，不制定相关的安全技术措施，明火作业前不履行批准手续；专业管理人员不对作业环境进行检查和配备必要的消防棉材等；（十三）建筑装饰装修工程经常要使用有毒挥发物品，如油漆、胶黏剂、防腐材料、环氧树脂以及各种稀释剂、添加剂等，高温气焊会形成金属烟尘和有害的金属蒸汽，但未考虑必要的防范措施。

二、涉及承重结构变动的规范分析

建筑主体是保证整个建筑支撑的框架结构，承重结构是支撑建筑物的重要基础。因此建筑主体和承重结构，是保证建筑物质量与安全的重要部分。如果建筑物的主体和承重结构遭到破坏或随意改变，将会引起建筑物倒塌、倾斜等安全事故，威胁到人民群众生命和财产安全。因此，法律设定了严格的禁止性规定。综合建设工程实践，涉及建筑主体和承重结构变动的法律规范较多，既有法律、行政法规，又有部门规章、地方性法规，以下将展开详细分析。

（一）法律——《建筑法》

为了加强对建筑活动的监督管理，维护建筑市场秩序，保证建筑工程的质量和安全，促进建筑业健康发展，国家专门制定了《建筑法》。在第五章

"建筑安全生产管理"中，法律设置了专门条款规范涉及建筑主体和承重结构变动的装修工程。《建筑法》第49条规定，涉及建筑主体和承重结构变动的装修工程，建设单位应当在施工前委托原设计单位或者具有相应资质条件的设计单位提出设计方案；没有设计方案的，不得施工。第70条规定，违反本法规定，涉及建筑主体或者承重结构变动的装修工程擅自施工的，责令改正，处以罚款；造成损失的，承担赔偿责任；构成犯罪的，依法追究刑事责任。根据上述规定，其相关监管要点如下：一是监督管理主体为建设行政主管部门。根据《建筑法》第6条的规定，国务院建设行政主管部门对全国的建筑活动实施统一监督管理。二是适用的范围较广，包括各类房屋建筑及其附属设施的装修工程。根据《建筑法》第2条第2款的规定，建筑活动是指各类房屋建筑及其附属设施的建造和与其配套的线路、管道、设备的安装活动。三是监督管理的重点是建筑安全生产管理，符合国家规定的建筑安全规程和技术规范，确保工程的安全性能。没有设计方案的，不得施工。四是违法行为的处罚是责令改正、处以罚款。建设行政主管部门应当责令施工单位立即停止施工，建设单位立即委托原设计单位或具有相应资质条件的设计单位提出设计方案，方可继续施工。

（二）行政法规——《建设工程质量管理条例》

为了加强对建设工程质量的管理，保证建设工程质量，保护人民生命和财产安全，根据《建筑法》，国务院专门制定了《建设工程质量管理条例》。在第二章"建设单位的质量责任和义务"中，条例设置了专门条款规范涉及建筑主体和承重结构变动的装修工程。《建设工程质量管理条例》第15条规定，涉及建筑主体和承重结构变动的装修工程，建设单位应当在施工前委托原设计单位或者具有相应资质等级的设计单位提出设计方案；没有设计方案的，不得施工。房屋建筑使用者在装修过程中，不得擅自变动房屋建筑主体和承重结构。第69条第1款规定，违反本条例规定，涉及建筑主体或者承重结构变动的装修工程，没有设计方案擅自施工的，责令改正，处50万元以上100万元以下的罚款；房屋建筑使用者在装修过程中擅自变动房屋建筑主体和承重结构的，责令改正，处5万元以上10万元以下的罚款。根据上述规定，其相关监管要点如下：一是监督管理主体为建设行政主管部门。根据《建设工程质量管理条例》第43条第3款的规定，县级以上地方人民政府建设行政主管部门对本行政区域内的建设工程质量实施监督管理。二是适用的范围较广，包括土木工程、建筑工程、线路管道和设备安装工程及装修工程。根据《建设工程质量管理条例》第2条第2款的规定，建设工程是指土木工程、建筑工程、线路管道和设备安装工程及装修工程。三是监督管理的重点是建设单位的管理，涉及建筑主体和承重结构变动的装修工程，建设单位应当在施工前委托原设计单位或者具有相应资质等级的设计单位提出方案，确保建设工程质量。四是违法行为的处罚是责令改正、处以罚款。建设单位处50万元以上100万元以下的罚款，房屋建筑使用者处5万元以上10万元以下的罚款。

（三）部门规章——《住宅室内装饰装修管理办法》

为了加强住宅室内装饰装修管理，保证装饰装修工程质量和安全，维护公共安全和公众利益，国务院住建行政主管部门制定了部门规章《住宅室内装饰装修管理办法》。在第二章"一般规定"设专门条款明确禁止未经提出设计方案，变动建筑主体和承重结构。《住宅室内装饰装修管理办法》第5条规定，住宅室内装饰装修活动，禁止未经原设计单位或者具有相应资质等级的设计单位提出设计方案，变动建筑主体和承重结构等行为。但在法律责任部分，该办法并未针对前述禁止行为规定处罚责任。虽然如此，需要注意的是，在法律责任部分明确了以下几点：一是监督管理主体为城市房地产行政主管部门。根据《住宅室内装饰装修管理办法》第4条第3款的规定，直辖市、市、县人民政府房地产行政主管部门负责本行政区域内的住宅室内装饰装修活动的管理工作。二是适用的范围较具体，即住宅室内装饰装修活动，此外工程投资额在30万元以下或者建筑面积在300平方米以下的非住宅装饰装修活动也可参照执行。根据《住宅室内装饰装修管理办法》第2条、第44条的规定，明确其适用范围。三是对涉及变动建筑主体和承重结构的违法行为的处罚没有进行规定，鉴于《建设工程质量管理条例》第69条已有规定，部门规章故而未涉及相关处罚规定，显然依法应当由建设行政主管部门负责。四是住宅室内装饰装修活动中由房地产行政主管部门负责监督的规定比较明确，即将没有防水要求的房间或者阳台改为卫生间、厨房间的；损坏房屋原有节能设施，降低节能效果的；擅自拆改供暖、燃气管道和设施的；擅自超过设计标准或者规范增加楼面荷载的；其他影响建筑结构和使用安全的行为。五是个别事项由规划行政主管部门监管。未经规划行政主管部门批准，在住宅室内装饰装修活动中搭建建筑物、构筑物的，或者擅自改变住宅外立面、在非承重外墙上开门、窗的，由城市规划行政主管部门进行处罚。

(四) 地方性法规——《武汉市房屋安全管理条例》

有些地方在前面法律、行政法规、部门规章的基础上进一步明确了建设行政主管部门、房地产行政主管部门和城市管理执法部门等的相关职责分工。根据《武汉市房屋安全管理条例》第4条第2款的规定，房屋主管部门负责危险房屋的处置工作，比如制订房屋安全应急抢险实施方案、组织危险房屋安全巡查、处置房屋安全突发事件、查处危害房屋安全行为监督管理。此处的危险房屋具有特定含义，是指结构已严重损坏或者承重构件已属危险构件，随时有可能丧失结构稳定和承载能力，不能保证居住和使用安全的房屋。显然危险房屋在执法实践中涉及危险房屋的鉴定，只有经过认定后才能被称为危险房屋。建设主管部门负责督促建设单位、施工企业落实施工区域周边房屋安全防护措施以及既有建筑幕墙安全维护、查处违规装饰装修行为等监督管理工作；城市管理执法部门负责查处房屋使用中的违法建设行为。根据上述规定，地方性法规对部门之间的职责进行了具体的细化。如果仔细斟酌的话，涉及建筑类的装修工程到底是由哪个部门负责监督，尚存在一定疑问。根据《武汉市房屋安全管理条例》的职责规定，查处违规装饰装修行为的监督工作由建设主管部门负责。但《住宅室内装饰装修管理办法》第38条的规定，显然赋予了房地产行政主管部门查处违规装饰装修行为的职责。当两种理解不一致时，可能的路径是依据《立法法》的规定寻求解决方案。当地方性法规与部门规章之间对同一事项的规定不一致，不能确定如何适用时，由国务院提出意见，国务院认为应当适用地方性法规的，则决定在该地方适用地方性法规的规定；认为应当适用部门规章的，提请全国人民代表大会常务委员会裁决。

三、涉及承重结构变动的查处

(一) 损坏房屋承重结构的认定

承重结构是指房屋的承重墙、梁、柱、楼板、基础结构或者剪刀墙等构件。擅自改变房屋的基础、承重墙体、梁柱、楼盖、屋顶等房屋原始设计承重构件，以及扩大承重墙上原有的门窗尺寸等均属于损坏房屋承重结构的行为。实践中主要采用两种方式进行认定：①直接认定。一般而言，新建房屋交付使用前，建设单位向房屋购买者提交房屋质量保证书、房屋使用说明书（简称"两书"）及其他有关文件，明确告知买受人房屋的基本信息、性能指标等，里面注明主要部位、承重结构等。根据"两书"信息，房屋原始设计承重构件以房屋竣工图等标示出来,在竣工图上有明确标示的,执法机关可以直接认定为房屋的承重结构。②检测认定。当"两书"不齐全,特别是年代久远的房屋、无图纸、图纸没有标明或者标示不详细的,此时执法机关只能委托房屋检测机构进行检测。通过检测结果,固定证据,作出合法的认定。

延伸阅读

——**直接认定**。2023年5月中旬,嘉定城管安亭中队接到12345举报,群众反映安亭镇玉兰三村内有一户居民家里可能存在违法装修行为,称该户将原本卧室改成了客厅,涉嫌擅自破坏房屋承重结构。承重墙支撑着上部楼层重量的墙体,打掉会破坏整个建筑结构。接报后执法队员立刻前往现场,经现场检查,该房屋三处墙体有明显破坏痕迹,一处为主卧侧卧隔墙,一处为主卧客厅隔墙,还有一处为客厅厨房隔墙。执法队员当即联系物业及业主至现场进行沟通,通过勘察图纸比对和初步审查,确认房屋承重结构被破坏。根据《上海市住宅物业管理规定》第56条第2款第1项的规定,执法人员当即责令当事人立即整改恢复原状。为了更全面地了解问题的性质和严重程度,执法队会同第三方检测机构工作人员到现场进行承重墙破坏鉴定,对房屋承重结构进行了详细评估。当事人详细阅读了检测报告后,意识到了问题的严重性,表示愿意积极配合,尽快恢复原貌,同时也对执法人员的普法和解释说明工作表示了高度的认可。

——**检测认定后作出处罚**。2020年9月,盈浦城管接市民投诉,盈港路1755弄小区内一住户正进行装修,存在疑似破坏承重结构行为。执法人员接投诉后立即赶往现场核查,发现该住宅内部结构被大面积改变,共有4处墙体被敲除。中队在约谈当事人基础上,立即联系有资质的机构对房屋承重结构进行检测。当事人承认其出于"风水"因素考虑,打算将房屋内部结构进行改变,因此将原有部分墙体移除。根据检测鉴定报告,当事人行为被认定为损坏承重构件等级2级,已对房屋整体承重结构造成损害。盈浦城管随即启动立案行政处罚程序,并责令当事人尽快完成整改,恢复墙体原貌。在执法人员督促下,当事人完成了整改,并由检测公司对整改结果进行了验收。虽然当事人经过督促完成整改,盈浦城管仍依据相关法律规定和裁量基准,对其既已发生的违法行为予以了罚款1万元人民币的行政处罚。当事人提出听证申请,9月8日上午,听证程序依法进行。由于案件事实认定清晰,处罚决定适用恰当，当事人又无其他法定减轻处罚的情形，对当事人损坏房屋承重结构一案的最终处罚意见仍维持行政处罚1万元整。

实践中一般结合房屋结构进行认定，建筑结构分为砖混、框架、剪力墙几种。传统的砖混结构房屋，一般来说所有墙体是承重墙；框架结构的房屋，一般来说所有柱子是承重墙；剪力墙结构的房屋，一般来说所有剪力墙都是承重墙。此外，还可以通过原始户型图进行识别，房子在建造之前都会做设计图纸，这些设计图纸上会标注出承重墙的位置，可以向物业、开发商或房管局索要原始户型图，在原始户型图上，黑色加粗的墙体，就是承重墙（参见下图）。

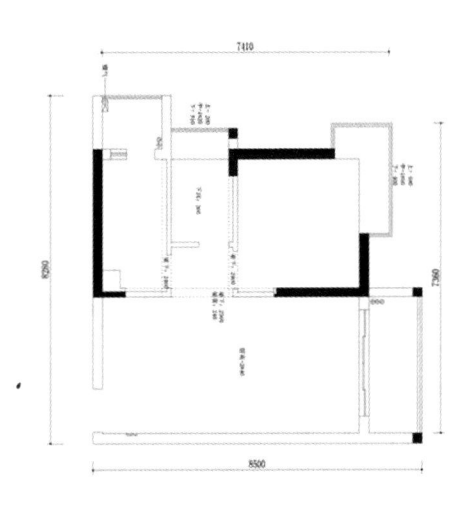

(二) 房屋承重结构的修复

结合综合行政执法实践，房屋承重结构的修复应当由具有资质的施工企业承担。修复被损房屋承重结构，应当符合下列要求：一是不得低于原构件的用料标准；二是基本恢复原有构件的形状。当事人修复被损房屋结构，应当委托具有资质的企业实施修复。施工企业按照建筑施工标准和规范进行施工，并对施工材料和质量负责。项目完成后，企业自行组织验收，并出具加盖公章和现场负责人签字的验收报告。此时应当由具有资质的房屋检测单位作出检测报告，经综合执法机关核实确认，房屋承重结构的修复工作即完成。

延伸阅读

——**破坏承重结构后依法修复，积极配合整改免处罚。**周某、杨某、龚某、简某均系长沙市岳麓区路某小区1栋的业主。该栋共有四户房屋,简某住101室,另三人住简某的楼上。2020年7月1日,简某开始装修,在装修过程中,破坏了部分承重墙,对整栋房屋的结构性安全产生了一定影响,周某等发现后要求简某立即停止装修并向物业反映情况。随后,简某停止装修,并委托湖南湖大土木建筑工程检测有限公司对房屋主体结构安全进行检测,委托湖南大学设计研究院有限公司进行加固设计。7月5日,湖南大学设计研究院有限公司出具了《房屋改造加固设计》,随后,简某根据加固设计委托湖南众创特种工程施工有限公司进行加固施工,湖南众创特种工程施工有限公司制作了《房屋改造加固工程施工方案》,并进行了加固施工。7月27日,湖南湖大土木建筑工程检测有限公司出具《墙体拆除对主体结构安全影响检测评定报告》,结论为:①101室拆除的1层C/6-8轴和2层C/8-9轴墙体属于承重墙体,其拆除对结构安全有影响;现该承重墙体拆除部分已进行了加固设计和加固施工,恢复了房屋主体结构原有的安全性等级;②101室2层B/8-9轴墙体为130毫米厚填充墙,该墙体拆除不会影响房屋原有结构安全性;③101室房屋主要受力构件表面未出现肉眼可见影响结构承载力的裂缝;3层(201室和202室)房屋墙体存在不同程度的裂缝等情况;裂缝与下部墙体拆除施工产生的振动以及墙体拆除后楼面梁变形有关,房屋现有裂缝未降低房屋原有的安全性等级,但影响美观和耐久性,应进行处理;④101室装修拟改造的其他部位(新增门洞、楼梯移位改造、新增阳台板)属于承重构件改造,该部位已出具加固设计图,按该设计图进行施工后可满足安全使用要求;⑤鉴于加固梁柱混凝土尚未达到养护龄期28天,在加固施工全面完工后,应委托检测单位对该房屋加固后主体结构安全性进行检测评定。

因其他住户对简某的相关处理有异议,遂继续以房屋存在安全隐患为由进行投诉。7月30日,岳麓区住建局在收到上级交办的"关于岳麓某小区业主在房屋装修过程中直接拆除房屋承重墙,破坏整栋房屋的承重机构,影响邻居房屋安全使用"的线索后,对该线索进行了案件登记,向简某送达了《协助调查通知书》,并派出2名执法人员对涉案房屋进行现场勘验,制作现场勘查笔录,并调取了加固设计方案、加固施工方案、施工单位资质和检测评估报告等资料,并要求简某将上述资料张贴在楼道显眼位置,同时报送物业公司和街道办。9月16日,岳麓区住建局组织橘子洲街道办、物业公司、该栋全体业主、加固公司在石门楼社区召开协调会,会议决议:由岳麓区住建局提供检测公司图库，该栋除简某外的其他3户业主共同选择由湖南中大检测技术集团有限公司对涉案房屋进行安全检测，经检测完毕后方可进行后续施工，确保房屋安全。会后，岳麓区住建局即委托湖南中大检测技术集团有限公司对涉案房屋结构安全性进行鉴定。10月13日，湖南中大检测技术集团有限公司对涉案房屋的结构安全性出具F2020-JD1-874《鉴定报告》，其鉴定结论关于101室装修改造对结构安全性影响表述为：①101室装修改造过程中拆除的C6-7轴一层墙体、D7-8轴一层墙体、D7-8轴二层墙体、D8-9轴二层墙体周边衣柜墙体均为填充墙体，拆除不影响结构整体安全性；②局部拆除的8偏左2.545m-8B-C轴区域一层楼梯为水平受力构件，只影响该楼梯本身的安全性，不影响结构整体安全性；③A-A偏下1.5m5-8轴区域新增板为水平受力构件，不影响结构整体安全性，该区域新增梁仅承受新增板的荷载，在后期加固施工过程中应严格按加固设计图纸施工，保证新增构件与原有构件连接的可靠性及原结构的安全性；④拆除的C8-9轴二层墙体为承重墙体，101室业主已委托湖南大学设计研究院有限公司进行加固设计，并由具备特种工程施工资质的施工单位进行加固施工，已加固部分的施工质量符合设计及验收规范要求，后期加固施工过程中应严格按照加固设计图纸施工，经验收合格后不影响结构整体安全性。10月29日，岳麓区住建局分别向简某的委托代理人、加固设计单位的设计师钟某明、加固施工公司的项目负责人进行了调查，简某代理人表示，因缺乏装修知识，给邻居和政府部门造成了麻烦，现已委托专业公司进行施工，如政府部门有任务要求，将全力配合。也请住建等各部门给予指导和支持。钟某明认为，根据其公司设计方案，由专业加固公司进行施工，不会降低原有房屋的抗震性、耐久性及机构安全度，且表示在承重墙已被破坏，应力状态已经发生改变的情况下，如果在加固梁下再砌筑墙体只会增加荷载，反而影响结构安全。杨某军表示，其公司根据设计方案编制了专门的施工方案，严格按照设计图纸及相关规范进行施工，所有材料均送检合格。10月30日，岳麓区住建局作出了《不予受理审批表》，认为简某在该局受案之前已在社区和物业协调下，积极配合整改，主动消除违法行为造成的危害后果，经有资质部门鉴定，涉案房屋不存在安全风险，遂依法对简某违规装饰装修案不予受理。[1]

---

[1] 参见长沙铁路运输法院［2021］湘8601行初52号行政判决书。

(三) 强化对损坏房屋承重结构行为的监管

综合执法机关应当加强装饰装修活动的监督检查，依法查处违法违规行为。执法机关应当全面履行监管职责，只有穷尽履职手段才被视为全面，而非履行其中某项。一方面，根据法律规定依法进行处罚，同时可以根据地方性法规对当事人房屋进行不动产交易注记（交易冻结）。比如《上海市房地产登记条例》（已失效）第21、31、46条规定的在登记簿上予以记载。遇到阻碍执法、拒不配合执法及拒绝恢复变动建筑主体和承重结构等情况，应当及时联系属地公安机关依据《治安管理处罚法》处罚。装修人因擅自变动建筑主体和承重结构造成重大安全隐患危及公共安全等情形，涉嫌构成犯罪的，将移送公安机关依法处理。执法实践中，综合执法机关可以联合住房建设部门、房地产主管部门等开展损坏房屋承重结构专项整治行动，加强业主安全意识和法治意识，强化物业提醒监督职责，加强执法巡查检查力度。

> **延伸阅读**
>
> **——监管不力被判责令履行调查处理职责**。黄某系武汉市某小区6栋业主，于2019年12月23日向区房管局书面投诉：该小区6栋2906室、3206室业主擅自将客厅与阳台之间的剪力墙拆除，严重破坏了房屋结构，威胁到整栋楼业主的人身及财产安全，现已导致其6栋3106室房屋墙面及天棚开裂，严重侵犯了广大业主的合法权益，请依法进行处理。区房管局收到后，知晓2906室和3206室系同一业主吴某某所有，次日委托房屋安全鉴定单位武汉怡恒工程技术有限公司对该小区6栋2906室进行现场查勘，查明2906室将客厅与阳台之间的剪力墙局部拆除且已通过砌砖方式恢复，建议通过正式加固设计后按原结构恢复，并制作《投诉现场记录表》。黄某认为区房管局未对上述危害房屋安全的行为依法责令业主吴某某限期恢复原状、对其进行罚款，并将处理结果告知，于2020年10月10日向人民法院提起诉讼，请求：①判令区房管局对该小区6栋2906室、6栋3206室业主破坏房屋承重结构的行为依法处理。②本案诉讼费由区房管局承担。
>
> 经审理，法院认为：《武汉市房屋安全管理条例》第4条第2款规定，区房屋主管部门负责制订房屋安全应急抢险实施方案、组织危险房屋安全巡查、处置房屋安全突发事件、查处危害房屋安全行为等监督管理工作。被告区房管局作为房屋主管部门具有对原告黄某投诉的该小区6栋2906室、3206室是

否存在损坏房屋承重结构的行为进行调查并根据调查结果做出行政处理的法定职责。根据被告区房管局提交的《投诉现场记录表》《房屋安全鉴定通知书》及多张照片，2906室和3206室为同一业主吴某某所有，在涉案房屋装修过程中存在将客厅与阳台之间的剪力墙局部拆除、破坏原结构的行为，现虽已通过砌砖方式恢复，但非恢复房屋承重结构，仍有不安全因素。《武汉市房屋安全管理条例》第42条规定："有下列情形之一的，区房屋主管部门应当及时到现场查看：（一）接到相关当事人的报警、投诉的……区房屋主管部门经现场查勘后发现确有房屋安全隐患的，应当告知房屋安全责任人委托安全鉴定单位进行鉴定……"第53条规定："违反本条例第十五条规定，危害房屋安全的，由区房屋主管部门责令其采取改正措施，排除危害，并可以处以一千元以上五千元以下罚款；情节严重的，处以五千元以上三万元以下罚款；涉及违法建设的，由城市管理执法部门按照控制和查处违法建设的有关规定予以查处；涉及违规装饰装修的，由建设主管部门按照装饰装修管理的相关规定予以查处。"2019年12月23日，被告区房管局接到原告黄某汉的投诉后，委托房屋安全鉴定单位武汉怡恒工程技术有限公司对涉案房屋进行入户现场查勘，并制作《投诉现场记录表》，建议业主通过正式加固设计后按原结构恢复。又于2020年10月16日电话联系原告黄某汉对其进行书面答复被拒，同年10月20日对2906室、3206室分别作出《房屋安全鉴定通知书》，告知其于7日内通过正式加固设计，恢复房屋受损部位。被告区房管局认为其一直与业主吴某某沟通并责令其改正，系履行了房屋安全监管职责。本院认为，房屋安全关系到业主以及楼房整体安危。行政机关是否已全面、及时履职，无论是行政法理论还是司法实践，都倾向于认为只要行政机关有未依法履职的行为，或者虽然有一定履职行为但由于未采取合理方式履职、未及时履职、未穷尽行政手段履职等，都属于未依法全面、及时履行法定职责。被告区房管局虽然作出了《房屋安全鉴定通知书》，告知其改正并恢复房屋受损部位，但吴某某拒绝配合，在《武汉市房屋安全管理条例》第53条规定的范围内，被告区房管局还可以采取罚款等举措。口头、阶段性履职行为不是实际行动中的全面履职，全面履行法定职责是被告穷尽其履职手段后才视为全面，而非履行其中某项，以致违法违规行为依然存在，不足以达到查处监督的效果，其行为亦超过了《行政诉讼法》第47条规定的法定履职期限。另，被告区房管局通过《投诉现场记录表》《房屋安全鉴定通知书》等方式已告知业主吴某某其房屋存在不安全因素,且对施工单位进行罚款并非被告区房管局的职权所在,原告黄某汉要求被告区房管局出具承重结构房屋被损鉴定书,并在3日内送达房屋登记机构,及对施工单位进行罚款的诉讼请求,无事实和法律依据,原审法院不予支持。综上,依据《行政诉讼法》第72条之规定,判决责令被告区住房保障和房屋管理局于本判决生效后2个月内对原告黄某汉的投诉履行调查处理的法定职责;案件受理费由被告负担。[1]

四、工程合同价款的认定

《建设工程质量管理条例》中"罚则"部分的许多条款均是以"工程合同价款"作为处罚的依据,如第57、58、60条等。《建筑工程施工许可管理办法》中也涉及"工程合同价款"的规定,如第12条。因此综合执法实践中如何合理认定"工程合同价款"成为一个关键性问题。

从字面含义看,"工程合同价款"是指一项工程的合同价款,也就是体现在合同文本中的、发包人应向承包人支付的完成工程的对价。因此,一般可以根据当事人双方签订的建筑工程合同进行认定。司法实践中,法院也认可将合同书中所显示的价款作为行政处罚依据的工程合同价款。但是执法实践中,对于"工程合同价款"的理解有时出现不同观点,有认识上的差异。原建设部曾于2006年作出《关于适用〈建设工程质量管理条例〉第58条有关问题的复函》,明确"工程合同价款是指双方商定认可的价款"。如果一项工程中出现数份合同,该规定并未能完全解决实践中的认定问题。因为无论是发包人和承包人在合同中约定的价款,还是最终工程结算确定的价款,都是"双方商定认可的价款"。特别是由于种种原因,当事人无法提供甚至拒绝提供相关合同时,执法机关如何认定"工程合同价款"就成为一个棘手的问题。此时没有当事人签订的合同作为法定判断标准,只能借助其他文件来综合判断合同价款,如投标文件、竣工结算文件、分项工程结算文件、施工原始凭证、监理单位出具的确认已完成工程量的监理文件等能够证明合同价款或者工程价款的文件。在执法实践中,也有由建设单位配合提供工程价款证明的做法。但是需要注意的是,合同价款是当事人意思表示一致的结果,而工程

---

[1] 参见湖北省武汉市中级人民法院[2021]鄂01行终116号行政判决书。

价款证明仅是建设单位单方表示。因此，仅仅采信建设单位出具的工程价款证明作为处罚依据是不充分的。

综上所述，"工程合同价款"是一个含义丰富的概念，行政执法机关应当准确把握工程合同价款、工程价款及工程造价的含义，遵循一定的顺序、采用多种方式来确定作为罚款基数的工程合同价款。首先，如果合同已经备案，应当以备案合同约定的价款为准；如果合同未备案，应当以被处罚人提供的工程合同中约定的合同价款作为处罚依据。其次，没有合同的，应当由被处罚人提供能够证明合同价款或者工程价款的其他文件为依据。再次，在被处罚人无法提供合同也无法出具证明价款的材料时，或者被处罚人提供的证明价款材料不够充分、存在疑点的情况下，可以考虑由建设单位提供证明来供执法人员进行综合判断，同时该价款证明应该得到被处罚人认可。最后，当工程合同价款通过以上方法都无法确定的时候，可以工程造价替代合同价款作为行政罚款计算依据。[1]

延伸阅读

——**工程合同价款的合理认定**。2016年8月25日，瑞宝联社与广州某土石方工程公司签订《基坑土石方工程施工合同》，记载：工程名称为瑞宝公共服务中心，工程规模为基坑的土石方、支护桩的渣土（土石方）、工程桩的渣土（土石方）、桩承台的土石方施工，暂定工程量约59 000立方米，基坑深度约6米，工程量按实计算，工程总造价354万元。随后该工程公司进场并于9月21日开始施工。11月22日，瑞宝联社与广东某建设集团公司签订《广州市建设工程施工合同》，记载：工程名称为瑞宝公共服务中心，工程内容为按发包人提供的招标文件、全套施工招标图纸及招标过程中发出的相关文件承包本工程项目，包括基础工程、主体土建工程、防雷、外立面装修工程等，详见施工招标图纸及预算清单，结构形式为钢筋混凝土框架结构，工程合同工期365天，从2016年11月23日开始施工至2017年11月22日竣工完成，工程价款2350万元。11月28日，综合执法局在检查时发现瑞宝联社在进行服务中心大楼建筑施工。经现场检查，该大楼共11层（含地下1层），

---

[1] 参见王丹、姜军：《行政处罚中"工程合同价款"的认定研究》，载《北京建筑大学学报》2021年第2期。

首层占地面积2676.4平方米，总建筑面积33 721.5平方米。现正进行地下一层开挖土方、钻桩的基础施工，工程进度估计完成8%。因现场当事人未能出示《建筑工程施工许可证》，执法人员要求立即停止施工，接受调查。12月15日，区住建局为瑞宝联社颁发了《建筑工程施工许可证》，记载：建设单位为瑞宝联社，工程名称为瑞宝公共服务中心，建设地址广州市海珠区江南大道金碧花园东侧，建设规模33 721.5平方米，合同价款2350万元，备注地上10层，地下1层，穗规建证〔2016〕660号。2017年3月2日，综合执法局向瑞宝联社留置送达《行政处罚告知书》，告知瑞宝联社其行为违反《建筑工程施工许可管理办法》第2条的规定，根据该办法第12条的规定将对你单位作出责令停止施工，限期改正，处工程合同价款1%至2%的罚款，瑞宝联社享有陈述申辩权及申请听证的权利。4月10日，综合执法局对瑞宝联社作出《行政处罚决定书》，记载：2016年11月28日9时，瑞宝联社擅自在涉案地址进行服务中心大楼的建筑施工，该大楼共11层（含地下1层），首层占地面积为2676.4平方米，总建筑面积为33 721.5平方米，现正进行开挖土方、钻桩的基础施工，建筑工程进度已完成8.08%，该工程合同价款为2350万元，现场当事人未能出示《建筑工程施工许可证》，上述违法行为涉嫌违反了《建筑工程施工许可管理办法》（中华人民共和国住房和城乡建设部令第18号）第2条的规定，根据该办法第12条，对当事人作出罚款47万元的行政处罚。海珠执法局于2017年4月14日向瑞宝联社留置该《行政处罚决定书》。

　　争议焦点：工程合同价款到底是以哪个合同为准？瑞宝联社主张，应当根据《基坑土石方工程施工合同》计算处罚基数，即合同约定的工程价款354万元为依据；而非根据之后签订的《广州市建设工程施工合同》计算处罚基数。综合执法局主张，应当以整个建设工程合同价款为行政处罚的工程合同价款基数，而非以"肢解"后的工程合同为依据。法院认为：鉴于建筑工程施工许可证制度系针对整个建筑工程项目核发的施工许可证，因此综合执法局主张应当以整个建筑工程的合同价款为处罚基数符合规定。同时根据《建筑工程施工许可证》的记载，案涉工程合同价格为2350万元。综合执法局裁量本案建设规模33 721.5平方米，规模较大，因此作出工程合同价款2%的处罚，并无不当。[1]

---

〔1〕 参见广州铁路运输第一法院〔2017〕粤7101行初2316号行政判决书。

第十二章 医疗美容执法事项及要点指引

爱美之心，人皆有之，"颜值经济"日益成为消费新热点。近年来，医疗美容行业蓬勃发展，医疗美容需求高涨。与此同时，医疗美容实践中出现了一系列行业乱象，比如无证经营、非法行医、虚假宣传、违法广告等违法违规现象。执法实践中，前述违法行为严重损害了社会治理秩序，给人民群众生命健康带来极大危害，存在重大安全隐患。为适应精细化管理的形势，回应人民群众的需求，综合执法机关应当聚焦人民群众生命财产安全，加强执法监管力度，切实维护消费者合法权益，筑牢医疗美容安全防线。本章重点分析医疗美容执法事项，厘清法律规范与要点，以期为执法实践提供办案指引。

一、常见问题归类

医疗美容实践中，部分医疗机构和医务人员严重不负责任，违反国家法律法规规定，违法实施医疗美容行为，导致医疗事故时有发生，侵害人民群众身体健康和生命安全，严重破坏了医疗美容市场秩序，成为市民反映和投诉的热点问题，也成为综合行政执法机关执法的难点问题。

(一) 个人无证行医

个人在未取得医师资格证书和执业证书的情况下，擅自为他人治疗疾病，是法律明确禁止的非法行医行为。行为人往往以游医、假医为主，以农贸市场、集市、大型建筑工地、街头巷尾等场所为依托开展各种非法行医行为。这种行为既扰乱了国家对医疗机构和医务从业人员的管理秩序，又存在重大安全隐患，容易造成误诊或其他医疗事故，就诊人的生命健康权利难以得到保障。情节严重的，将构成非法行医罪，接受法律的严厉制裁。个人非法行医具有流动性强、异地行医、不易查获、社会危害性大等特点。

延伸阅读

——执法人员整治无证行医。

案例1：2023年3月6日，三亚市综合执法局接到海棠区卫健委反映，有人在海棠区藤桥某集贸点摆摊给人看牙，现场执业人员周某某已被公安机关带往派出所接受询问。得悉情况后，执法人员立即前往派出所，对周某某的非法行医行为进行调查核实。经调查，当事人周某某并未取得《医疗机构执业许可证》《执业医师资格证》《执业医师执业证》，擅自在集贸点诊疗现场开展牙科诊疗活动。执法人员在卫健部门的管理系统上也未能查询到周某某的医师相关信息，其行为违反了《医师法》的相关规定，涉嫌非医师行医。为此，市综合执法局拟给予周某某罚款人民币6万元的行政处罚，同时责令其立即停止一切诊疗执业活动，目前该案件仍在依法办理中。[1]

案例2：某报社接到市民打来的热线电话，称在州城清江桥头，一位自称有"祖传秘方"，可治各种疑难杂症的女医生在人行道旁摆地摊给患者进行针灸、拔火罐治疗。不少中老年人都在那里治疗过，这位市民说，也没有看到有消毒的过程，对其卫生安全感到担忧。8月15日，记者来到现场进行探访。只见人行道旁，一位老婆婆正在给一位老伯的膝关节上涂着什么东西，地上放着几个玻璃瓶和一个已被烧黑的酒精灯。一张纸、几个火罐、一盏酒精灯、一个布袋子、两个小板凳，这就是老婆婆的"街头诊所"的全部物件。"我用家传秘方专治疑难杂症，内外痔、内外风湿、胃痛……用我的药一针见血，一用有效，无效不收钱。"这个老婆婆前面的地上铺着一张大红色的纸，上面写着这样一段文字。记者在一旁观察到，这个老婆婆先用碘酒给老伯的膝盖擦了擦，再拿一把木锥子在膝盖处扎几下，血迅速从皮肤渗透出来。她拿起一只透明的玻璃火罐，在酒精灯上烧几秒钟后扣在了老伯的膝盖上。火罐吸在皮肤上，罐内的皮肤全都鼓起来了。老伯膝盖的颜色慢慢变成青紫色，已经快凝固的血又被吸了出来，情形有些吓人。没一会儿，老婆婆就将火罐拔了下来，边用卫生纸擦拭老伯流血的膝盖，边告诉他这个关节炎不严重，回家贴几副膏药，明天再来。没过一会儿，恩施市卫生和计划生育综合监督执法局的工作人员来到老婆婆的"街头诊所"前，对正在给患者拔火罐的老婆

---

[1]《打击非法行医！三亚1人拟被罚》，载 https://m.thepaper.cn/baijiahao_23145336，访问日期：2023年7月10日。

婆进行询查。执法人员要求老婆婆把身份证、医师执业证书这些拿出来看一下。老婆婆表示这些东西都没有带在身上。执法人员将老婆婆摊前的东西没收之后，又将她带回局里，进一步了解情况，进行查处。[1]

——**无资质人员，也敢扎针放血**。放血疗法、火烧全身……你是否也曾看到过路边诊所夸张的宣传？殊不知，这些诊所很可能是无证经营。区卫监所近日根据群众投诉举报，依法查处了辖区某办公楼内一家无证经营的诊所。现场，执法人员发现了一次性使用的无菌针灸针、末梢采血针、医用消毒棉球等医疗器械，同时还有标注"痛风丹""祛湿丹"等字样的药瓶。经执法人员确认，该场所人员未取得《医疗机构执业许可证》，在无《医师资格证书》《医师执业证书》的情况下，擅自开展针灸、放血治疗等医疗行为，执法人员当场责令其停止营业并立案调查。"据负责人交代，他是因为自己有这方面的兴趣爱好，通过自学掌握了一些针灸技术，私底下给别人提供服务。"执法人员介绍。扎针放血属于中医传统疗法，专业性比较强，如果消毒不到位，容易造成感染，非医疗人员不能擅自操作，只有取得相关许可证及执业证书的医疗机构和医师才可以开展相关活动。建议市民选择正规医疗机构，切忌"病急乱投医"，也不要贪图便宜而导致意外伤害的发生。[2]

——**多次非法行医被判刑**。2019年3月至2021年1月，罗某某在未取得《医师执业证书》《医疗机构执业许可证》的情况下，非法从事医疗美容活动，为李某某等7名被害人进行隆胸、隆鼻、割双眼皮等医疗美容外科手术，致上述被害人身体遭受不同程度损伤，非法获利10.6万余元。其中，被告人罗某某多次对被害人李某某实施抽取腿部脂肪隆胸手术，致李某某腿部麻木肿胀行走困难。经云南省红河州第一人民医院诊断，李某某左下肢深静脉血栓形成，左髂静脉受压。经云南红河明诚司法鉴定所鉴定，被害人李某某左下肢形成深静脉血栓，经手术治疗后，遗留左肢浅静脉中断闭塞，影响功能，认定为十级伤残。审查起诉阶段，检察机关认为：被告人罗某某未取得执业医师资格从事医疗美容活动，因非法行医被行政处罚后仍多次作案，且涉及多名被害人，情节严重，社会影响恶劣，被告人罗某某主观恶性较深，依法

---

[1] 陈航：《游医在州城舞阳坝街头"扎针放血"》，载《恩施晚报》2017年8月16日。
[2] 《无资质人员，也敢扎针放血？非法行医，必须严查！》，载 https://www.zh.gov.cn/art/2022/11/24/art_1229626764_59140727.html，访问日期：2023年7月10日。

不应适用缓刑。法院最终判处罗某某有期徒刑 2 年 10 个月，并处罚金 6000 元。[1]

(二) 机构非法执业

医疗机构执业，必须进行登记，依法领取《医疗机构执业许可证》。机构非法开展医疗执业活动一般表现为两种形式：一是未取得《医疗机构执业许可证》而擅自开展医疗执业活动，如美容机构未取得《医疗机构执业许可证》擅自从事医疗美容诊疗活动、零售药店未取得《医疗机构执业许可证》聘用医师坐堂行医行为等。二是超出核准登记的诊疗科目开展诊疗活动或租借《医疗机构执业许可证》等。

延伸阅读

——非法行医。

案例 1：昆明市依法查处 7 家无证行医"黑诊所"。6 月 27 日，昆明市卫生健康委员会综合监督执法局组织开展打击非法行医集中整治统一行动。全市共出动各类执法人员 176 人，依法查处无证行医"黑诊所"7 家，收缴各种药品和器械 40 箱（袋）。此次整治行动紧盯中小学周边、城乡接合部、农村、城中村、新建小区、农贸集市等地段，重点整治中医养生保健、生活美容等领域的非法行医行为。在昆明市盘龙区罗丈村，执法人员发现一家诊所没有取得医疗机构执业许可证，医生也没有取得医师资格证、医师执业证。"机构无证、人员无证，可以定性为非法行医。"昆明市卫生健康委员会综合监督执法局医监处处长表示。执法人员按照相关条例对医疗机构实施行政处罚，责令当事人立即停止非法行医活动，并没收药品和医疗器械。此次整治行动由市卫健委综合监督执法局相关负责人带队，分 5 个小组进行分区包片检查。执法人员还向群众讲解非法行医的危害，引导群众到正规医疗机构就医，进一步增强群众防范意识。[2]

案例 2：近日，三亚市卫生健康委员会联合市公安局、市综合行政执法局等单位、部门成立三亚市打击非法行医专项行动领导小组，以医疗机构、药

---

[1] 张昊：《惩治医美领域违法犯罪 让群众"美得放心"——最高检发布依法惩治医疗美容领域违法犯罪典型案例》，载《法治日报》2023 年 4 月 7 日。

[2] 徐婕：《昆明市依法查处 7 家无证行医"黑诊所"》，载《昆明日报》2023 年 6 月 29 日。

店、医疗美容机构、生活美容机构等场所为重点受检单位,在全市开展了打击非法行医专项整治行动,切实维护了人民群众健康权益。在整治过程中,专项行动小组重点检查医疗机构是否超范围行医,药店内有无聘用医师或非医师坐堂诊疗,生活美容机构是否擅自开展非法医疗美容以及生活小区内是否存在"黑诊所"非法行医等问题。同时,对受检单位开展普法宣传,提高相关从业人员依法执业的意识。此次行动以来,全市共检查单位757户次,下达卫生监督意见书264份,违法违规的行为已由综合行政执法部门进行查处。

——超出核准登记的诊疗科目开展诊疗活动构成违法。2022年6月8日,杭州市上城区卫生健康局依法对杭州盛星医疗美容门诊部有限公司立案调查。自2022年5月20日开始,该医疗美容门诊部超出核准登记的诊疗科目开展谷丙转氨酶(ALT)、谷草转氨酶(AST)测定等临床化学检验专业和乙型肝炎表面抗体、梅毒螺旋体抗体等临床免疫、血清学专业及心电诊断专业的诊疗项目;使用茶某、周某2名护士对就诊者开展本专业以外的心电诊断、临床医学检验的卫生技术工作;使用2名护士开展医学检验和心电诊断工作等。9月1日,上城区卫生健康局根据《医疗机构管理条例》对当事人作出罚款73 000元的行政处罚。[1]

(三)电商时代的虚假美容宣传

电商时代,医疗美容领域一些店家编造虚假医生资历、医疗机构资质荣誉,炒作鼓吹"容貌焦虑",虚假宣传医美产品功效、服务疗效等情况时有发生;一些美容机构开展非法诊疗活动,销售假劣产品,坑害消费者事件时有发生。

延伸阅读

——医美虚假宣传。中国网财经2023年2月27日讯:日前,市场监管总局微信公众号发布的"10起医美违法犯罪案例曝光"显示,杭州她妍电子商务合伙企业(有限合伙)未经审查发布医疗广告被罚没53.96万元。通报显示,浙江省杭州市市场监管局网络巡查发现,杭州她妍电子商务合伙企业

---

[1] 浙江省发布的第二批医疗美容行业突出问题专项治理典型案例"杭州盛星医疗美容门诊部有限公司实施超出核准登记的诊疗科目开展诊疗活动等违法行为案"。

（有限合伙）在直播过程中涉嫌发布违法广告。经查，2022年5月，该企业在其运营的微博直播间开展主题为"变美专场"的直播，在直播宣传推广医疗美容服务时，除了宣传服务的必要信息，还宣传了"超皮秒不含爆破，主要用于美白，755的波长是针对黑色素吸收的黄金波长，有黑色痘印的选择这个""弗曼胶原蛋白+新进口瘦脸30U打完之后又白又嫩"等内容，上述内容均未经过广告审查机关审查。该企业的行为违反了《广告法》的相关规定。2022年11月，杭州市市场监管局依法对杭州她妍电子商务合伙企业（有限合伙）作出罚没53.96万元的行政处罚。

——警惕网络美容"低价引流"陷阱。网络刷单、虚假宣传、低价诱导引流……在享受网络带来快捷和便利的同时，消费者也会遭遇各种各样的网络消费陷阱。近日，浙江省宁波市消保委通过一系列案例警醒大家避开网络消费的"坑"。商家会借助各种网络平台推出各种优惠套餐，这在美容行业尤为普遍。不少低价套餐的背后却暗藏着各种套路，所谓的"低价"可能只是为了"引流"而已。95后小马平时喜欢刷各种社交媒体，关注了很多美容相关的视频。日前，她刷到一个视频广告，号称300多元就可改善眉形，正好，她对自己的眉毛不太满意，于是便和客服联系，希望眉形可以变得好看一点。当时和她对接的是网络客服，根据定位给她推送了一个距离最近的门店。小马来到位于宁波市海曙区恒隆大厦的美容工作室。工作人员表示，可以先交18元抵用100多元。针对当初网上力推的300多元和600多元的项目，工作人员说那些效果不好，向其推荐了6900多元的套餐项目。做眉毛时，工作人员用不同的药水进行涂抹，这些药水都需要额外收费。服务完成后看到账单，小马傻眼了，总费用高达10 202元，远超她当初的预算。宁波市消保委表示，消费者一旦被商家"忽悠"或者"洗脑"，极有可能会花更多冤枉钱。记者在黑猫投诉网络平台上搜索相关信息发现，仅和文眉有关的类似投诉就高达数千条。消费者投诉的内容主要集中在以下几方面：商家通过低价引流推销各种服务和产品；未经消费者同意，擅自增加服务项目或产品；文眉效果和宣传不符。无独有偶，吴先生也被社交平台上的一个祛痘低价广告吸引前去体验，没禁住商家推销，用手机办了小额贷款购买了年卡服务。事后，他感觉超出自己的承受能力要求退钱，但协调无果。宁波市消保委指出，消费者是自身维权的"第一责任人"，要积极提高维权意识和能力，在消费前多了解商品或服务内容以及退换等相关条款。宁波市消保委提醒广大爱美人士，在选择美容机构时，一定要注意美容机构是否具备资质，相关证件是否齐全；注意商家使用的产品是否合格，对美容机构承诺达到的效果一定要书面达成协议；谨慎办理预付卡，若需要办理美容预付卡，则需了解清楚预付卡的使用范围、期限、违约责任等条款，按需办理，同时要避免在商家"优惠力度"的诱惑下办理超出预知且风险大的卡；理性消费，消费者要根据自己的需求和经济情况进行消费，切勿冲动办理贷款、超前消费；注意留存凭证，及时保存商家宣传页面、与商家的沟通记录、书面合同等相关凭证，如权益受到侵害，可通过网络平台、监管部门等渠道投诉，维护自身合法权益。[1]

（四）非法行医两次将入罪

最高人民法院《关于审理非法行医刑事案件具体应用法律若干问题的解释》第2条明确规定，具有下列情形之一的，应认定为《刑法》第336条第1款规定的"情节严重"，包括造成就诊人轻度残疾、器官组织损伤导致一般功能障碍的；造成甲类传染病传播、流行或者有传播、流行危险的；使用假药、劣药或不符合国家规定标准的卫生材料、医疗器械，足以严重危害人体健康的；非法行医被卫生行政部门行政处罚两次以后，再次非法行医的；其他情节严重的情形。因此，未取得医生执业资格而非法行医，受行政执法部门行政处罚两次以后，再次非法行医的，实践中认定为非法行医罪，将依法追究刑事责任。

> **延伸阅读**
>
> **——非法行医罪。**
>
> **案例1**：2016年11月18日和2017年7月12日，谯某某两次在印江县天堂镇街上摆摊开展牙科诊疗活动，被印江县卫生监督所发现，后被印江县卫生和计划生育局责令停止执业活动及罚款。2019年7月31日，谯某某再一次在印江县天堂镇街上开展牙科诊疗活动，被印江县卫生健康局发现后没收器械及罚款人民币500元。谯某某经印江县公安局电话通知到案，2021年1月21日，印江县检察院指控谯某某犯非法行医罪，向印江县人民法院提起公诉。

---

〔1〕 郑铁峰：《警惕网络美容"低价引流"陷阱》，载https://baijiahao.baidu.com/s?id=1765927228136025638&wfr=spider&for=pc，访问日期：2023年8月6日。

2021年2月5日,印江县人民法院判决被告人谯某某犯非法行医罪,判处管制6个月,并处罚金人民币5000元。

法院认为,谯某某未取得医生执业资格而非法行医,受卫生行政部门行政处罚两次以后,再次非法行医,情节严重,其行为触犯了《刑法》第336条的规定,应当以非法行医罪追究其刑事责任。谯某某经公安机关电话通知到案,到案后如实供述其罪行,系自首,且愿意接受处罚,可依法对其从轻处罚。据此,依照《刑法》第336条第1款、第67条第1款以及《刑事诉讼法》第15条、第201条之规定,遂作出上述判决。

案例2：无证经营牙科诊所,两次被行政处罚后仍执迷不悟,最终"假医生"犯非法行医罪,被判处有期徒刑6个月,宣告缓刑1年,并处罚金人民币5000元。2016年至2021年6月期间,被告人李某成在未取得《医师资格证书》《医师执业证书》及《医疗机构执业许可证》的情况下,在宁乡市老粮仓镇老粮社区开设"李记牙科"诊所,从事牙科诊疗活动。据查,宁乡市卫生行政部门分别于2017年10月和2019年11月对被告人李某成的非法行医行为进行了两次行政处罚。2021年6月,宁乡市卫生健康局发现被告人李某成仍然在从事非法行医活动,于是将案件移送公安机关。同年10月,宁乡市公安局对被告人李某成经营的"李记牙科"进行搜查,依法扣押了被告人李某成用于非法行医的相关工具。被告人李某成经宁乡市公安局传唤到案,到案后如实供述了自己的犯罪事实。法院经审理认为,被告人李某成未取得医师资格从事医疗活动,非法行医被卫生行政部门行政处罚两次以后,再次非法行医,其行为已经构成非法行医罪。

二、法律规范分析

综合行政执法实践中,医疗美容类纠纷涉及的法律规范主要有以下方面。

（一）《基本医疗卫生与健康促进法》

从事医疗卫生、健康促进及其监督管理活动适用本法。本法设立专章分别对医疗卫生机构（第三章）、医疗卫生人员（第四章）进行规范。

针对医疗卫生机构：一是明确法定条件。《基本医疗卫生与健康促进法》第38条第1款和第2款规定,举办医疗机构应当具备下列条件,按照国家有关规定办理审批或者备案手续：有符合规定的名称、组织机构和场所；有与其开展的业务相适应的经费、设施、设备和医疗卫生人员；有相应的规章制度；能够独立承担民事责任；法律、行政法规规定的其他条件。医疗机构依法取得执业许可证，禁止伪造、变造、买卖、出租、出借医疗机构执业许可证。二是明确法律责任。如果违反前述法定条件，则承担相应的法律后果。《基本医疗卫生与健康促进法》第99条第1款规定，违反本法规定，未取得医疗机构执业许可证擅自执业的，由县级以上人民政府卫生健康主管部门责令停止执业活动，没收违法所得和药品、医疗器械，并处违法所得5倍以上20倍以下的罚款，违法所得不足1万元的，按1万元计算。需要说明的是，此条款的违法主体不仅仅包括相关医疗机构，还包括个人。

针对医疗卫生人员：一是明确职业资格制度。《基本医疗卫生与健康促进法》第53条规定，国家对医师、护士等医疗卫生人员依法实行执业注册制度。医疗卫生人员应当依法取得相应的职业资格。二是明确法律责任。《基本医疗卫生与健康促进法》第102条第1款规定，违反本法规定，医疗卫生人员有下列行为之一的，由县级以上人民政府卫生健康主管部门依照有关执业医师、护士管理和医疗纠纷预防处理等法律、行政法规的规定给予行政处罚。显然对于个人非医师行医的情形，适用第99条第1款的规定。

（二）《医师法》

为了规范医师执业行为，保护人民健康，国家制定了《医师法》，明确医师执业规则，强化执业责任。医师是指依法取得医师资格，经注册在医疗卫生机构中执业的专业医务人员，包括执业医师和执业助理医师。医师经注册后，可以在医疗卫生机构中按照注册的执业地点、执业类别、执业范围执业，从事相应的医疗卫生服务。医师个体行医应当依法办理审批或者备案手续。

为了规范医师行为，法律规定了以下内容：一是明确执业规则。《医师法》设专章（第三章）明确执业规则。二是强化法律责任。《医师法》第55、56、57条等规定了严厉的法律责任，医师违反本法规定，由县级以上人民政府卫生健康主管部门责令改正，给予警告；情节严重的，责令暂停6个月以上1年以下执业活动直至吊销医师执业证书。

针对个人非法行医行为，《医师法》第59条规定，违反本法规定，非医师行医的，由县级以上人民政府卫生健康主管部门责令停止非法执业活动，没收违法所得和药品、医疗器械，并处违法所得2倍以上10倍以下的罚款，违法所得不足1万元的，按1万元计算。

(三)《中医药法》

为了继承和弘扬中医药，保护人民健康，国家制定了《中医药法》。

针对中医药机构：一是明确审批备案程序。《中医药法》第 14 条规定，举办中医医疗机构应当按照国家有关医疗机构管理的规定办理审批手续，并遵守医疗机构管理的有关规定。举办中医诊所的，将诊所的名称、地址、诊疗范围、人员配备情况等报所在地县级人民政府中医药主管部门备案后即可开展执业活动。二是明确法律责任。《中医药法》第 54 条第 1 款规定，违反本法规定，中医诊所超出备案范围开展医疗活动的，由所在地县级人民政府中医药主管部门责令改正，没收违法所得，并处 1 万元以上 3 万元以下罚款；情节严重的，责令停止执业活动。

针对从业人员：一是明确执业资格。《中医药法》第 15 条第 1 款规定，从事中医药医疗活动的人员应当依照《医师法》的规定，通过中医医师资格考试取得中医医师资格，并进行执业注册。二是明确法律责任。《中医药法》第 55 条规定，违反本法规定，经考核取得医师资格的中医医师超出注册的执业范围从事医疗活动的，由县级以上人民政府中医药主管部门责令暂停 6 个月以上 1 年以下执业活动，并处 1 万元以上 3 万元以下罚款；情节严重的，吊销执业证书。

针对实践中出现的扎针放血等行为，其属于中医传统疗法，专业性较强。因此要求相关机构具有《医疗机构执业许可证》或取得《中医诊所备案证》，且诊疗科目有中医科。早在 2005 年，卫生部、国家中医药管理局就印发了《关于中医推拿按摩等活动管理中有关问题的通知》，明确规定：医疗机构开展推拿、按摩、刮痧、拔罐等活动，应当由在本机构执业的卫生技术人员实施，不得聘用非卫生技术人员开展此类活动；非医疗机构开展推拿、按摩、刮痧、拔罐等活动，在机构名称、经营项目名称和项目介绍中不得使用"中医""医疗""治疗"及疾病名称等医疗专门术语，不得宣传治疗作用。根据国家中医药管理局办公室、国家卫生和计划生育委员会办公厅《关于打击非法行医专项行动中有关中医监督问题的批复》（国中医药办法监发〔2014〕9 号）的规定，中医诊疗活动是以疾病诊断和治疗为目的，在中医理论指导下通过各种检查、使用药物、技术、器械及手术等方法，对疾病作出判断和消除疾病、缓解病情、减轻痛苦、改善功能、延长生命、帮助患者恢复健康的活动。非医疗机构及其人员在经营活动中不得使用针刺、瘢痕灸、发泡灸、牵引、扳法、中医微创类技术、中药灌洗肠以及其他具有创伤性、侵入性或者高危险性的技术方法；不得开具药品处方；不得宣传治疗作用；不得给服务对象口服不符合既是食品又是药品的物品名单、可用于保健食品的物品名单规定的中药饮片或者保健食品禁用物品名单规定禁用的中药饮片。

（四）《医疗机构管理条例》

从机构管理的角度看，条例适用于从事疾病诊断、治疗活动的医院、卫生院、疗养院、门诊部、护理院、护理站等医疗机构。为了加强对医疗机构的管理，促进医疗卫生事业的发展，国务院专门制定了《医疗机构管理条例》。

针对医疗机构：一是明确禁止行为。《医疗机构管理条例》第 23 条规定，任何单位或者个人，未经取得《医疗机构执业许可证》或者未经备案，不得开展诊疗活动。所谓诊疗活动是指通过各种检查，使用药物、器械及手术等方法，对疾病作出判断和延长生命、消除疾病、缓解病情、减轻痛苦、改善功能、帮助患者恢复健康的活动。二是明确法律责任。《医疗机构管理条例》第 43 条第 1 款规定，违反本条例第 23 条规定，未取得《医疗机构执业许可证》擅自执业的，依照《基本医疗卫生与健康促进法》的规定予以处罚。

（五）《医疗美容服务管理办法》

为规范医疗美容服务，促进医疗美容事业的健康发展，维护就医者的合法权益，卫生行政主管部门制定了《医疗美容服务管理办法》。鉴于医疗整形美容业是一种特殊医疗行业，其涉及的法律规范较多，既有前述的相关上位法，还有专门的下位法规范。从执业方面分析，从事医疗美容工作同样要取得《医疗机构执业许可证》《医师执业许可证》，适用的法律主要有《基本医疗卫生与健康促进法》《医师法》《医疗机构管理条例》等，还包括药品管理法等医疗方面的法律法规，如《医疗美容服务管理办法》《医疗事故处理条例》，特别是引起纠纷时还涉及其他方面的法律，如《消费者权益保护法》《合同法》《产品质量法》等。

为了加强美容医疗机构的管理，《医疗美容服务管理办法》设专章（第二章）规范机构的设置、登记等：一是明确设立条件、审批程序等。《医疗美容服务管理办法》第 5 条规定了设立条件，第 6 条规定了审批程序，第 8 条规定了执业条件。申请举办美容医疗机构的单位或者个人，应按照本办法以及《医疗机构管理条例》和《医疗机构管理条例实施细则》的有关规定办理设置审批和登记注册手续。美容医疗机构必须经卫生行政部门登记注册并获得《医疗机构执业许可证》后方可开展执业活动。二是明确禁止事项。《医疗美容管理服务办法》第23条规定,任何单位和个人,未取得《医疗机构执业许可证》并经登记机关核准开展医疗美容诊疗科目,不得开展医疗美容服务。三是明确法律责任。《医疗美容服务管理办法》第28条规定,对违反本办法规定的,依据《执业医师法》《医疗机构管理条例》和《护士管理办法》有关规定予以处罚。

为了加强执业人员的管理,设专章(第三章)"执业人员资格"进行规范:一是明确执业资格。针对美容主诊医师(第11条)和护理工作人员(第13条)分别作了规定。如《医疗美容服务管理办法》第11条规定,负责实施医疗美容项目的主诊医师必须同时具备下列条件:具有执业医师资格,经执业医师注册机关注册;具有从事相关临床学科工作经历。其中,负责实施美容外科项目的应具有6年以上从事美容外科或整形外科等相关专业临床工作经历;负责实施美容牙科项目的应具有5年以上从事美容牙科或口腔科专业临床工作经历;负责实施美容中医科和美容皮肤科项目的应分别具有3年以上从事中医专业和皮肤病专业临床工作经历。经过医疗美容专业培训或进修并合格,或已从事医疗美容临床工作1年以上。省级人民政府卫生行政部门规定的其他条件。二是明确法律责任。《医疗美容服务管理办法》第28条规定,对违反本办法规定的,依据《执业医师法》《医疗机构管理条例》和《护士管理办法》有关规定予以处罚。

(六)《医疗广告管理办法》

医疗美容广告属于医疗广告,非医疗机构不得擅自发布医疗广告。医疗美容机构发布医疗美容广告应当严格依法进行,经卫生健康行政部门审查后,按照审查核准的内容发布医疗广告。为加强医疗广告管理,规范医疗机构发布医疗服务广告,国家制定了《广告法》《反不正当竞争法》《医疗广告管理办法》等相关规定。

《广告法》第8条规定,广告中对商品的性能、功能、产地、用途、质量、成分、价格、生产者、有效期限、允诺等或者对服务的内容、提供者、形式、质量、价格、允诺等有表示的,应当准确、清楚、明白。广告中表明推销的商品或者服务附带赠送的,应当明示所附带赠送商品或者服务的品种、规格、数量、期限和方式。法律、行政法规规定广告中应当明示的内容,应当显著、清晰表示。第9条规定，广告不得有下列情形：使用或者变相使用中华人民共和国的国旗、国歌、国徽、军旗、军歌、军徽；使用或者变相使用国家机关、国家机关工作人员的名义或者形象；使用"国家级""最高级""最佳"等用语；损害国家的尊严或者利益，泄露国家秘密；妨碍社会安定，损害社会公共利益；危害人身、财产安全，泄露个人隐私；妨碍社会公共秩序或者违背社会良好风尚；含有淫秽、色情、赌博、迷信、恐怖、暴力的内容；含有民族、种族、宗教、性别歧视的内容；妨碍环境、自然资源或者文化遗产保护；法律、行政法规规定禁止的其他情形。

《反不正当竞争法》第8条规定，经营者不得对其商品的性能、功能、质量、销售状况、用户评价、曾获荣誉等作虚假或者引人误解的商业宣传，欺骗、误导消费者。经营者不得通过组织虚假交易等方式，帮助其他经营者进行虚假或者引人误解的商业宣传。第20条规定，经营者违反本法第8条规定对其商品作虚假或者引人误解的商业宣传，或者通过组织虚假交易等方式帮助其他经营者进行虚假或者引人误解的商业宣传的，由监督检查部门责令停止违法行为，处20万元以上100万元以下的罚款；情节严重的，处100万元以上200万元以下的罚款，可以吊销营业执照。经营者违反本法第8条规定，属于发布虚假广告的，依照《广告法》的规定处罚。

《医疗广告管理办法》第7条规定，医疗广告的表现形式不得含有以下情形：涉及医疗技术、诊疗方法、疾病名称、药物的；保证治愈或者隐含保证治愈的；宣传治愈率、有效率等诊疗效果的；淫秽、迷信、荒诞的；贬低他人的；利用患者、卫生技术人员、医学教育科研机构及人员以及其他社会社团、组织的名义、形象作证明的；使用解放军和武警部队名义的；法律、行政法规规定禁止的其他情形。第22条规定，工商行政管理机关对违反本办法规定的广告主、广告经营者、广告发布者依据《广告法》《反不正当竞争法》予以处罚，对情节严重，造成严重后果的，可以并处1至6个月暂停发布医疗广告直至取消广告经营者、广告发布者的医疗广告经营和发布资格的处罚。法律法规没有规定的，工商行政管理机关应当对负有责任的广告主、广告经营者、广告发布者给予警告或者处以1万元以上3万元以下的罚款；医疗广告内容涉嫌虚假的，工商行政管理机关可根据需要会同卫生行政部门、中医药管理部门作出认定。

延伸阅读

——**宁波海曙颜泽医疗美容诊所发布违法广告案**。2022年6月22日，宁波市海曙区市场监督管理局根据举报线索，对宁波海曙颜泽医疗美容诊所进行现场检查，发现其存在涉嫌未取得《医疗广告审查证明》发布违法广告的情形，予以立案调查。经查明，当事人为开展业务推广，进行线上引流，在未取得《医疗广告审查证明》的情况下，利用其开设的微信公众号和美团平台店铺发布"肉毒素""最贵的玻尿酸""最受欢迎的玻尿酸""V脸紧致瘦下巴""改善咬肌精致面部轮廓50-100U"等医疗美容广告。该行为违反了《广告法》第9条、第15条、第46条和《医疗广告管理办法》第7条的规定，属于违法发布绝对化用语、医疗用毒性药品、宣传有效率等诊疗效果以及未取得《医疗广告审查证明》发布广告的行为，根据《广告法》第57条和《医疗广告管理办法》第22条的规定，宁波市海曙区市场监管局依法对当事人作出行政处罚。

——**嘉兴美邦美联健康管理有限公司虚假宣传案**。2022年6月10日，嘉兴市市场监督管理局根据举报线索依法对美邦美联健康管理有限公司进行检查，发现其涉嫌虚假宣传。经查，当事人盗用嘉兴市绚美汇医疗美容门诊部有限公司的名义制作了两块牌匾："嘉兴市绚美汇医疗美容门诊部有限公司中国3·15消费者可信赖产品""嘉兴市绚美医疗美容门诊部有限公司 中国医美行业先进企业"悬挂于其经营场所，另制作了"中国保健协会副理事长单位""中康世纪 中国抗衰老协会研发基地""上海交通大学 国家健康产业研究院基因健康研究所"等所示荣誉、资质皆与当事人无关的11块牌匾悬挂于经营场所显著位置用于商业宣传，误导消费者。当事人上述行为违反了《反不正当竞争法》第8条第1款之规定。依据《反不正当竞争法》第20条第1款之规定，嘉兴市市场监督管理局依法对当事人作出行政处罚。

三、执法办案指引

（一）办案过程中的取证事项

围绕法律规定的违法行为要件，在医疗美容执法过程中需要重点做好以下证据收集工作：①当事人基本信息。公民、法人或其他组织均存在法定的信息，比如居民身份证信息、医疗机构相关登记信息等。②现场检查笔录、询问笔录。此类案件均需要执法人员进行现场检查，查看是否存在相应的违法行为，因此需要做好检查笔录、询问笔录，必要时现场拍摄照片等，特别是涉及医疗器械时应当认真检查，查看是否有正规厂家、进货渠道，是否超过有效期等。③证照检查。医疗美容领域涉及的证照较多，主要包括医疗机构的资质证明、医师的资质证明、药品和器械的相关证明等。④专家意见。执法实践中，有些行为是否属于医疗行为存在争议，故需要相关领域专家进行认定。通过专家意见，得出专业判断，可以弥补执法机关专业能力的不足，强化案件事实的证据。对于专家意见，则一定要注意专家意见的合法性问题，审查是否符合专业规范要求、专家的执业资格等。

> **延伸阅读**
>
> ——**医疗美容处罚案件中的证据**。在重庆市全兴药品连锁有限公司黔江一分店与重庆市黔江区卫生健康委员会没收违法所得、罚款一案中，黔江区卫生健康委员会向人民法院提交了如下证据：①投诉举报处理表；②举报人提供的相关照片、支付截屏；③案件受理记录；④现场笔录（2020年8月25日）；⑤卫生行政执法事项审批表；⑥对张某的询问笔录（2020年8月25日）；⑦对彭某的询问笔录（2020年8月25日）；⑧对张某某的询问笔录（2020年8月25日）；⑨对何某的询问笔录（2020年8月25日）；⑩卫生监督意见书；⑪证据先行登记保存决定书（2020年8月25日）；⑫证据先行登记保存处理决定书（2020年8月30日）；⑬公司营业执照；⑭药品经营许可证；⑮杨某的居民身份证复印件；⑯张某的居民身份证复印件；⑰彭某的居民身份证复印件；⑱何某的居民身份证复印件；⑲张某某的居民身份证复印件；⑳张某某的中医医师资格证书；㉑执法现场照片、电脑系统订单截屏；㉒立案报告等。[1]
>
> ——**使用过期医疗器械被处罚**。2022年6月23日，衢州市柯城区市场监督管理局对衢州某健康咨询有限公司柯城美容外科诊所进行现场检查，发现一次性使用无菌导尿包、一次性使用采血针、一次性使用无菌注射器（5毫升）、一次性使用输液器带针、手术室1内一次性使用无菌注射器（20毫升）等医疗器械已超过有效期。上述行为违反了《医疗器械监督管理条例》第45

---

[1] 重庆市第四中级人民法院［2021］渝04行终30号行政判决书。

条、第 55 条的规定，属于经营、使用无合格证明文件、过期、失效、淘汰的医疗器械，或者使用未依法注册的医疗器械，医疗器械经营企业、使用单位未依照本条例规定建立并执行医疗器械进货查验记录制度的违法行为。根据《医疗器械监督管理条例》第 89 条第 3 项的规定没收当事人过期医疗器械并处罚款。[1]

(二) 办案过程中的集中整治

1. 推进医疗美容行业跨部门综合监管

2022 年 9 月至 2023 年 2 月，市场监管总局、公安部、商务部、国家卫生健康委、海关总署、税务总局、国家网信办、国家中医药局、国家药监局、最高人民法院、最高人民检察院 11 部门联合组织开展了医疗美容行业突出问题专项治理行动，清理了一批违法机构、惩治了一批违法人员、查办了一批典型案例、形成了一批长效机制制度成果，行业乱象频发的势头得到了有效遏制，行业秩序明显好转。与此同时，医疗美容行业监管工作仍然面临风险挑战，各种行业乱象时有发生，必须进一步完善跨部门综合监管机制，不断提升监管效能，维护好医疗美容诊疗秩序和市场秩序，守护好人民群众生命健康安全底线，为医疗美容行业健康发展打造良好市场环境。据此，市场监管总局等 11 部门在充分研究和认真总结专项治理行动取得的成功经验基础上，出台了《关于进一步加强医疗美容行业监管工作的指导意见》，对强化医疗美容行业监管工作作出了较为全面的规定。一是加强医疗美容行业准入管理。市场监督管理部门做好市场主体登记管理，依法履行"双告知"义务；卫生健康行政部门强化医疗美容机构资质审核，严把行业准入关；市场监督管理部门将市场主体登记注册信息及时告知同级卫生健康行政部门，卫生健康行政部门依法做好市场主体《医疗机构执业许可证》或诊所备案凭证的许可审批备案工作，定期将取得前述证件的医疗机构名单向市场监管部门通报。二是加强事中事后综合监管。确定综合监管重点事项，明确重点监管清单，加强风险隐患通报会商，推行跨部门联合抽查检查，推进部门协同监管。三是加强关联领域与行业的监管。加强对医疗美容"导购"活动的监管、加强

---

[1] 浙江省发布的第三批医疗美容行业突出问题专项治理典型案例"衢州美合健康咨询有限公司柯城美容外科诊所使用过期医疗器械案"。

对医疗美容培训活动的监管、加强生活美容行业的行业管理。

2. 全过程全链条打击医疗美容领域违法行为

医疗美容领域违法犯罪涉及多个部门、多个领域，需要从源头、全链条进行整治。一方面，立足医疗专业领域以打源头、斩链条为目标，强化卫生医疗执法力度。另一方面，强化市场监督管理部门、公安机关之间的沟通协作，健全完善个案协作、信息共享、案件通报、联席会议等机制。卫生健康主管部门主要负责非法行医行为的查处，市场监督管理部门主要负医疗器械、医疗美容新产品质量、价格欺诈、违法广告、虚假宣传等方面的监管，公安机关要加强与相关部门的协作配合，依法严厉打击生产销售假冒伪劣产品、非法行医等犯罪活动。网信部门要依法处置相关医疗部门认定的互联网美容相关不良信息，查处违法违规网站。商务部门要督促电商平台严格落实主体责任，根据线上线下一致原则，督促第三方平台配合相关部门做好对销售医疗美容药品和医疗器械平台内经营者及其商品和服务的管理。

> **延伸阅读**

——"非法医疗美容"专项整治行动。2023年5月25日，成都市卫生健康委员会联合市公安局、市市场监管局、市城管委及各区县相关职能部门，开展以打击"非法医疗美容"为重点的专项整治行动。截至当天15时，在检查中，现场发现34家生活美容机构涉嫌非法开展医疗美容活动，此外还发现"黑诊所"3家、涉嫌开展非医学需要胎儿性别鉴定工作室1个、"游医""流动牙医"等13处，发现涉嫌非法行医人员8名，现场收缴药品6箱、器械17件。5月25日，记者跟随其中一组执法人员，来到成都高新区天府二街附近一家名为"沁肤"的生活美容机构进行突击检查。记者看到，该机构位于蜀都中心一栋大楼的底商处，共两层。其宣传资料号称"采用全球先进的物理学美容仪器""突破手工美容局限"。在其大众点评页面，评分为4.3分，有消费者评价其"手法专业""服务热心"，也有消费者评价对其"推销感到不适、没有效果"。然而，这是一家涉嫌非法开展医美活动的生活美容机构。执法人员先是从价目表上看到了涉及医美的项目；又从"顾客管理"记录里随机挑选了一叠，发现不下20处写有"水光针""光子嫩肤"等文字；在其中的一间办公室内，还发现一台涉嫌非法开展医美项目的机器。面对执法人员的问询，该机构负责人杨某某一会儿声称虽然写了相关（涉嫌非法开展医美活动的）记录，但实际并未开展；一会儿又称，其与医美机构有合作，相关医美项目由医美机构实施，但却无法提供与所述医美机构的合作协议。

为进一步规范医疗美容服务市场秩序，保障消费者合法权益，助力医疗美容服务在云浮高质量发展，广东省云浮市食药安办于2023年3月29日至30日组织市市场监管局、市公安局和市卫生健康局等部门开展非法医疗美容服务联合执法检查。检查组对辖区生活美容机构、医疗美容机构及化妆品生产企业开展检查，重点检查生活美容服务机构和个人是否未取得相应资质而利用宾馆酒店、会所、居民楼违法开展医疗美容，是否违法生产、购进、销售、使用假劣药品、医疗器械、化妆品，是否发布虚假医疗美容广告和实施价格违法等违法行为。

为维护消费者合法权益，保障群众身体健康和生命安全，进一步提高美容医疗机构依法执业意识和质量、安全意识，防范医疗纠纷和安全风险，根据重庆市铜梁区医疗卫生行业综合监管领导小组办公室《打击非法医疗美容服务专项整治行动方案》要求，2023年3月6日至10日，铜梁区卫生健康综合行政执法支队联合区市场监管局、区公安局的执法人员，在全区范围内开展了打击非法医疗美容服务专项整治行动。此次检查的重点：一是严厉打击非法开展医疗美容相关活动的行为；二是查处生活美容服务机构及其他机构和个人未取得相应资质开展医疗美容服务的行为、医师到非医疗机构开展医疗美容服务的行为；三是严格规范医疗美容服务行为，严禁机构聘用非卫生人员和超范围开展诊疗活动；四是严厉打击非法制售药品及医疗器械行为，未依法取得药品、医疗器械经营合法资质的，严禁从事药品、医疗器械经营活动；五是严肃查处发布违法广告和互联网信息行为。

（三）办案过程中的疑点难点

1. 行为人逃跑案件的处理

执法实践中经常发生个人非法行医后立即换一个新地方，导致执法机关与办案人员难以找到违法行为人的情况。在行为人逃跑，受害当事人又到执法机关举报的情况下，如何依法处理此类案件是一个现实的问题。

在行政执法实践中，执法机关一般选择采用以下两种方法：一是继续调查取证，依法作出处罚决定。《公安机关办理行政案件程序规定》第165条第3款明确规定，对因违反治安管理行为人不明或者逃跑等客观原因造成案件在法定期限内无法作出行政处理决定的，公安机关应当继续进行调查取证，并向被侵害人说明情况，及时依法作出处理决定。因此，一般情况下应当继续调查取证。如果案件事实清楚，证据确实充分，依法应当予以行政处罚。即使违法行为人逃跑而无法履行告知义务，公安机关也可以采取公告方式予以告知。自公告之日起7日内，违法嫌疑人未提出申辩的，可以依法作出行政处罚决定。二是中止案件调查，依法中止案件处理。《市场监督管理行政处罚程序规定》第46条第4项明确规定，因当事人下落不明致使案件暂时无法调查的，经市场监督管理部门负责人批准，中止案件调查。中止调查的原因消除后，应当立即恢复案件调查。

需要说明的，如果案件处理完毕，行为人因拒绝履行行政处罚决定而私自逃跑，此时应当依法向人民法院申请强制履行。《行政处罚法》第72条第1款明确规定，当事人逾期不履行行政处罚决定的，作出行政处罚决定的行政机关可以采取下列措施：到期不缴纳罚款的，每日按罚款数额的3%加处罚款；根据法律规定，将查封、扣押的财物拍卖或者将冻结的存款划拨抵缴罚款；申请人民法院强制执行。

延伸阅读

——执法机关如何应对"打一枪，换一地"。2022年12月6日，街道综合执法中心接到群众举报，举报一街头小店非法点斑导致面部受损。接到举报后，综合执法中心立即派执法队员前去查处，但该地点大门紧闭，没有营业。连续四天，执法队员前往查看，但一无所获。后经多方查证，涉事当事人已经退租，更换地方营业了。由于只有举报人的单方陈述，涉事当事人是否存在非法行医、相关证件是否齐全都缺乏基本证据，因此执法人员只好电话告知举报人，暂时不能依法立案，只能等待进一步查证。

——非法行医拒不缴纳罚款，法院依法强制执行。2021年12月，计某某在肥东县店埠镇石塘路某门面房内擅自执业，被肥东县卫健委查处，予以没收其药品、医疗器械以及罚款6万元的行政处罚。计某某申请行政复议，复议机关对计某某原先的行政处罚变更为没收药品、医疗器械并处罚款5万元，并告知计某某，若不服该决定，可在收到决定书之日起15日内按照《行政诉讼法》的规定向人民法院提起行政诉讼。计某某并未在规定期限内履行法律义务，也没有提起行政诉讼。2023年1月11日，执法机关遂向法院申请强制执行，法院依法裁定对该行政复议中的罚款 5 万元准予强制执行。法院执行立案后，依法向被执行人计某某送达执行通知书、报告财产令等材料，责令其立即履行法律文书所确定的法律义务。但计某某仍未履行法律义务，法院依法冻结计某某银行存款 2 万元并告知其应当立即缴纳剩余罚款。最终，计某某缴纳了剩余 3 万元罚款。

2. 合理区分生活美容与医疗美容

生活美容主要包括美容知识咨询与指导、皮肤护理、化妆修饰、形象设计和美体等服务项目。根据《美容美发业管理暂行办法》第 2 条第 2 款的规定，美容是指运用手法技术、器械设备并借助化妆、美容护肤等产品，为消费者提供人体表面无创伤性、非侵入性的皮肤清洁、皮肤保养、化妆修饰等服务的经营性行为。而根据《医疗美容服务管理办法》第 2 条第 1 款的规定，医疗美容是指运用手术、药物、医疗器械以及其他具有创伤性或侵入性的医学技术方法对人的容貌和人体各部位形态进行的修复与再塑，包括重睑形成术、假体植入术、药物及手术减肥术等医疗项目。作为两类性质不同的美容，在行政监管与技术标准上存在不同。生活美容服务由商务部门进行管理，应当遵守《美容美发业管理暂行办法》的规定，同时严格落实《广告法》《价格法》《公共场所卫生管理条例》《美容美发场所卫生规范》等法律法规，严格执行美容美发服务行业规范。在生活美容活动中，不得开展涉及医疗美容的隆鼻、隆胸、抽脂、割双眼皮、注射美容针、激光脱毛、中药灌肠、针灸减肥、洗纹身、点斑祛斑等医疗美容项目的广告宣传。医疗美容服务必须遵守《医师法》《医疗机构管理条例》《医疗美容服务管理办法》等规定，取得相应执业证书。

需要指出的是，纹身不属于医疗美容项目。根据卫生部《关于纹身不纳入医疗美容项目管理的批复》，纹身活动不纳入医疗美容项目管理，但洗纹身仍属于医疗行为，必须在依法取得《医疗机构执业许可证》的美容医疗机构开展，且操作者必须具备执业医师资格。特别是采用激光治疗为他人去除纹身行为，属于美容皮肤科项目，需要取得《医疗机构执业许可证》《医师资格证书》《医师执业证书》等。

> **延伸阅读**
>
> **——生活美容与医疗美容有界限。**林某某是台州经济开发区某美容会所的经营者,该会所未取得《医疗机构执业许可证》。2014 年 6 月 8 日至 2017 年 12 月 29 日,会所为顾客提供"黑脸娃娃""点斑"的服务。经查明,"黑脸娃娃"是用激光仪器照射涂有黑炭的部位,通过照射爆破后达到深层清洁的效果;"点斑"则是用点斑水腐蚀有斑部位,腐蚀后结痂,需要一个星期后痂皮脱落完成祛斑。两种操作方法均具有"创伤性"或"侵入性"的特点,其手段的医学诊疗性是明显的,故均属于医疗美容手术项目,而非一般公众所消费的生活美容。因此台州市椒江区卫生健康局认定其行为构成非医师行医,依法作出行政处罚。[1]

（四）法律适用中的法条竞合问题

梳理现行法律规范,涉及非法行医的规定主要集中在《基本医疗卫生与健康促进法》《医师法》等,非法行医行为主要表现为无证擅自执业的行为、非医师行医行为等。根据《基本医疗卫生与健康促进法》第 99 条第 1 款的规定,无证执业行为主要包括以下基本要件：一是违法主体要件。因为此条没有明确违法主体,对于违法主体至少可以有两种不同的理解。①狭义说。这种观点认为,违法的主体仅限于相关的医疗机构。因为根据该法第 38 条的规定,医疗机构应当依法取得执业许可证,具备规定的条件。②广义说。这种观点认为,违法的主体包括公民、法人和其他组织,不仅仅限于医疗机构等。目前,理论界与实务界以广义说为通说。其主要理由如下：首先,广义说具有法律依据。在《基本医疗卫生与健康促进法》颁布之前,相关法规已经明确前述内容。《医疗机构管理条例》第 23 条早已明确规定："任何单位或者个人,未取得《医疗机构执业许可证》……不得开展诊疗活动。"如果违反该规定,法律设定了专门的罚则,将依法给予相应的处罚。因此,未取得《医疗机构执业许可证》擅自执业的,包含任何单位或者个人。其次,广义说具有现实基础。在违法执业实践中,非法执业行为的样态多种多样,既有机构非法执业,也有个人非法行医。因此,只有广义说能够涵盖现实执法实践,契合执法实际。二是违法行为主要表现为未取得《医疗机构执业许可证》擅自

---

[1] 浙江省台州市中级人民法院［2020］浙 10 行终 90 号行政判决书。

执业的行为。三是违法行为的处罚。处罚的类型主要是责令停止执业活动，没收违法所得和药品、医疗器械，并处罚款（违法所得5倍以上20倍以下）。根据《医师法》第59条的规定，非医师行医的行为主要包括以下基本要件：一是违法主体要件。违法主体只能是个人，且有身份限制，属于非医师。医师是指依法取得医师资格，经注册在医疗卫生机构中执业的专业医务人员。除此之外的个人行医的，则属于非医师。二是违法行为主要表现为非医师行医的行为。三是违法行为的处罚。处罚的类型主要是责令停止非法执业活动，没收违法所得和药品、医疗器械，并处罚款（违法所得2倍以上10倍以下）。

  非法行医中往往存在一个违法行为同时违反了数个不同的法律规范，此时如何进行处罚，是一个现实的问题。目前，理论界与实务界有几种不同的观点与处理方式。一是并罚说。这种观点认为，只要该行为符合数个违法行为的构成要件，就构成了数个违法行为。虽然只有一个行为，但是已经构成了数个违法行为，应当进行并罚。"同一违法行为，只能根据违法构成的理论进行分析，符合一个违法构成，就是一个违法行为；符合数个违法构成的就是数个违法行为。"[1]二是择一重罚说。这种观点认为，虽然原本构成数个违法行为，但由于客观上只有一个行为，所以选择一个较重的处罚进行处理。根据《行政处罚法》第29条的规定，同一个违法行为违反多个法律规范应当给予罚款处罚的，按照罚款数额高的规定处罚。执法实践中，采第二种观点较为合理。同时在处理竞合关系时，还需要注意厘清违法行为之间的手段与结果关系、牵连关系、必要条件关系等情形，进而选择合理的法律规范。当事人实施违法行为时，如果行为的手段违反了一个法律规范，而行为的结果又违反了另一个法律规范，将会形成一种手段与结果的关系。当事人实施违法行为达到的某一目的违反了一个法律规范，但其采用的手段又违反了另一个法律规范，此时只能选择依据其中一个法律规范进行处罚。当一个违法行为成为另一个违法行为的必要条件时，在处理上只能作为一个违法行为，不能分别处罚。[2]比如自然人设置无证场所独自行医的行为，当自然人具有医

---

〔1〕 全国人大常委会法制工作委员会国家法行政法室编著：《〈中华人民共和国行政处罚法〉释义》，法律出版社1996年版，第67页。

〔2〕 参见章剑生：《行政罚款适用规则的体系性解释——基于〈行政处罚法〉第29条展开的分析》，载《政法论坛》2022年第4期。

师身份时，此时同时违反了《基本医疗卫生与健康促进法》第 99 条第 1 款、《医师法》第 57 条的规定；当自然人为非医师时，则同时违反了《基本医疗卫生与健康促进法》第 99 条第 1 款、《医师法》第 59 条的规定。如果自然人设置的无证场所是中医诊所时，则法律适用更为复杂。医师设置中医诊所并独自行医，此时违反了《医师法》第 57 条、《中医药法》第 56 条第 1 款、《医疗机构管理条例》第 43 条第 2 款的规定。非医师设置中医诊所并独自行医，则同时违反了《医师法》第 59 条、《中医药法》第 56 条第 1 款、《医疗机构管理条例》第 43 条第 2 款的规定。

（五）违法所得的认定问题

梳理现行法律规范，对违法所得并没有一个明确的界定。在行政处罚实践中，不同行政执法部门对"违法所得"的认定是不同的。比如在市场监督管理领域，市场监管部门认定的"违法所得"是以当事人非法生产、销售商品或者提供服务所获得的全部收入，扣除当事人直接用于经营活动的适当的合理支出，即为违法所得。所以市场监管领域认定的违法所得是依据获利原则进行认定，即经营收入减去经营成本。又如农业执法领域在认定"违法所得"时，采用销售收入计算。《关于〈农药管理条例〉中认定"违法所得""货值金额"问题的函》明确，违法所得系非法生产、经营农药的销售收入。农业部办公厅于 1999 年、2005 年等复函有关部门，明确"违法所得均指销售收入"。

卫生部在 1996 年专门针对《食品卫生法》规定的"违法所得"进行批复，称违法所得系食品生产经营者在其非法活动中获取的包括成本和利润在内的全部营业收入。2000 年，卫生部法监司作出的《关于对〈医疗机构管理条例〉中"非法所得"含义解释的答复》明确指出"非法所得，指未取得《医疗机构执业许可证》擅自执业的人员或机构在违法活动中获取的包括成本在内的全部收入"。2018 年，国家卫生健康委答复宁夏回族自治区卫生计生委关于《医疗机构管理条例实施细则》中"诊疗活动累计收入"的批复为"关于《医疗机构管理条例实施细则》第八十条第二款第一项规定的'超出登记的诊疗科目范围的诊疗活动累计收入'，是指医疗机构历次开展超出登记的诊疗科目范围的诊疗活动所获取的包含成本在内的全部收入的总和。诊疗活动收入包括挂号费、检查费、化验费、治疗费、药费（含中草药、中成药、西药）等因诊疗活动产生的各项收入"。因此，在非法行医执法领域中，违法所得是指全部营业收入，包括成本与利润。

第十三章 行政公益诉讼重点事项及履职指引

"公益之维护,攸关国家社会之安定、发展及进步,而危害公益之行为,有因公权力之行为,有因私人之行为所引起者。"[1]公益诉讼的最主要特质在于其对公共利益的至高追求,维护公共利益是其唯一的方向。在此情形下,公益诉讼是一种几乎完全独立于原告自身利益的诉讼形式。[2]当前,行政公益诉讼已经成为司法实践中的热点问题和焦点话题。基于保护环境公共利益、保护资源公共利益、保护公共设施等公共财产利益的需要,行政公益诉讼步入大众视角,"公益诉讼已经成为一个符号、一种大众性的话语机制,通过公益诉讼改变公共讨论的主题,给予缺乏权利保护手段的人以关注和声音,提出新的改革目标。对于那些被边缘化的群体而言,公益诉讼有时是进入政治生活的唯一或者最不昂贵的入口,为他们参与社会治理提供了合法的途径"。[3]囿于研究范围,本章的公益行政诉讼主要指以检察机关为公益代表而提起的行政诉讼,专门探讨行政公益诉讼制度对街道综合行政执法的影响,以期规范、指引街道综合行政执法实践。

一、不履行法定职责的认定

一般意义上的行政诉讼,是指作为行政相对人的公民、法人或者其他组织认为行政机关和行政机关工作人员的行政行为侵犯其合法权益,依法向人民法院起诉,由人民法院审理并作出裁判的活动。因此,行政诉讼更侧重主观诉讼,它以救济相对人、恢复相对人受损害的权益作为目的。行政公益诉

---

[1] 蔡志方:《行政救济与行政法学》,学林文化事业有限公司1998年版,第527页。
[2] 黄学贤、王太高:《行政公益诉讼研究》,中国政法大学出版社2008年版,第45页。
[3] 肖建国:《民事公益诉讼的基本模式研究——以中、美、德三国为中心的比较法考察》,载《中国法学》2007年第5期。

讼呈现出不同于传统私益诉讼的特殊性，它以保护公共利益和客观法秩序为目的，以检察机关为起诉主体，诉讼程序呈"双阶构造"，检察机关被赋予调查权，举证责任不再"一边倒"，职权主义构造更加凸显，判决方式多采用确认判决和履行判决且判决具有对世效力等。故行政公益诉讼是客观诉讼，它以保护公共利益为目的。保护公益和客观法秩序的目的是行政公益诉讼区别于普通行政诉讼的最大特征。[1]但是其中与"不履行法定职责"关联性较强的特征是其保护公益的目的、以检察机关为起诉主体、"双阶构造"的诉讼程序和检察机关调查权的赋予。

在行政公益诉讼案件中，行政机关的败诉率高达90%以上。其中不乏行政机关尽力履职仍被认定为"不履行法定职责"的情形。从这个比例可以发现，行政公益诉讼对行政机关依法履职的要求比一般行政诉讼有更高的审查标准。因为行政机关已在诉前程序阶段行使了事实调查、法律适用的首次判断权。在公益诉讼阶段，检察机关严格判断行政机关是否存在"不履行法定职责"的情形。因此，如何认定行政机关"不履行法定职责"成为公益诉讼的核心所在。实践中，无论是检察建议程序，还是诉讼程序，对不履行法定职责的界定均缺乏可行的、成熟的判定标准。行政公益诉讼由于其更强的维护公益和客观法秩序的特征，故对行政机关的履职提出了更高要求。从这一点来看，"法定职责"中的"法"的范围进一步扩张。公益实践中，"法"的范围并不限于法律、法规、规章、行政规范性文件，"三定方案"等也在内。值得注意的是，行政公益诉讼中"法定职责"中的法源是很广泛的。除了法律、法规、规章和规范性文件这些在私益行政诉讼中可以成为法源的法，还包含了行政机关的"三定方案"、权力清单、常用内部规则等。对于"法定职责"的表述，在行为法中一般是"监督管理"。从实定法中"监督管理"的用语看，既有抽象行政行为也有具体行政行为，既有法律行为也有事实行为，既有行政强制也有行政指导。因此"监督管理职责"应既包括实质行政，也包括准立法、准司法。[2]其目的就是更大程度地督促行政机关勤勉履行法定

---

[1] 参见伍华军、荣锦坤：《论行政公益诉讼中"不履行法定职责"判定标准的构建》，载《重庆社会科学》2023年第3期。

[2] 参见刘本荣：《行政公益诉讼中"不依法履行职责"认定的实质回归及其展开》，载《行政法学研究》2023年第3期。

职责，更好地保护国家利益和社会公共利益。

随着《人民检察院公益诉讼办案规则》的出台，第82条的规定为检察机关认定行政机关是否履行职责提供了初步判断标准。根据第82条的规定，有下列情形之一的，人民检察院可以认定行政机关未依法履行职责：①逾期不回复检察建议，也没有采取有效整改措施的；②已经制定整改措施，但没有实质性执行的；③虽按期回复，但未采取整改措施或者仅采取部分整改措施的；④违法行为人已经被追究刑事责任或者案件已经移送刑事司法机关处理，但行政机关仍应当继续依法履行职责的；⑤因客观障碍导致整改方案难以按期执行，但客观障碍消除后未及时恢复整改的；⑥整改措施违反法律法规规定的；⑦其他没有依法履行职责的情形。客观而言，从规范层面讲，最高人民检察院似乎制定了明确的判断标准，但仔细研究，上述规定还是过于原则、抽象，缺乏明确的指引。比如什么叫整改措施，如何判断整改措施的有效性等，均需要结合具体的行为法进行认定。

普通的行政诉讼中也存在行政机关不履行法定职责的情形。《行政诉讼法》第72条规定，法院在审理后认为行政机关不履行法定职责的，判决其在一定期限内履行。最高人民法院《关于适用〈中华人民共和国行政诉讼法〉的解释》第91条对"不履行"进行了细化规定，包括"违法拒绝履行"或者"无正当理由逾期不予答复"可以被认定为不履行法定职责。有学者认为，除了以上两种情形，"不完全履行"和"不适当履行"也可以成为"不履行"的表现形式。因此，"不履行"的表现形式可以有很多，包括违法拒绝履行、无正当理由逾期不予答复、无正当理由明显超过合理期限不予答复、未全面履行、未在法定期限内答复、未给予实质性答复等。有鉴于此，实际上"不履行"的表现形式在传统的行政诉讼中认定的弹性较大，但若探寻其要旨，则主要从拒绝履行和不作为入手。这种不作为可以是拖延履行、未及时答复、不认真履职等。

从行政法理论的角度看，判断行政机关是否依法履行法定职责，主要存在三种不同的学说。一是行为标准说，即通过分析行政机关的职责，结合行政机关的履职行为来判断其是否履行了法定职责，遵循"有作为义务（法定职责）—能作为（主客观条件）—实际作为（行为选择）"的构成要件框架。客观而言，涉及是否履职的判断第一步就是要看行政机关的行为，即从行为意义上是否履职。这是一个最低的标准。如果这一步都无法满足，则可以直接认定行政机关没有履行法定职责。如果存在行为的话,再进一步认定履职是否"全面",其衡量的标准是"穷尽说",即行政机关是否穷尽行政手段或行政措施。行为标准是行政机关是否根据法定职责积极地履行了行政行为,同时根据个案的性质,是否在作出行政行为后,及时跟进和监督,继续履行职责。但行为标准说面临的难题是,当行政机关竭尽全力履职却仍无法消除公益受损的状态时,是否应当认定其没有履行法定职责?显然根据行为标准说,行政机关已经履职。行为标准说的理论基础是职权法定说,行政机关只能行使法律赋予的职权,只能采取法定的手段,按照法定的程序行使权力。不能为了追求公共利益保护的效果,而要求行政机关违法行政。〔1〕不难发现,行为标准突出行为与法律规定的契合度,对立法依赖度较高。当缺乏法律规范或法律规范不明确、明显不适宜的情况下,行政机关大多数会选择消极方式应对。二是结果标准说。结果标准侧重结果,主要是审查行政行为的效果,以行政机关是否消除公益侵害状态为最终标准。结果标准则是看国家利益和社会公共利益是否仍处于受损害的状态。与行为标准不同的是,当行政机关虽然根据检察建议全面履行了职责但是公益受侵害状态仍未完全消除,此时是否构成"不依法履行职责"?以结果标准来衡量,此种情形仍然属于不依法履行职责。"判断行政机关是否充分履行法定职责的结果标准是,国家和社会公共利益仍然处于受侵害状态或者处于受侵害的潜在威胁状态。"〔2〕三是折中说,即"行为—结果"标准说。鉴于履职行为与效果之间存在不同的差异,单一的行为标准或结果标准都存在一定的局限。

2014年,党的十八届四中全会首次明确提出要探索建立检察公益诉讼制度,以政策驱动检察机关优化司法职能的配置,加强对行政执法的监督,将公权力作为维护社会公益的刚性保障。2015年7月,全国人大常委会决定授权最高检开展检察公益诉讼试点工作。随即最高人民检察院发布了《检察机关提起公益诉讼改革试点方案》,在全国试点地区开展检察公益诉讼制度的探索,统筹推进试点工作的开展。2017年,《行政诉讼法》修正,明确规定检察机关的行政公益诉讼的适格主体,至此检察机关依法开展行政公益诉讼。

---

〔1〕 参见张旭勇:《行政公益诉讼中"不依法履行职责"的认定》,载《浙江社会科学》2020年第1期。

〔2〕 滕艳军:《检察机关一审败诉行政公益诉讼案件实证研究》,载《社会治理》2019年第9期。

根据《行政诉讼法》第 25 条第 4 款的规定，人民检察院在履行职责中发现生态环境和资源保护、食品药品安全、国有财产保护、国有土地使用权出让等领域负有监督管理职责的行政机关违法行使职权或者不作为，致使国家利益或者社会公共利益受到侵害的，应当向行政机关提出检察建议，督促其依法履行职责。行政机关不依法履行职责的，人民检察院依法向人民法院提起诉讼。2018 年 3 月，最高人民检察院会同最高人民法院发布了《关于检察公益诉讼案件适用法律若干问题的解释》，正式明确了检察机关"公益诉讼起诉人"的身份。梳理行政公益诉讼的实践，不难发现：检察机关对行政机关的履职标准是以全面履行法定职责、公共利益得到有效维护为标准。

延伸阅读

——"行为+结果"标准。自 2010 年开始，呼和浩特市玉泉区世纪十九路道路两侧长期违法堆放大量建筑垃圾形成渣土堆，该地块 2015 年划入城区范围。该渣土堆长期堆存严重污染周围环境，侵害社会公共利益。2018 年 10 月初，内蒙古自治区呼和浩特市人民检察院（本案以下简称"呼和浩特市院"）经群众举报发现该案件线索，于 10 月 9 日立案。经调查，涉案地块自 2010 年起开始堆放建筑垃圾，原不属于呼和浩特城区范围，也非建筑垃圾规划堆放处。该地块自 2015 年划入城区范围，但建筑垃圾渣土堆一直没有相关部门进行清理。呼和浩特市院委托测绘公司对建筑垃圾渣土堆进行测量，查明涉案垃圾占地面积 82 000 平方米，高近 10 米，体量为 260 798.6 立方米。10 月 18 日，呼和浩特市院向城管局发出诉前检察建议，建议该局依法全面履行职责，及时清理涉案地块上堆放的建筑垃圾渣土堆，并加强对市区内建筑垃圾乱堆乱放问题的全面严格监管。12 月 18 日，市城管局书面回复称，涉案建筑垃圾系 2015 年之前形成，2015 年该地块划入城区范围后，并未形成新的"增量"，该局已经履行了监管职责，2015 年以前形成的建筑垃圾不属于其监管职责。检察机关收到回复后对涉案现场进行了多次跟进调查，查明行政机关对该建筑垃圾渣土堆一直未采取任何监管措施，严重污染周边环境，侵害社会公共利益。2019 年 5 月 27 日，检察院向法院提起行政公益诉讼。

7 月 23 日，法院经审理，作出一审判决，判决认为市城管局具有对案涉建筑垃圾渣土堆进行清理的法定监管职责。虽然该局已将综合整治城区存量渣土山的工作列入下一步工作计划,但并未在收到检察建议后积极履行职责,履职监管不到位。综上,判决责令市城管局于判决生效后60日内对建筑垃圾违法堆放行为履行监管职责。本案判决生效后,呼和浩特市院就案件的执行问题召开了圆桌会议,督促行政机关及时履行生效判决内容。目前,该建筑垃圾渣土堆已列入市区环境整治规划,开始有序清理。[1]

——**法定履职广义说**。2017年3月,吉林省德惠市人民检察院在开展专项活动中发现,德惠市朝阳乡境内存在擅自倾倒、堆放生活垃圾情况,涉案两处垃圾堆放场位于松花江国堤内,垃圾直接就地堆放,未作防渗漏、防扬散及无害化处理,散发有刺鼻气味,污染周边环境和水质,且对松花江汛期行洪产生影响,侵害了社会公共利益。3月31日,德惠市检察院决定立案并开展调查,进行现场勘验,聘请专业机构对垃圾堆放量进行测绘,聘请环保专家对垃圾进行鉴别,咨询德惠市环境保护局意见。经调查查明,两处垃圾堆放场位于德惠市朝阳乡南岗村林场东北方位,距松花江约为500米,均在松花江河滩地上,属于德惠市朝阳乡辖区。朝阳乡人民政府利用辖区内天然形成的两处沙土坑设置了垃圾堆放场,用于收集和堆放周边居民日常产生的生活垃圾,历时已10年有余,垃圾堆放量为6051.5立方米。经环保部门及专家出具意见,垃圾存放处未见防渗等污染防治设施,垃圾产生的渗滤液可能对地表水及地下水造成污染,散发的含有硫、氨等恶臭气体污染环境空气。

经邀请德惠市水利局工作人员现场察看并调取平面位置图,确认两处垃圾堆放场位于松花江河道管理范围,汛期会对流域内河势稳定及河道行洪产生危害,违反了《河道管理条例》《防洪法》等相关规定。德惠市院审查认为,根据《环境保护法》《固体废物污染环境防治法》、住建部等10部门《关于全面推进农村垃圾治理的指导意见》《长春市市容和环境卫生管理条例》《德惠市生态环境保护工作责任规定(试行)》等相关规定,朝阳乡人民政府作为一级人民政府,对本行政区域环境保护负有监督管理职责,对违法堆放的生活垃圾有责任进行清运治理,修复生态环境。4月18日,德惠市人民检察院向德惠市朝阳乡人民政府发出检察建议书,建议其依法履行统筹和监

---

[1] 最高人民检察院发布的检察公益诉讼起诉典型案例"内蒙古自治区呼和浩特市赛罕区人民检察院督促履行环境保护监管职责行政公益诉讼起诉案"。

管职责，对涉案垃圾堆放场立即进行整治。5月12日，德惠市朝阳乡人民政府向德惠市院书面回复，称已制定整治方案。但德惠市检察院四次跟进调查发现，截至检察建议整改期满，德惠市朝阳乡人民政府虽有部分整改行为，但对违法形成的垃圾堆放场未进行彻底整治，公益侵害仍在持续。6月26日，德惠市检察院就该案向德惠市人民法院提起行政公益诉讼。

本案是省级检察院按审判监督程序向省级法院提出抗诉的案件，历经一审、二审、抗诉再审、重审，成为行政公益诉讼起诉案件的全流程样本。本案中，针对《行政诉讼法》第25条行政机关的监督管理职责应当如何理解？乡镇人民政府对辖区环境保护是否具有监督管理职责？是否属于行政公益诉讼的监督对象？检察机关、行政机关、审判机关在诉讼中曾存在较大的分歧。检察机关以保护公益为核心，立足法律监督职能定位，通过提起上诉、抗诉，依法推动乡镇人民政府准确认清自身职责，主动修复公益损害，也促成检法两家对《行政诉讼法》中有关行政机关监管职责的理解和认定形成共识，即法律、法规、规章以及规范性文件中关于行政机关法定职责的概括式规定也属于行政机关的法定义务范畴，并进一步明确了乡镇人民政府对于辖区内环境卫生负有监督管理职责，属于行政公益诉讼监督范围，为共同推动完善基层治理体系建设贡献了司法力量。[1]

二、生态环境和资源保护

各级政府及其职能部门应是良好生态环境和自然资源的供给者与守护者。因此，监督各级人民政府及其职能部门履行环境保护和资源保护职责是推动我国生态文明建设、实现环境保护的现实需求。故生态环境和资源保护执法事项成为当前公益诉讼的重点和热点。根据最高人民检察院公布的数据，2017年7月至2021年6月，检察公益诉讼已全面开展4周年，共提起诉讼19 695件，包括行政公益诉讼2336件，民事公益诉讼17 356件（含刑事附带民事公益诉讼15 320件），从领域分布来看，生态环境和资源保护14 175件，占71.97%；食品药品安全4186件，占21.25%；国有财产保护、国有土地使

---

[1] 最高人民检察院发布的检察公益诉讼起诉典型案例"吉林省德惠市人民检察院督促履行环境保护监管职责行政公益诉讼起诉案"。

用权出让586件，英烈权益保护45件，其他703件。故而所有公益诉讼案件中生态环境和资源保护案件数量最多。

根据统计，2018年，环境行政公益诉讼案件中资源保护类案件相对占比较大，其中破坏土地资源类环境行政公益诉讼案件所占比重较大："违法占用林地"案件19件，占比13.57%；"改变林地用途"案件13件，占比9.29%；"非法占用农用地"案件20件，占比为14.29%。这三类有关土地资源的案件共52件，占比为37.15%。其他类型的自然资源破坏类案件中，"森林资源破坏"类案件10件，占比为7.14%；"非法露天开采矿石"类案件13件，占比为9.29%。[1] 显然，这类行政公益诉讼的类型较为广泛，涵盖了污染防治、资源保护、生态保护等多个领域。环境行政公益诉讼案件中，固体废物污染类案件较多，此类案件很大部分为针对生活垃圾卫生填埋场的选址、填埋、处置和日常管理中产生的问题，基层政府、环境保护职能部门以及综合管理执法机构往往因为未合理履行法定职责而被提起环境行政公益诉讼。

此类案件中涉及的行政机关较多，既包括地方人民政府、生态环境主管部门，也包括承担部分生态环境和资源保护相关监督管理职责的有关职能部门，包括林业部门、自然资源部门、水行政部门、畜牧业管理部门、农业部门、卫生部门、住房和城乡建设部门、渔业部门等。故检察机关提起此类公益诉讼，督促行政机关矫正违法行为或者不作为、履行生态环境和资源保护职责时，被告的类型具有多样性。

延伸阅读

——涉及主体多。

案例：1 富民县某街道聚集建设了几十家小作坊式的小型磨粉厂，普遍存在生产方式简单、作坊式经营、"三同时"制度落实不到位、污染治理设施不健全或运行不正常等情况，周边道路、房屋、植被被磨粉厂的粉尘弥漫，对环境造成影响。2021年5月，昆明市富民县人民检察院在办案中发现，富民县某街道部分磨粉企业在生产经营过程中存在进、出料口未安装收尘装置，未对生产车间进行全封闭管理，导致粉尘弥漫。经鉴定机构检测，该片区环

---

[1] 刘超：《环境行政公益诉讼的绩效检视与规则剖释——以2018年140份环境行政公益诉讼判决书为研究样本》，载《甘肃政法学院学报》2019年第6期。

境空气质量超过标准限值,污染周边环境。同年6月,富民县院向相关行政机关发出诉前检察建议,建议其依法履行环境监管职责,健全环境监测制度,督促相关企业及时采取有效处置措施消除污染。后经富民县检察院对粉尘污染问题进行"回头看"跟进监督,发现部分问题仍未整改完毕,遂依法提起行政公益诉讼。

提起行政公益诉讼后,县政府高度重视,及时召开磨粉企业扬尘污染整治专题会议,统筹相关职能部门积极履职,督促磨粉企业采取全封闭生产、安装粉尘收集设备等措施,对尚未整改完的问题开展彻底整治。经检察机关邀请人大代表、政协委员和特约检察员召开听证会,根据专业机构两次出具的环境检测报告显示,空气质量均满足小于24小时平均每立方米300微克的标准限值要求,受损的公共利益得到了保护,检察机关依法对该案撤回起诉,目前企业生产经营有序运行。

案例2:2012年至2017年3月,曾某等人在未取得采矿许可的情况下,擅自在临朐县东城街道北范家庙等地毁土采砂牟利。该砂场共采挖土地84.7亩,其中基本农田2.6亩,其余为一般农田和村镇建设规划用地。上述非法采矿行为,不仅破坏土地,导致国土资源流失,还采挖形成南北300多米、东西近300米、深10米不等的不规则矿坑,给当地群众生产生活带来了严重安全隐患。临朐县砂管理局对曾某等多次给予行政处罚,但被破坏土地和生态环境一直未得到修复。2018年6月8日,临朐县检察院在审查起诉曾某等涉嫌非法采矿案时,对破坏土地非法采砂的线索进行立案。临朐县检察院调取了行政处罚决定书、非法开采证明、曾某等人的供述及刑事立案决定书、判决书、证人证言、采砂现场测绘报告等证据,及中共临朐县委、临朐县政府《关于推进综合行政执法体制改革的实施意见》,临朐县砂管局及临朐县综合行政执法局权力清单等文件,实地勘查砂场现状,委托专业机构测绘该宗土地的利用规划图、现状图等。经调查认定:曾某等人无证开采砂资源,破坏土地84.7亩,其中基本农田2.6亩,其余为一般农田和村镇建设规划用地;被破坏土地和生态环境一直未修复;临朐县综合行政执法局于2018年3月成立,行使临朐县砂管局、国土资源局对砂资源、土地监督管理等方面的行政执法职责。6月13日,临朐县检察院向临朐县综合行政执法局发出检察建议,督促其依法履职,责令违法行为人限期修复遭到破坏的土地,恢复土地原状。8月4日,该局书面回复称:已责成当事人对采挖地块进行了恢复治理，现已经达到种植条件。临朐县院跟进调查发现，该宗地块并未得到任何修复与治理，国家利益和社会公共利益持续处于受侵害状态。10月30日，临朐县检察院向法院提起行政公益诉讼。2019年4月28日，法院判决被告依法履行责令违法行为人曾某等限期改正或者治理的法定职责。

案例3：2018年以来，信阳市浉河区林业和茶产业局对辖区内盗伐、滥伐林木类的43件行政处罚案件，仅执行了对当事人的罚款内容，而责令当事人补种树木的处罚内容均未执行到位，既没有代履行，也没有向人民法院申请强制执行，并致部分案件超过强制执行时效；在已办理的10件盗伐、滥伐林木类刑事案件中，该局在当事人被刑事处罚后，未再责令当事人进行补种树木。该局作为林业主管部门，未依法履行责令补种树木的林业执法监督管理职责，致使生态环境遭到破坏的状况长期未得到修复，国家利益和社会公共利益受到侵害。后区检察院发现该问题，并于2020年4月20日立案调查。4月29日，检察院向浉河区林业和茶产业局发出检察建议，建议该局对涉案的共计43件行政处罚案件和10件刑事处罚案件中滥伐、盗伐林木造成的林业生态环境损害情况，责令违法当事人补种，不能补种的要求其缴纳代为补种树木所需的费用，并代为履行。6月29日，浉河区林业和茶产业局书面回复，称检察建议书中所列事实客观存在，但由于现行法律对履行补植补种处罚义务没有操作流程以及费用标准难以认定等客观原因未能整改。检察建议回复期满后，浉河区检察院经跟进调查，确认该局仍未实际履行补种林木的职责，国家利益和社会公共利益仍处于受侵害状态。8月31日，区检察院向人民法院提起行政公益诉讼，诉请确认被告未依法履行林业执法监管职责的行为违法，并判令被告依法履行林业执法监管职责，确保被破坏的林业生态环境得到修复。10月22日，浉河区人民法院判决支持了检察机关的全部诉讼请求。判决生效后，浉河区林业和茶产业局积极履行判决确定的义务，责令涉案当事人补种树木。截至目前，涉案当事人已在原地或异地补种了3000余株白杨、国槐、杉树等，林业部门按照行业标准对补种林木的存活率进行跟踪评估和验收。对未依法补种的当事人，林业部门则代为履行，同时要求其承担代为履行的费用。

案例4：2019年9月12日，湖北省老河口市人民检察院在汉江老河口王府洲段初查发现，多个渔民正在进行电捕鱼等非法捕捞活动。经调查，汉江非法捕捞情况屡见不鲜。9月16日，老河口市检察院对该案立案调查，发现汉江王府洲段浅滩处有大量地笼网。在汉江洪山嘴段调查时，发现部分渔民正在使用地笼网捕鱼，在汉江沿线的江堤上，也有渔民售卖用地笼网捕获的幼鱼虾苗。经走访调查，检察官了解到当地渔民使用地笼网捕鱼的现象较为普遍。经调取行政执法卷宗，查明2018年至2019年老河口市渔政执法部门仅查处非法捕捞行政案件6件6人。为保护渔业资源，督促行政机关履职，老河口市检察院于2019年9月29日向老河口市农业农村局发出检察建议书，建议市农业农村局加大监督执法力度，采取有效措施，切实保护汉江流域水生物资源和水域生态环境。11月25日，市农业农村局回复称：已报请市政府研究同意，在该市汉江沿线开展了以打击非法捕捞为目的的专项整治行动——"清江行动"，共查获销毁地笼网2000余条，收缴电捕鱼器5台，立案查处非法捕捞案件5起，且在近期农业农村部长江办和省水产局暗访检查中，老河口市内未发现非法捕捞现象。2020年2月至4月，老河口市检察院对汉江非法捕捞情况进行跟进调查，经4次现场勘查，发现相关水域内仍存在大量地笼网，随机打捞的地笼网中有大量死亡和腐烂的幼鱼幼虾，也有活鱼活虾。经进一步收集固定相关证据，7月6日，老河口市检察院向老河口市人民法院提起行政公益诉讼，请求法院判令老河口市农业农村局对汉江老河口段电捕鱼、地笼网捕鱼等非法捕捞现象全面履行监督和管理职责，有效保护汉江渔业资源和水域生态环境。检察机关提起行政公益诉讼，引起了老河口市委、市人大、市政府的高度重视。市人大常委会在专题会议上，明确支持检察机关开展公益诉讼。市政府牵头成立由市农业农村局、公安局、市场监督管理局等相关单位组成的汉江禁捕退捕工作组，由市农业农村局承担主责，对汉江老河口段开展拉网式排查整治，共拆解有证渔船243条，收缴三无船舶226条，开展巡查216人次。同时，全面加大巡查力度，对农贸市场、餐馆、渔具店进行闭环清查，收缴地笼网400余条。2020年8月，为提升汉江禁捕智能化水平，老河口市投资400余万元，在境内汉江沿线布设12个双光谱热成像云台摄影机，各行政机关逐步形成合力，共抓汉江生态保护。12月3日，该案开庭审理，老河口市农业农村局表示，该案起诉后，其已积极全面履职，检察机关的公益诉讼请求已实现。老河口市检察院认为汉江老河口段地笼网在诉讼过程中经市政府统一部署已得到有效整治，但考虑到在该案起诉前非法捕捞现象仍大量存在，结合行政机关的总体履职情况，变更诉讼请求为：确认被告在2020年7月6日（起诉之日）前对汉江老河口段电捕鱼、地笼网捕鱼等非法捕捞现象未全面履行监督和管理职责违法。2020年12月24日，老河口市人民法院作出行政判决，判决支持检察机关诉讼请求，目前判决已生效。

三、食品药品安全和安全生产

（一）食品药品安全领域

食品药品安全是民生重大问题，属于典型的社会性规制议题。特别是在现代社会规模化生产下，不符合相关标准的食品药品可能侵害公民的生命权、健康权等重要的基本权利，同时还可能诱发社会稳定等次生风险。历次食品药品安全事故无不关系到数以万计的公众，直接侵害的是人民群众的生命健康权，诸如政府公信力、社会资源耗损更是无法估量。毋庸置疑的是，食品药品安全不仅仅是少数人的利益问题，而且是具有重大公共利益的社会问题。有鉴于此，党的十八届三中全会审议通过的《关于全面深化改革若干重大问题的决定》将保障食品药品安全作为"健全公共安全体系"的首要任务。现实中，食品药品行政监管却有待完善。一方面，面对多发、频发、种类繁多、后果严重的违法行为，行政监管往往存在盲区；另一方面，一些地方政府出于狭隘的保护主义目的，对食品药品领域的违法生产和销售行为存在不作为、慢作为。正是在此背景下，行政公益诉讼应运而生，以期解决前述困境。作为一种事后性的制度设计，现代公益诉讼制度本质上是一种以补充管制为目的和内容的执法诉讼，其实施必须考虑如何与原有的行政管制产生更加良好的关联和互动。实际上，由于执法环境的复杂多变，无缝隙的、有效的行政监管只是一种理想状态，执法实践中行政监管依然面临诸多制约和困境，因此需要行政公益诉讼配合作用，以期实现良性共治。

> **延伸阅读**
>
> ——**食品药品安全问题。**
>
> **案例1：**浙江省海宁市某商家系嘉兴市排名第一的社区团购商家，以微信群接龙方式开展线上预售和线下供货，截至2022年8月，该团购商家微信成员数达7.7万余人，接龙次数达217万余次。有消费者反映其存在销售"三无"、添加剂超限等不符合食品安全标准的食品，超范围经营及违规发布广告等违法行为。海宁市检察院经调查发现，该团购商家存在销售没有食品标签

的食品、添加剂超限的食品；超许可范围从事食品经营；使用"最好等级""最经典""全网最低"等用语对销售的食品做虚假广告宣传；在广告语中使用引人误解的文字，欺骗、误导消费者等违法行为。2022年10月，市检察院向市市场监管局制发检察建议书，督促其依法对上述违法行为进行查处，对社区团购食品安全问题进行治理。市市场监管局反馈，对该团购商家违法行为行政罚款12.5万元；在全市开展为期一个月的团购类经营活动排摸整治专项行动，重点约谈辖区内6个头部团购商家，强化经营者主体责任。

案例2：2022年6月，延庆区人民检察院发现线索后，为查证核实，公益诉讼检察部门检察官又通过外卖APP点餐，5家外卖中有4家未使用外卖包装封签或一次性封口的外包装袋，各类餐食可随意打开。检察院遂立案调查并与行政机关进行沟通。经审查认为，根据食品安全法相关规定，食品生产经营者应依照法律、法规和食品安全标准从事生产经营活动，保证食品安全。有关行政部门应依法履职监管辖区内外卖餐饮安全，监督检查地方标准的实施。延庆区检察院向区市场监管部门发送检察建议，要求加大执法和宣传力度，督促餐饮服务提供者对外卖餐食规范包装，保障群众"舌尖上的安全"。整改期间，延庆区检察院会同区市场监管部门召开外卖食品安全专题座谈会，共同到部分外卖餐饮店铺实地开展普法宣传，对已包装的外卖食品现场查看，引导经营者对外卖食品规范封装。同年8月，行政机关书面回复整改情况，开展了全区餐饮业食品安全大检查工作；约谈了各大外卖平台延庆网点负责人，要求进一步加强对外卖配送人员进行培训，并发放了食品安全封签。整改期间，行政机关办理涉外卖餐饮封签案件4件，对涉案店铺给予警告处理并宣传引导督促规范包装。延庆区检察院于同年9月对整改情况进行"回头看"，网络餐饮服务提供者均按规定使用了外卖包装封签或一次性封口的外包装，外卖食品得到有效密封。

案例3：2021年9月，北京铁路运输检察院在履职中发现，部分网络平台药店在接收线上购药订单后的电子处方审核环节，其药店执业药师未按照相关法律规范对电子处方进行审核即进入线下配送环节，存在对超用量处方药仍然进行调配、未在处方上签名等违法行为，可能造成人民群众用药安全问题，损害社会公共利益。公益诉讼检察部门将在京注册网络平台的药店及京外注册网络平台的在京注册药店作为调查重点，通过大数据筛查、人工复核、梳理分析等方式，全面了解网上处方药的销售情况。经调查发现3家网络平台（其中包括2家在京注册网络平台）上有28家在京注册网络平台药店存在执业药师未依法履行电子处方审核责任的情况，共涉及5个行政区。就市、区两级行政机关对北京市网售处方药的监管权责划分问题，北京铁路运输检察院先后与市药品监管部门和涉案5个区药品监管部门座谈，明确市药品监管部门负责监管药品零售连锁总部和网络平台，区药品监管部门负责监管网络平台药店，并对网络平台药店销售处方药的具体流程等问题达成共识。9月、11月，北京铁路运输检察院分别向5个区药品监管部门制发检察建议，督促行政机关对涉案违法行为进行查处，同时对网络平台药店执业药师履行电子处方审核职责加强监管，规范网售处方药行为。收到检察建议后，各区药品监管部门均高度重视，积极整改。一是对涉案违法行为进行查处。二是开展网络销售处方药专项监管执法工作。三是逐一约谈重点关注的网络平台药店，结合相关法律规范的规定对药店的具体经营进行指导。四是推动网络平台药店电子处方服务方面的建章立制工作。

（二）安全生产领域

安全生产事关人民群众生命和财产安全，事关人民福祉，事关经济社会发展大局，涉及重大国家和社会公共利益。安全生产领域一直是行政公益诉讼的重要领域之一。2016年，中共中央、国务院《关于推进安全生产领域改革发展的意见》明确提出，研究建立安全生产民事和行政公益诉讼制度。2020年国务院安全生产委员会印发《全国安全生产专项整治三年行动计划》，聚焦安全生产事故易发多发的煤矿、非煤矿山、危化品、消防、道路运输、民航铁路交通运输、工业园区、城市建设、危险废物9个行业领域，集中开展安全整治。当前，安全生产领域职能交叉、边界不清，监管缺位、不作为以及执法不严格等问题依然较为突出；不同层级之间职责不清，同一区域上下级"多头执法""重复执法"的现象仍然存在。在此背景下，检察机关开展安全生产领域公益诉讼有利于破解安全生产执法困境，最大限度预防和减少安全生产事故，全力维护人民群众生命财产安全。

行政公益诉讼实践中，既有涉及自备成品油、轻循环油、燃气等危险化学品、易燃易爆物品安全隐患，也有涉及尾矿库污染、违规采矿导致地面坍塌等安全隐患，有的是违法建设、违法施工带来的消防、交通安全隐患，还有的涉及加油站扫码支付安全隐患。这些案件的成因复杂、责任主体多元，涉及的监督对象较多,包括应急管理、环境保护、消防、公安、交通运输、市场监管、城管执法、住建、商务部门等不同层级的执法机关。检察机关通过公益诉讼,督促监管机关依法履职,推动相关职能部门开展安全隐患专项整治,实现了综合治理的良好效果。

延伸阅读
——**安全生产问题。**

案例1:2017年11月,海南省某市政府引进海南某清洁能源有限公司等8家液化天然气(LNG)点供企业对某加工产业企业实施"煤改气",使用LNG作为锅炉燃料,并建成48个LNG气化站。市政府及相关职能部门未对LNG点供企业及气化站的进驻程序和生产经营进行规范、有序管理,存在履职不充分、监管不到位等问题。在事前审核环节,LNG气化站没有办理城镇燃气或危险化学品经营许可证,没有履行消防设计审核及验收等手续。在安全风险防控环节,市政府没有组织对LNG气化站安全生产设施进行审查和开展安全风险评估论证,没有组织相关职能部门和生产经营单位实施重大风险联防联控、编制安全生产权力和责任清单等。在事后处置环节,市政府及相关职能部门未严格落实安全隐患排除治理制度、重大事故隐患治理督办制度等,发现重大安全隐患未能依法排除、及时处理。2020年8月至2021年7月期间,市政府及相关职能部门对LNG点供企业及气化站开展过三次安全生产检查,但发现的安全隐患甚至高风险隐患并未整改完毕。2021年8月,海南省人民检察院在履行公益诉讼职责中发现该线索,依法将线索移交海南省万宁市人民检察院办理。经调查发现,LNG气化站存在诸多重大安全隐患,比如气化站没有实体围堰、围墙,围堰设置不符合规范要求,储罐、放散管之间及与站外建构筑物(厂房)之间防火间距不足,站点选址紧邻乡镇道路,罐区离高压线太近等,相关职能部门就LNG气化站"主管部门是谁""适用危险化学品还是城镇燃气管理"等问题产生分歧。11月19日,海南省检察院和万宁市检察院根据《安全生产法》《城镇燃气管理条例》《危险化学品安全管理条例》相关规定,分别向市政府及相关职能部门制发检察建议。建议其依法全面履行安全生产监管职责,及时消除安全隐患。明确LNG气化站的监管主管部门和监管责任,创新监管方式,强化监管实效,引导企业依法合规生产经营,规范行业安全生产。收到检察建议后,市政府及相关职能部门高度重视,成立领导小组,制定整治方案,并召开专题会议。其间,省编制部门向全省各市县下发通知,明确相关职能部门对 LNG 点供的监管职责。市政府根据该文件进一步细化和明确辖区 LNG 点供监管主管部门和监管责任,组织相关职能部门对之前未落实整改的 LNG 企业及其安全隐患问题进行复查,并依法移送相关执法部门查处。市政府出具了整改承诺函,承诺根据 LNG 气化站具体情况,采取利用管道燃气代替、协调改用其他能源、原站点整改等措施推进整改工作。截至 2022 年 10 月 31 日,48 个 LNG 气化站中 33 个已完成整改,占 68.8%;正在推进整改 15 个,占 31.2%。

案例 2:2021 年 3 月,云南省人民检察院昆明铁路运输分院组织两级检察院对昆明、红河辖区 100 余家加油站走访排查,发现普遍存在加油机器上张贴二维码、工作人员在加油作业区使用 POS 机收款、使用手机扫码支付等情况。为进一步论证和确认在加油站加油作业区扫码支付是否存在安全隐患,昆明铁检分院委托专业机构对手机语音通话、扫码支付的等效平面波功率密度进行对比测试。测试结果显示,手机扫码支付会产生射频电流(电磁波),遇到金属导体后可能形成射频火花,进而引燃空气中的汽油分子形成爆炸。2021 年 5 月,针对该安全隐患,昆明铁检分院下辖的基层检察院分别向相关行政机关发出诉前检察建议,建议其依法履行安全生产综合监督管理职责,在加油作业区等爆炸危险区内清除张贴的二维码标识、禁止手机扫码,将扫码支付移至加油站营业厅、便利店等安全区域进行。收到检察建议后,行政机关高度重视,及时制定加油站手机扫码支付安全专项整治方案,下发加强加油(气)站内扫码支付等使用手机行为安全管理通知,组织召开规范加油站扫码支付安全整治工作部署会,并通过微信公众号、新闻媒体等加大宣传力度。通过集中整治,昆明市、红河州辖区内 900 余家加油站已全部禁止加油作业区使用手机支付,并清除印有二维码的宣传海报,实现加油作业区内"零电子支付",将手机扫码支付移至加油站营业厅内进行。为全面客观评估整改成效,2021 年 11 月,昆明铁检分院邀请人大代表、政协委员、人民监督员、社区群众等进行实地查看并召开公开听证会,并以办案为契机,继续开展为期半年的整改"回头看",与相关行政机关形成跟进监督协作机制,定期随机调看加油站监控视频并反馈情况,固化整治成果。同时,发动"益心为公"公益保护志愿者共同参与公益保护,督促相关行政机关对出现问题"反弹"的个别加油站予以行政处罚,全面消除安全隐患。

案例 3：2021 年以来，成都某科技公司与主营锂电池租赁业务的广西某科技公司合作开展电动自行车锂电池智能换电柜经营业务。龙泉驿区检察院通过实地摸排辖区内 4 家锂电池换电企业经营的 100 余处换电柜设置现场，发现均存在换电柜布设选址不规范、安装换电柜无防火分隔、未配备消防器材或消防器材失效等问题，智能换电柜经营场地存在消防安全隐患，严重威胁人民群众生命财产安全。龙泉驿区检察院通过采取联席会议、专家论证、公开听证等方式对目前换电柜设置给公共安全带来的安全隐患及整治措施达成共识，并向相关职能部门发出诉前检察建议，建议其依法履行消防安全监管职责。同时推动区安委会发布相关文件，对电动自行车换电场所安全监督管理职责进行部门分工确认，对辖区电动两轮车锂电池换电柜设施建设提供指导和规范。成都市检察院结合本案办理，在全市检察机关开展部署电动自行车锂电池智能换电柜安全生产公益诉讼专项监督行动，针对案件办理中折射的消防安全共性问题，分别向市应急管理局、市消防救援支队公开宣告送达社会治理检察建议。相关部门共排查整治消防安全问题 2432 项，并形成多个规范文件，同时推动电动自行车锂电池换电企业安全生产监管写入《成都市非机动车管理条例》，为加强电动自行车智能换电柜安全监管提供了法律依据。

（三）医疗美容

医疗美容行业乱象丛生、问题突出，存在较大风险隐患，引发的纠纷日益增多。在此背景下，检察机关积极履行公益诉讼职能，力促行政机关加强监管力度，构建了政府负责、部门联动、法治保障的医美行业综合治理格局，切实维护消费者合法权益，实现人民群众对安全医美、健康医美的美好期待。

> **延伸阅读**
>
> ——公益诉讼筑牢医疗美容安全堤坝。
>
> **案例 1**：2022 年 8 月初，浙江省杭州市余杭区人民检察院在履职中发现，辖区内多家医疗美容服务经营者存在未取得医疗机构执业许可证擅自营业、超范围经营医疗美容项目、从业人员无医师执业证书或超范围执业、医疗器械采购来源不明、违法违规发布医疗广告等行为，部分经营者还在电商平台上推销，招揽消费者到线下接受医疗美容服务；而相关电商平台未依法核验、

未登记平台内医疗美容服务经营者行政许可信息、未在首页显著位置持续公示行政许可信息等，侵犯了不特定消费者合法权益，损害了社会公共利益。8月12日，经初步调查正式立案，成立办案组开展医疗美容公益诉讼专项监督活动。余杭区检察院通过实地调查核实，调取相关书证，及时固定收集相关证据，发现辖区4家经营者主要存在以下违法违规情形：生活美容机构未取得医疗机构执业许可擅自提供医疗美容服务，或未取得卫生许可擅自从事生活美容服务；医疗机构超出核准登记的诊疗科目范围经营美容皮肤科项目；雇用未取得医师执业资格人员或取得医师执业资格人员超范围开展美容皮肤科项目；使用无法提供医疗器械采购证明、进货查验记录台账的医疗美容仪器；未取得医疗机构执业许可证发布医疗广告，或未经审查发布医疗广告。9月15日，余杭区检察院向区卫生健康局发出检察建议，同步移送相关证据，督促对涉案医疗美容机构及时查处，加强行业规范管理。区卫生健康局收到检察建议后，立即开展专项行动，依法立案查处11起非法医疗美容案件，没收违法所得2.5万余元，罚款19.35万元，没收或暂扣医疗美容仪器23台。针对调查中发现的部分美容服务机构在线上推销医疗美容服务、招揽消费者到线下接受服务的情形，余杭区检察院以"医疗美容""光子嫩肤"等为关键词，通过对4家电商平台上医疗美容服务经营情况进行调查，发现部分医疗美容机构、生活美容机构存在未依法在平台首页显著位置持续公示行政许可信息、未取得卫生许可证擅自营业、无医疗机构执业许可证或超范围开展医疗美容项目、从业人员无医师执业证书或超范围执业、虚假宣传、违法直播宣传等违法违规情形。经咨询具有医疗卫生和市场监管专业背景知识的特邀检察官助理，分析出违法情形。9月15日，余杭区检察院向区市场监督管理局发出检察建议，建议依法查处辖区内医疗美容广告违法行为。因电商平台并非在余杭区范围内注册经营，余杭区检察院与区市场监督管理局经磋商，达成督促平台及时采取必要处置措施的共识。收到检察建议后，区市场监督管理局立案查处医疗美容广告违法行为4起，罚款1.5万余元，4家电商平台清退生活美容机构2家，下架医疗美容服务项目29个。2023年1月，余杭区人大代表在检察机关抄送的检察建议中发现医疗美容机构相关问题，于2月1日向区两会提交议案《关于加强我区医疗美容行业监管的建议》。2023年1月12日，余杭区检察院将调查中发现的杭州市其他区、县医疗美容机构、生活美容机构在电商平台上存在的违法违规问题报送浙江省杭州市人民检察院，杭州市检察院运用数字化办案思维开展类案线索摸排，向杭州市数据管理局调取相关数据并指导余杭区检察院与相关平台进行信息碰撞、对比，通过大数据分析并结合人工查验，筛选出多条案件线索。杭州市检察院已将21条线索交给相关区县检察院开展监督，并与相关市场监管部门开展磋商，推动全市范围内医疗美容行业电商平台准入规范管理。[1]

案例2：2021年5月，河北省邯郸经济技术开发区辖区内因医疗美容纠纷引发的一起治安案件，暴露了辖区内医疗美容监管缺失问题，部分医疗美容、生活美容机构存在无证经营或者超范围经营，药品及医疗美容器械使用管理松懈、虚假宣传等违法情形，微整形变成"危"整形，不仅扰乱医疗美容行业管理秩序，而且对消费者生命健康安全构成极大威胁。10月，邯郸经济技术开发区人民检察院发现该案件线索后决定立案调查。11月5日，区检察院组织区卫生健康局、市场监督管理局等召开听证会，向区卫生健康局、区市场监督管理局发出检察建议，建议加强药品监督管理，对违法经营的美容机构及时查处，全面整治。收到检察建议后，区卫生健康局、市场监督管理局联合开展了打击非法医疗美容服务专项整治行动，检查美容机构120家，查处非法经营化妆品等行为10起，取缔无证无照经营医疗美容机构5家、生活美容机构11家，对相关责任单位进行了行政处罚。2021年12月16日，区检察院对整改进行了跟进调查，随机抽查了部分美容机构，均已完成整改。[2]

四、涉及街道办的履职事项

街道办事处是城市地方政府的派出工作机构，是行政管理中的一种传统制度。特别是在街道综合行政执法改革的背景下，街道办事处承载了大量的执法管理职能，是政府履行职能的一种重要依托，是行政公益诉讼的重要领域。根据行政公益诉讼实践，街道办事处未履行保护国有资产（集体资产）职责、未履行环境保护和污染防治管理职责、未履行拆除违法建筑职责等。

---

[1] 张昊：《惩治医美领域违法犯罪 让群众"美得放心"——最高检发布依法惩治医疗美容领域违法犯罪典型案例》，载《法治日报》2023年4月7日。

[2] 最高人民检察院发布的"3·15"检察机关食品药品安全公益诉讼典型案例"河北省邯郸经济技术开发区人民检察院督促履行医疗美容监管职责行政公益诉讼案"。

延伸阅读

——街道办履职问题。

案例1：2016年11月24日，广东省深圳市人民检察院就宝安区西乡街道办事处未依法履行职责案，向深圳市中级人民法院提起行政公益诉讼。深圳市人民检察院在履职中发现，经宝安区人民政府批准，西乡街道办事处与香港盈信集团有限公司于1997年签订《中外合作兴建碧海湾高尔夫球道的合同》，约定由西乡街道办事处以1300亩土地使用权投资入股，占30%股权。2001年，因政策发生变化，西乡街道办事处与盈信集团签订了终止合作的协议书后，违规使用预算外资金人民币8 635 350元代盈信集团缴清碧海湾高尔夫练习场的地价款。碧海湾俱乐部有限公司取得高尔夫练习场的房地产证后，未按照协议向西乡街道办事处偿还代付款，至今，西乡街道办事处也未依法向盈信集团主张债权，造成国有资产处于流失状态。10月19日，深圳市人民检察院向西乡街道办事处发出检察建议，要求其采取有效措施依法收回国有资产。西乡街道办事处在收到检察建议后仍未采取有效措施挽回国有资产损失，使国家利益持续处于受侵害状态。

案例2：2022年2月，大连市普兰店区检察院在工作中发现，普兰店区某社区清水河旁堆积大量生活垃圾，污染环境，遂向该辖区某街道办事处发出检察建议，建议其加强村容村镇的监督管理，组织村镇环境卫生管理单位和专业人员对垃圾及时清理，日产日清。该办事处收到检察建议后作出回复进行整改。检察机关在跟进巡察中发现未整改到位，故提起行政公益诉讼。本案审理过程中，公益诉讼起诉人与被告就行政机关的环境治理职责、整改标准等问题充分交换意见，检察机关对被告的再次整改材料进行审查，认为被告已依法全面履行了职责使检察机关的诉讼请求全部实现，遂申请撤回起诉。沙河口区法院经审查后予以准许。此案为行政机关进一步提升思想认识、加强履行生态环境治理职责敲响了警钟，起到了良好的督促和示范作用。

案例3：2020年4月，禹州市人民检察院向某街道办事处发出检察建议书，内容为：本院在履行职责过程中，发现某街道办事处怠于履行职责的行为致使社会公共利益受到侵害。本院依法进行了调查，并根据相关法律规定，提出检察建议。2020年6月，某街道办事处回复禹州市人民检察院：市政排污管网修到大坡上，大坡下居民污水管道低于市政污水管网。为解决50户居民污水排放问题，2015年，街道出资修建污水泵站，将居民排放污水集中后泵入城市污水管网。2020年，因污水泵故障导致污水外溢。街道接到检察院检察建议后立即对水泵进行了更换，建议问题得到了整改。2022年10月，污水泵再次损坏，因疫情封控原因未及时维修。疫情得以控制后，街道立即对水泵进行维修，对相关问题进行了整改。自2015年泵站建成后，由于街道缺乏相关专业管理维护人员，导致设备故障率高，维护成本居高不下，且治标不治本。经与水利局协商，下一步，该泵站移交市水利局，以达到降低成本、减少事故的目的。现已向市政府提交移交申请，等待市政府批复。本案中，被告某办事处修建管理的污水泵站出现故障时，未及时维修导致污水外溢排入颍河，已对公共利益造成危害。被告某办事处未全面履行环境保护和污染防治职责，对污水泵站怠于履行监督管理职责。经审理法院判决，禹州市某街道办事处履行污水泵站的监督管理职责，并于判决生效后30日内消除污水外溢污染生态环境的危险。本案的判决结果督促职能部门履行职责，能够切实为人民群众办实事，最终实现邻里和谐、社会稳定的良好效果。

案例4：2021年4月，长春市绿园区人民检察院在履行职责中发现，位于长春市绿园区普阳街16号的金阳大厦楼顶处存在一处违法搭建的建筑物，占地面积约300平方米，且已接通水、电，该楼楼下为医院、药店等公共场所，该处楼顶建筑的违章建设，严重影响了楼体的安全及楼体外观，对楼下公共场所安全存在不确定的威胁，对不特定居民存在公共安全隐患。普阳街道办事处未能及时对此处的违法建设行为进行监督，存在怠于履行职责行为。4月22日，区人民检察院向普阳街道办事处发出检察建议书，建议该单位积极履行职责，采取有效措施，纠正该处违法建筑行为，保障公共安全，并加大监管力度，防止辖区内此类情况再次出现。普阳街道办事处收到检察建议书后称，已将该违章建筑的相关材料转交给城乡规划主管部门进行认定，并根据认定结果履行下一步法律程序。6月17日，长春市规划和自然资源局绿园分局向普阳街道办事处回函：经我分局到长春市城建档案馆、长春市规自局档案室查阅规划许可档案登记信息，未查到刘某纳的建筑物的《建设用地规划许可证》和《建设工程规划许可证》登记的相关规划许可材料，说明刘某纳的建筑物未取得长春市规划和自然资源局或长春市规划局核发的规划许可手续。后因街道办一直未依法履职，区检察院向法院提起行政公益诉讼。经审理，法院判决责令普阳街道办事处依法履行对长春市绿园区普阳街16号的金阳大厦楼顶处违法建设行为的巡查、监督职责。

案例 5：2019 年 12 月，石首市检察院在履职中发现，石首市第一中学、文峰中学周边存在从事售卖现制油炸蒸煮食品的流动摊贩，在未持有健康证、食品摊贩登记卡的情况下，于学生上学放学时段占用校园周边人行道售卖存在安全隐患的食品（食品摊贩经营者健康状况不明，且其设施不符合食品卫生条件），既给学生身体健康带来了隐患，也影响了公共交通安全。石首市绣林街道办事处对该食品安全隐患怠于监督管理，未公开划定食品摊贩经营区域或者指定经营路段、经营时段，未规定中小学校门口道路两侧禁止食品摊贩经营的范围，未落实对食品摊贩的登记管理。12 月 12 日，市检察院向石首市绣林街道办事处发出检察建议书，建议该办事处依法履行监督管理职责。收到石首市人民检察院的检察建议书后，街道办事处于 2020 年 5 月 26 日回复称，检察建议书依据《湖北省食品安全条例》指出"办事处未公开划定食品摊贩经营区域或者指定经营路段、经营时段，未规定中小学门口道路两侧禁止食品摊贩经营的范围，未对食品摊贩的登记工作有效落实"，以上建议无法落实。截至起诉前，学校周边食品摊贩无序经营的现象仍然存在，以致食品安全隐患持续存在，社会公共利益仍处于受侵害状态。公益诉讼起诉人认为被告在收到检察建议后未依法履行职责，导致上述食品安全隐患持续存在，损害了社会公共利益。10 月 14 日，为了人民群众身体健康，督促石首市绣林街道办事处积极履职，检察机关向法院提起行政公益诉讼。经审理，法院判决责令石首市绣林街道办事处对石首市第一中学、文峰中学周边食品摊贩履行监督管理职责。

此外，还涉及行政非诉执行监督问题。检察机关履行行政非诉执行监督职能，既监督人民法院公正司法，又促进行政机关依法行政，严格履职。检察机关在办理行政非诉执行监督案件过程中，需要查明行政机关对相关事项是否具有直接强制执行权，对具有直接强制执行权的行政机关向人民法院申请强制执行，人民法院不应当受理而受理的，应当依法进行监督。因此，检察机关在履行行政非诉执行监督职责中，发现行政机关的行政行为存在违法或不当履职情形的，可以向行政机关提出检察建议；发现法院受理非诉案件处理不当的，也可以依法提出检察建议。实践中，有些地区的检察机关开展了整治拆除违法建筑物专项监督活动，取得了积极效果。

延伸阅读

——检察机关助力拆除违建。

案例1：2014年5月，浙江省某市某区某镇村民杜某未经批准，擅自在该村占用土地681.46平方米，其中建造活动板房112.07平方米，硬化水泥地面569.39平方米。市国土资源局认为杜某的行为违反了《土地管理法》和《基本农田保护条例》规定，根据《土地管理法》第76条、《土地管理法实施条例》第42条及《浙江省国土资源行政处罚裁量权执行标准》的规定，作出行政处罚决定：①责令退还非法占用土地681.46平方米；②对其中符合土地利用总体规划的45.46平方米土地上的建筑物和设施，予以没收；③对不符合土地利用总体规划的636平方米土地（基本农田）上的建筑物和设施，予以拆除；④对非法占用规划内土地45.46平方米的行为处以每平方米11元的罚款，非法占用规划外土地636平方米的行为处以每平方米21元的罚款，共计人民币13 856.06元。杜某在规定的期限内未履行该处罚决定第3项和第4项内容，亦未申请行政复议或提起行政诉讼，经催告仍未履行。市国土资源局遂于2017年7月21日向某市某区人民法院申请强制执行杜某违法占地行政处罚决定第3项和第4项内容。区人民法院立案受理后，于2017年7月25日作出行政裁定书，裁定准予执行市国土资源局行政处罚决定第3项内容，并由某镇政府组织实施。某镇政府未在法定期限内执行法院裁定。2018年5月，区人民检察院分别向区人民法院和某镇政府提出检察建议，建议区人民法院查明该案未就行政处罚决定第4项罚款作出裁定的原因，并依法处理，建议某镇政府查明违法建筑物和设施未拆除的原因，并依法处置。区人民法院收到检察建议后于2018年5月30日作出补充裁定，准予强制执行市国土资源局作出的13 856.06元罚款决定，7月该款执行到位。某镇政府收到检察建议后，迅速行动，案涉违法建筑物和设施于2018年7月被拆除。[1]

案例2：2011年9月，湖北省某县村民肖某未经许可，擅自在某水库库区（河道）管理范围内316国道某大桥下建房（房基）5间，占地面积289.8平方米。11月3日，某县水利局根据《水法》第65条作出《行政处罚决定书》，要求肖某立即停止在桥下建房的违法行为，限7日内拆除所建房屋，恢

---

[1] 参见最高人民检察院指导性案例"浙江省某市国土资源局申请强制执行杜某非法占地处罚决定监督案"。

复原貌；罚款5万元；并告知肖某不服处罚决定申请复议和提起诉讼的期限，注明期满不申请复议、不起诉又不履行处罚决定，将依法申请人民法院强制执行。肖某在规定的期限内未履行该处罚决定，亦未申请复议或提起行政诉讼。2012年3月29日，县水利局向法院申请强制执行。4月23日，县人民法院作出行政裁定书，裁定准予执行行政处罚决定，责令肖某履行处罚决定书确定的义务。但肖某未停止违法建设，截至2017年4月，肖某已在河道区域违法建成四层房屋，建筑面积约520平方米。经审理，检察机关认为水利局向法院申请执行行政处罚决定中的拆除违法建筑物部分，法院不应当受理而受理并裁定准予执行，违反了法律规定。县人民检察院于5月向县水利局提出检察建议，建议其依法强制拆除违法建筑物；同年8月向县人民法院提出检察建议，建议其依法履职、规范行政非诉执行案件受理等工作。县水利局收到检察建议后，立即向当地党委、政府报告。在县委、县政府的大力支持下，河道违法建筑物被依法拆除。县人民法院收到检察建议后，回复表示今后要加强案件审查，对行政机关具有强制执行权而向法院申请强制执行的案件裁定不予受理。[1]

---

[1] 参见最高人民检察院指导性案例"湖北省某县水利局申请强制执行肖某河道违法建设处罚决定监督案"。

参考文献

1. 专著

[1] 王名扬:《法国行政法》,中国政法大学出版社1988年版。

[2] 王名扬:《美国行政法》,中国法制出版社1995年版。

[3] 罗豪才等:《软法与公共治理》,北京大学出版社2006年版。

[4] 应松年主编:《外国行政程序法汇编》,中国法制出版社1999年版。

[5] 罗豪才主编:《行政法学》,中国政法大学出版社1989年版。

[6] 应松年主编:《行政程序法立法研究》,中国法制出版社2001年版。

[7] 王名扬:《比较行政法》,北京大学出版社2006年版。

[8] 罗豪才主编:《行政法学》(新编本),北京大学出版社1996年版。

[9] 姜明安主编:《行政法与行政诉讼法学》,北京大学出版社、高等教育出版社1999年版。

[10] 应松年主编:《行政法学新论》,中国方正出版社1999年版。

[11] 王名扬:《英国行政法》,北京大学出版社2007年版。

[12] 于安编著:《德国行政法》,清华大学出版社1999年版。

[13] 吴庚:《行政法之理论与实用》,三民书局1998年版。

[14] 罗豪才主编:《中国司法审查制度》,北京大学出版社1993年版。

[15] 陈新民:《行政法学总论》,三民书局1997年版。

[16] 莫于川等:《行政执法新思维》,中国政法大学出版社2017年版。

[17] 杨建顺:《日本行政法通论》,中国法制出版社1998年版。

[18] 刘恒、所静:《行政行为法律适用判解》,武汉大学出版社2005年版。

[19] 本书编写组编:《相对集中行政处罚权工作读本》,中国法制出版社2003年版。

[20] 莫于川:《民主行政法要论——中国行政法的民主化发展趋势及其制度创新研究》,法律出版社2015年版。

[21] 王学辉等:《行政权研究》,中国检察出版社2002年版。

[22] 姜明安:《行政法》,北京大学出版社2017年版。

[23] 吴雷、赵娟、杨解君：《行政违法行为判解》，武汉大学出版社2000年版。

[24] 冯军：《行政处罚法新论》，中国检察出版社2003年版。

[25] 姜明安主编：《行政执法研究》，北京大学出版社2004年版。

[26] 胡锦光主编：《中国十大行政法案例评析》，法律出版社2005年版。

[27] 杨解君、蔺耀昌主编：《行政执法研究——理念引导与方式、制度创新》，中国方正出版社2006年版。

[28] 王连昌、吴中林主编：《行政执法概论》，中国人民公安大学出版社1992年版。

[29] 戢浩飞：《治理视角下行政执法方式变革研究》，中国政法大学出版社2015年版。

[30] 祁希元主编：《行政执法通论》，云南大学出版社2008年版。

[31] 蒋拯：《违法建筑处理制度研究》，法律出版社2014年版。

[32] 王连昌、马怀德主编：《行政法学》，中国政法大学出版社2002年版。

[33] 应松年、朱维究主编：《行政法与行政诉讼法教程》，中国政法大学出版社1989年版。

[34] 许崇德、皮纯协主编：《新中国行政法学研究综述（1949-1990）》，法律出版社1991年版。

[35] 戢浩飞：《行政执法体制改革研究》，中国政法大学出版社2020年版。

[36] 杨惠基：《行政执法概论》，上海大学出版社1998年版。

[37] 宋大涵主编：《行政执法教程》，中国法制出版社2011年版。

[38] 张国庆主编：《行政管理学概论》，北京大学出版社1990年版。

[39] 胡建淼主编：《公权力研究——立法权·行政权·司法权》，浙江大学出版社2005年版。

[40] 刘福元：《政府柔性执法的制度规范建构——当代社会管理创新视角下的非强制行政研究》，法律出版社2012年版。

[41] 方世荣：《论行政相对人》，中国政法大学出版社2000年版。

[42] 石佑启、杨治坤、黄新波：《论行政体制改革与行政法治》，北京大学出版社2009年版。

[43] 刘恒主编：《行政执法与政府管制》，北京人民出版社2012年版。

[44] 安建主编：《中华人民共和国城乡规划法释义》，法律出版社2009年版。

[45] 肖金明、冯威主编：《行政执法过程研究》，山东大学出版社2008年版。

[46] 杨海坤、章志远：《中国行政法基本理论研究》，北京大学出版社2004年版。

[47] 薛刚凌主编：《行政体制改革研究》，北京大学出版社2006年版。

[48] 周志忍：《当代国外行政改革比较研究》，国家行政学院出版社1999年版。

[49] 李龙主编：《法理学》，武汉大学出版社2011年版。

[50] 应松年主编：《当代中国行政法》（上、下卷），中国方正出版社2005年版。

[51] 金国坤：《依法行政环境研究》，北京大学出版社2003年版。

[52] 章剑生：《行政程序法学原理》，中国政法大学出版社1994年版。

[53] 蔡小雪：《行政诉讼证据规则及运用》，人民法院出版社2006年版。

[54] 张越编著：《英国行政法》，中国政法大学出版社2004年版。

[55] 张庆福主编：《行政执法中的问题及对策》，中国人民公安大学出版社1996年版。

[56] 何家弘：《毒树之果》，大众文艺出版社2003年版。

[57] 王麟主编：《行政诉讼法学》，中国政法大学出版社2008年版。

[58] 徐钝：《国家治理语境下司法能力嵌入与生成原理》，武汉大学出版社2017年版。

[59] 肖金明：《法治行政的逻辑》，中国政法大学出版社2004年版。

[60] 谢邦宇等：《行为法学》，法律出版社1993年版。

[61] 邢鸿飞等：《行政法专论》，法律出版社2016年版。

[62] 应松年主编：《行政处罚法教程》，法律出版社2012年版。

[63] 鄢圣华：《中国政府体制》，天津社会科学院出版社2002年版。

[64] 金太军主编：《政府职能梳理与重构》，广东人民出版社2002年版。

[65] 孙笑侠：《法律对行政的控制——现代行政法的法理解释》，山东人民出版社1999年版。

[66] 关保英主编：《行政程序法思想宝库》，山东人民出版社2019年版。

[67] 江必新：《行政诉讼问题研究》，中国人民公安大学出版社1989年版。

[68] ［美］理查德·B.斯图尔特：《美国行政法的重构》，沈岿译，商务印书馆2002年版。

[69] 宋功德：《行政法哲学》，法律出版社2000年版。

[70] ［日］盐野宏：《行政法》，杨建顺译，法律出版社1999年版。

[71] ［日］室井力主编：《日本现代行政法》，吴微译，中国政法大学出版社1995年版。

[72] ［美］詹姆斯·汤普森：《行动中的组织——行政理论的社会科学基础》，敬乂嘉译，上海人民出版社2007年版。

[73] ［德］哈特穆特·毛雷尔：《行政法学总论》，高家伟译，法律出版社2000年版。

[74] ［英］威廉·韦德：《行政法》，徐炳等译，中国大百科全书出版社1997年版。

[75] ［德］奥托·迈耶：《德国行政法》，刘飞译，商务印书馆2002年版。

[76] 萧文哲：《行政效率研究》，商务印书馆1942年版。

[77] 金国坤：《行政权限冲突解决机制研究：部门协调的法制化路径探寻》，北京大学出版社2010年版。

2. 连续出版物

[1] 袁曙宏：《深化行政执法体制改革》，载《行政管理改革》2014年第7期。

[2]《坚持问题导向　突出执法惠民——江苏省综合行政执法体制改革探索》，载《中国机

构改革与管理》2016 年第 4 期。

[3] 郭道晖：《法治行政与行政权的发展》，载《现代法学》1999 年第 1 期。

[4] 罗豪才、宋功德：《链接法治政府——〈全面推进依法行政实施纲要〉的意旨、视野与贡献》，载《法商研究》2004 年第 5 期。

[5] 陈振明：《从公共行政学、新公共行政学到公共管理学——西方政府管理研究领域的"范式"变化》，载《政治学研究》1999 年第 1 期。

[6] 张国庆：《行政管理体制改革及其与政治体制改革的异同》，载《中国行政管理》1994 年第 4 期。

[7] 刘恒、黄泽萱：《政府管制与行政执法的变革》，载《江苏社会科学》2012 年第 4 期。

[8] 牛凯、毕洪海：《论行政的演变及其对行政法的影响》，载《法学家》2000 年第 3 期。

[9] 曾洁雯、詹红星：《政府职能的转变与行政执法方式的变革》，载《湖南社会科学》2011 年第 4 期。

[10] 吴鹏、范学臣：《"联合执法"的问题及完善路径》，载《中国行政管理》2006 年第 5 期。

[11] 徐继敏：《评一种新的行政执法体制》，载《重庆行政》2000 年第 1 期。

[12] 章志远：《相对集中行政处罚权改革之评述》，载《长春市委党校学报》2006 年第 1 期。

[13] 刘宁元：《关于中国地方反垄断行政执法体制的思考》，载《政治与法律》2015 年第 8 期。

[14] 杨解君：《论行政违法的主客体构成》，载《东南大学学报（哲学社会科学版）》2002 年第 3 期。

[15] 王光龙、黄金华、张洪明：《行政执法中效率与公平的对立统一》，载《云南大学学报（法学版）》1994 年第 3 期。

[16] 陈璇：《注意义务的规范本质与判断标准》，载《法学研究》2019 年第 1 期。

[17] 王雅琴：《深入推进行政执法体制改革》，载《中国党政干部论坛》2014 年第 9 期。

[18] 苏志甫：《网络环境下现有设计证据的审查与认定》，载《人民司法》2017 年第 2 期。

[19] 张榆：《不予行政处罚决定之诉的利益和证据审查》，载《人民司法》2021 年第 14 期。

[20] 黄文艺：《比较法：批判与重构》，载《法制与社会发展》2002 年第 1 期。

[21] 谢丹：《经济分析法学派述评》，载《江西社会科学》2003 年第 5 期。

[22] 石佑启、黄学俊：《中国部门行政职权相对集中初论》，载《江苏行政学院学报》2008 年第 1 期。

[23] 韩舸友：《我国行政联合执法困境及改进研究》，载《贵州社会科学》2010 年第 8 期。

[24] 齐萌：《从威权管制到合作治理：我国食品安全监管模式之转型》，载《河北法学》2013年第3期。

[25] 杨春科：《关于联合执法的思考》，载《行政法学研究》1996年第3期。

[26] 喻少如：《负面清单管理模式与行政审批制度改革》，载《哈尔滨工业大学学报（社会科学版）》2016年第2期。

[27] 贾义猛：《优势与限度："行政审批局"改革模式论析》，载《新视野》2015年第5期。

[28] 肖金明：《全面推进依法治国理论与实践创新》，载《山东社会科学》2015年第1期。

[29] 应松年：《依法治国的关键是依法行政》，载《法学》1996年第11期。

[30] 农优勇：《依法行政与我国现行行政执法体制》，载《桂海论丛》2004年第4期。

[31] 应松年：《论全面推进依法治国的若干重点问题》，载《学术前沿》2014年第22期。

[32] 孔伟艳：《制度、体制、机制辨析》，载《重庆社会科学》2010年第2期。

[33] 闫鹏：《三种行政效率观及当下启示》，载《湖北社会科学》2007年第8期。

[34] 关保英：《行政审批的行政法制约》，载《法学研究》2002年第6期。

[35] 徐继敏：《相对集中行政许可权的价值与路径分析》，载《清华法学》2011年第2期。

3. 报纸文章

[1] 徐亚华、张烨、何家玉：《我市开展相对集中行政许可权改革试点——经国务院同意，中央编办、国务院法制办确定，省委、省政府批准》，载《南通日报》2015年8月21日。

[2] 彭文春、李娟：《深化政务改革 全区行政许可权100%集中——探访"行政服务标准化国家级示范区"的武侯经验》，载《成都日报》2016年1月14日。

[3] 韦铭等：《南京试点"一枚印章管审批"——5月底前相对集中行政许可权，职能划转行政审批局》，载《南京日报》2016年3月22日。

[4] 李蕊：《土地确权程序中的行政裁量及司法审查——辽宁高院判决凌源市东城街道辛杖子村辛南村民组、辛北村民组诉凌源市人民政府土地确权决定案》，载《人民法院报》2011年1月20日。

[5] 陈希国：《应经而未经集体讨论的行政处罚决定应予撤销——山东菏泽中院判决司某诉某公安局治安行政处罚案》，载《人民法院报》2015年12月24日。

[6] 陈道峰、牟晓慧：《"柔性指导"护航企业健康发展》，载《淄博日报》2023年1月8日。

[7] 王敏、张景：《交警"三色告知单"柔性治违停》，载《常德晚报》2023年5月4日。

4. 电子文献

[1] 李静：《青岛诚通建筑工程有限公司琅琊分公司因非法占用土地被罚509.23万元》，载

https://baijiahao.baidu.com/s? id＝1768479454272647359&wfr＝spider&for＝pc，访问日期：2023 年 6 月 13 日。

［2］《北京市第一生态环境保护督察组调研石景山区居民油烟治理工作》，载 https://www.beijing.gov.cn/ywdt/gqrd/202304/t20230418_3058211.html，访问日期：2023 年 6 月 7 日。

［3］林意然、程小苟：《浙江宁波镇海：全面实施推行首违"不罚轻罚"》，载 http://www.legaldaily.com.cn/City_Management/content/2023－05/18/content_8855300.html，访问日期：2023 年 6 月 4 日。

［4］王潇旋：《政府主导 部门协同 公众参与 我市构建共治共管城市管理新格局》，载 https://baijiahao.baidu.com/s? id＝1770237764275266225&wfr＝spider&for＝pc，访问日期：2023 年 8 月 6 日。

［5］《探索"承诺制"服务型执法 省市场监管局在电信行业启动新型执法模式》，载 http://www.jiangxi.gov.cn/art/2023/4/26/art_398_4445177.html，访问日期：2023 年 8 月 6 日。

［6］参见王伏刚：《集体讨论确定行政处罚的内容再听证构成程序违法》，载 http://www.sdcourt.gov.cn/ytzyfy/402552/402553/8658282/index.html，访问日期：2023 年 8 月 6 日。

［7］《以公开促公正 以听证促规范 市交通运输综合执法支队连续举行 3 场行政处罚听证会》，载 https://jtj.weihai.gov.cn/art/2023/5/30/art_25911_3680128.html，访问日期：2023 年 8 月 6 日。

附录

相关案例统计表

序号	判决字号
1	浙江省绍兴市中级人民法院［2020］浙06行终153号行政判决书
2	苏州市中级人民法院［2017］苏09行赔终2号行政判决书
3	江苏省南通市中级人民法院［2020］苏06行终496号行政裁定书
4	河南省信阳市中级人民法院［2021］豫15行终73号行政判决书
5	哈尔滨市南岗区人民法院［2019］黑0103行初156号行政判决书
6	甘肃省酒泉市中级人民法院［2017］甘09行初20号行政判决书
7	南宁铁路运输中级人民法院［2021］桂71行终28号行政裁定书
8	北京市第一中级人民法院［2018］京01行终396号行政裁定书
9	无锡市中级人民法院［2015］锡行终字第00214号行政判决书
10	甘肃省瓜州县人民法院［2017］甘0922行初4号行政判决书
11	江苏省盐城市中级人民法院［2014］盐行终字第0078号行政判决书
12	四川省成都市中级人民法院［2006］成行终字第228号行政判决书
13	吉林省高级人民法院［2019］吉行终450号行政判决书
14	武汉市中级人民法院［2015］鄂武汉中行初字第00695号行政判决书
15	最高人民法院［2019］最高法行申14170号行政裁定书
16	北京市高级人民法院［2021］京行终1280号行政判决书
17	常德市鼎城区人民法院［2015］常鼎行初字第31号行政判决书
18	绥中县人民法院［2022］辽1421行初84号行政判决书

续表

序号	判决字号
19	沈阳市中级人民法院［2022］辽01行终837号行政判决书
20	广东省高级人民法院［2019］粤行申1157号行政裁定书
21	日照市中级人民法院［2020］鲁11行终74号行政判决书
22	南京市中级人民法院［2021］苏01行终894号行政判决书
23	山东省高级人民法院［2018］鲁行申538号行政判决书
24	南通市中级人民法院［2018］苏06行初34号行政判决书
25	潍坊高新技术产业开发区人民法院［2018］鲁0791行初2号行政判决书
26	厦门市中级人民法院［2020］闽02行终200号行政判决书
27	承德市中级人民法院［2014］承行终字第00072号行政判决书
28	周口市中级人民法院［2015］周行终字第105号行政判决书
29	天津市高级人民法院［2020］津行申421号行政裁定书
30	济南市市中区人民法院［2020］鲁0103行初字321号行政判决书
31	常德市鼎城区人民法院（2021）湘0703行审11号行政裁定书
32	江苏省高级人民法院［2021］苏行再31号行政判决书
33	北京市通州区人民法院［2020］京0112行初578号行政判决书
34	最高人民法院［2018］最高法行申5424号行政裁定书
35	西安铁路运输中级人民法院［2020］陕71行终1130号行政判决书
36	最高人民法院［2019］最高法行申3919号行政裁定书
37	最高人民法院［2018］最高法行申952号行政裁定书
38	盐城市中级人民法院［2016］苏09行终81号行政判决书
39	北京市第一中级人民法院［2018］京01行终367号行政判决书
40	最高人民法院［2016］最高法行申3330号行政裁定书
41	最高人民法院［2018］最高法行申4658号行政裁定书
42	最高人民法院［2019］最高法行赔申482号行政裁定书
43	浙江省高级人民法院［2020］浙行赔再6号行政赔偿判决书
44	武汉市中级人民法院［2021］鄂01行终116号行政判决书

续表

序号	判决字号
45	长沙铁路运输法院［2021］湘8601行初52号行政判决书
46	无锡市中级人民法院［2020］苏02行终237号行政判决书
47	重庆市高级人民法院［2020］渝行终788号行政判决书
48	北京市第三中级人民法院［2021］京03行终297号行政判决书
49	吉林省通榆县人民法院［2021］吉0822行审2号行政裁定书
50	沈阳市铁西区人民法院［2021］辽0106行审20号行政裁定书
51	沈阳市中级人民法院［2021］辽01行终462号行政判决书
52	上海市第二中级人民法院［2020］沪02行终185号行政判决书
53	西安铁路运输中级人民法院［2020］陕71行终887号行政裁定书
54	北京市第二中级人民法院［2010］二中行初字第757号行政判决书
55	北京市高级人民法院［2011］高行终字第250号行政判决书
56	漳州市中级人民法院［2020］闽06行终52号行政判决书
57	佛山市中级人民法院［2021］粤06行终306号行政判决书
58	长沙市中级人民法院［2019］湘01行终125号行政判决书
59	济南市中级人民法院［2019］鲁01行终155号行政判决书

后记

当前全国各地正在积极推进街道综合行政执法改革，街道综合行政执法将是未来中国法治建设的重中之重。关于行政执法问题的研究，是我近年来关注的一个重要主题。在此背景下，全国各地街道综合行政执法改革的现状如何，存在哪些方面的突出问题，如何精准掌握改革的社会需求，如何提升街道综合行政执法改革的效果，切实推进街道综合行政执法建设，这是需要首先解决的现实问题。为了充分了解上述问题，2023年3月以来，我通过对湖北省武汉市、宜昌市、襄阳市、恩施土家族苗族自治州等市州的近50多个街道办事处进行现场座谈调研，得出一个基本判断：专业知识的缺乏是街道综合行政执法的一大短板，特别是街道综合行政执法实践中缺乏一本有针对性、解决现实困境的执法指南。因此，我们有责任用长期积累的法学知识系统梳理街道综合行政执法的实践，深刻体察现实需求并做出应有的举动。于是出于一种使命感，强迫自己开始构思、整理、收集所有关于街道综合行政执法的资料，鼓起勇气正式动工了。于是一个月，一个月，一个月地过去……最后凝聚成了这本书。

非常感谢武汉大学图书馆提供的良好环境，没有这里的设备与环境就没有这本书！虽然博士毕业很多年了，但是身心却始终没有离开图书馆。为了方便进出图书馆，甚至将家都安在图书馆边上了。这也是生活中最大的幸事，从此坐拥知识的宝库。平时只要一有时间，我就溜进图书馆，拼命地蹭书读。许多快乐的时光都是在这里获得的，这多年以来，我内心深处一直劝诫自己："利用好这个知识宝库，多读点书！"如果说世界上存在最美的空间，我想它一定是在图书馆里了。从步入法学殿堂时起，不知不觉在图书馆已经待了十多年了，这一切都得益于武汉大学的熏陶！

出于一种法治的情怀，加上自己近些年来对行政执法的关注，心中总是想为基层行政执法做点什么。今年终于迈开了一小步，自4月以来开始在武汉市的街道办事处设置"戢浩飞博士志愿指导工作室"。在服务基层综合执法的过程中，感触良多，收获良多。法学是一门实践性学科，理论不能脱离实践，需要在实践中提升。在志愿指导期间，学到了许多课本上学不到的知识，也增进了自己对志愿精神的理解。法律的生命在于执行，法律的检视在于基层。本书姑且算是当前街道行政执法指导实践的一点理论回应。客观而言，全国的街道综合行政执法工作尚处于起步阶段，是一个日新月异的事物，需要长期、执着地探索，更需要逐步完善。因此，无论是在理论储备，还是实践积累方面，都有待日益深化。本书只能算作一个开端吧，它会随着实践的推进而不断丰富、完善。

戢浩飞
2023年9月于东湖畔